Preise, Grenzkosten
und gesamtwirtschaftliche
Arbeitsnachfrage

Europäische Hochschulschriften
Publications Universitaires Européennes
European University Studies

Reihe V
Volks- und Betriebswirtschaft

Série V Series V
Sciences économiques, gestion d'entreprise
Economics and Management

Bd./Vol. 2723

PETER LANG
Frankfurt am Main · Berlin · Bern · Bruxelles · New York · Oxford · Wien

Ludger Linnemann

Preise, Grenzkosten und gesamtwirtschaftliche Arbeitsnachfrage

PETER LANG
Europäischer Verlag der Wissenschaften

Die Deutsche Bibliothek - CIP-Einheitsaufnahme

Linnemann, Ludger:

Preise, Grenzkosten und gesamtwirtschaftliche Arbeitsnachfrage/Ludger Linnemann.- Frankfurt am Main ; Berlin ; Bern ; Bruxelles ; New York ; Oxford ; Wien : Lang, 2001
(Europäische Hochschulschriften : Reihe 5, Volks- und Betriebswirtschaft ; Bd. 2723
Zugl.: Köln, Univ., Diss., 2000
ISBN 3-631-37499-2

D 38
ISSN 0531-7339
ISBN 3-631-37499-2

Inhalt

1 Einleitung

1.1 Themenstellung

Das Verständnis des Preissetzungsverhaltens von Unternehmen ist zentral für die Erklärung von Schwankungen des aggregierten Güterangebotes und damit von Konjunkturzyklen. Insbesondere ist es entscheidend für die Erklärung von zyklischen Schwankungen der Arbeitsnachfrage. Unter letzterem ist nicht nur der selbstverständliche Sachverhalt zu verstehen, dass die von den Unternehmen nachgefragte Menge an Arbeit dann hoch ist, wenn die gesamtwirtschaftliche Produktion hoch ist, jeweils relativ zu einem Trend. Vielmehr ist die Auffassung gemeint, die gesamtwirtschaftliche Arbeitsnachfrage weise prozyklische Fluktuationen auf in dem Sinne, dass die von einem typischen Unternehmen bei jeder gegebenen Höhe von Reallohnsatz und Kapitalstock nachgefragte Beschäftigungsmenge in einem zyklischen Aufschwung steigt und in einem Abschwung fällt. Mit anderen Worten verschiebt sich die Arbeitsnachfragekurve eines typischen Unternehmens im Konjunkturaufschwung nach aussen.

Der empirische Beleg für diese Interpretation liegt in der von zahlreichen Autoren anhand von Beobachtungen über mehrere Länder und verschiedene Zeiträume hinweg berichteten Tendenz, dass Reallohnsätze und durchschnittliche Arbeitsproduktivität prozyklisch variieren, d.h. dass ihre Trendabweichungen mit denen des Outputs in den meisten Fällen positiv korrelieren. Das typische Ergebnis ist hierbei regelmässig, dass die Arbeitsproduktivität stark prozyklisch ist, während gemessene durchschnittliche Reallohnsätze meistens eher schwach prozyklisch oder azyklisch erscheinen (vgl. z.B. Fiorito und Kollintzas, 1994, Brandner und Neusser, 1992). Vermutlich ist der gemessene Reallohn allerdings von einem Zusammensetzungseffekt betroffen, den Solon et al. (1994) hervorgehoben haben, und der darin besteht, dass sich die steigende Beschäftigung in einem Konjunkturaufschwung überproportional aus Arbeiteskräften mit relativ geringem Ausbildungsstand rekrutiert, so dass der durchschnittliche Reallohn weniger stark prozyklisch ist, als der individuelle Lohnsatz pro Beschäftigtenkategorie. Ausserdem ist der durchschnittliche nicht gleich dem eigentlich relevanten marginalen Lohnsatz, der z.B. typischerweise durch Überstundenzulagen in expansiven Phasen steigen wird (vgl. Bils, 1987). Im Ergebnis besteht Grund zu der Auffassung, dass auf jeden Fall die Arbeitsproduktivität, und vermutlich auch der Reallohn im Regelfall prozyklisch schwanken.

Dieser Sachverhalt hat weitreichende Konsequenzen für die zentrale Frage der Konjunkturtheorie, welches die Impulse sind, die aggregierte Zyklen auslösen, und auf welche Weise sich die Impulse in den Anpassungsreaktionen der Volkswirtschaft fortpflanzen. Er macht nämlich eine Erklärung notwendig, warum die in einem Aufschwung steigende Beschäftigung offenbar nicht zu abnehmender Grenzproduktivität führt, die in erster Approximation proportional zu der durchschnittlichen Arbeitsproduktivität sein sollte, woraus bei gewinnmaximalen Unternehmen unter sonst gleichen Umständen eine Reduktion des Reallohnsatzes folgen würde.

Die Frage bezüglich des Reallohnes kann auf zweierlei Weise beantwortet werden.[1] Angenommen, das repräsentative Unternehmen produziere mit einer Produktionsfunktion, die den Output Y_t zum Zeitpunkt t als Funktion $F(A_tL_t, K_t)$ von effektiver Arbeit A_tL_t, worin A_t ein Index des technologischen Niveaus und L_t die Beschäftigungsmenge ist, und des Kapitalstocks angibt. Das repräsentative Unternehmen habe aufgrund von Marktmacht gleich welcher Ursache einen gewissen Preissetzungsspielraum auf seinem Absatzmarkt, während es alle Faktorpreise als gegeben hinnehmen muss. Es wird also unvollständige Konkurrenz auf dem Gütermarkt unterstellt. Gewinnmaximierung erfordert dann u.a. als eine notwendige Bedingung, dass

$$\frac{\partial Y_t}{\partial L_t} = A_t F_1(A_tL_t, K_t) = \mu_t \cdot [W_t/P_t], \tag{1.2}$$

worin der tiefgestellte Index an dem Funktionssymbol hier und im folgenden wie üblich die erste partielle Ableitung der Funktion nach ihrem im Index angegebenen Argument bezeichnet, W_t der nominale Lohnsatz, P_t der Absatzpreis und μ_t der Quotient aus dem Absatzpreis und den nominalen Grenzkosten an der Stelle des Optimums ist. Das Grenzprodukt der Arbeit muss also gleich sein dem Produkt aus dem Reallohn und dem Aufschlagssatz μ_t, im folgenden 'Markup', des optimalen Preises über die Grenzkosten.

Wenn nun der Reallohnsatz W_t/P_t prozyklisch schwankt, muss entweder das Grenzprodukt der Arbeit ebenfalls prozyklisch sein oder der Markup μ_t antizyklisch. Für das Grenzprodukt wiederum ist dies, unter Standardannahmen an die Produktionsfunktion, nur dann möglich, wenn der technologische Index A_t selbst prozyklisch schwankt, da der Wert der Ableitung $F_1(.)$ der Produktionsfunktion wegen der plausiblerweise zu unterstellenden abnehmenden Grenzerträge des Faktors Arbeit und der quasi-fixen Natur des Kapitalstocks in einer Aufschwungphase mit steigender Beschäftigung kleiner werden muss. Die These, Konjunkturschwankungen seien

[1] Vgl. zur folgenden Darstellung Rotemberg und Woodford (1991).

durch Schwankungen einer transitorischen Komponente des technologischen Niveaus, also durch 'technologische Schocks' verursacht, ist eine zentrale Annahme der 'Real Business Cycle'-Theorie (im folgenden RBC, vgl. Kydland und Prescott, 1982, Long und Plosser, 1983, King und Rebelo, 1999). Offensichtlich hat diese Theorie keine Schwierigkeit, ein prozyklisches Verhalten des Reallohnes zu erklären. Überdies kann sie auch leicht das typischerweise noch sehr viel stärker prozyklische Verhalten der durchschnittlichen Arbeitsproduktivität erklären, da diese in erster Approximation proportional zur Grenzproduktivität und damit zu dem Technologieindex sein sollte.

Allerdings ist die Existenz aggregierter technologischer Schocks empirisch überaus zweifelhaft, und die Frage nach dem Erklärungswert der RBC-Hypothese damit zumindest offen. Jede alternative Erklärung eines prozyklischen Reallohnes, die auf die Unterstellung von Technologieschocks verzichten möchte, muss daher auf einem antizyklischen Verhalten des Markups aufbauen. Allerdings kann damit nicht ohne weiteres zugleich das prozyklische Verhalten der Arbeitsproduktivität plausibel gemacht werden, eine wichtige Einschränkung, auf die unten zurückzukommen sein wird. Für eine Theorie, die einen antizyklischen Markup unterstellt, ist der beobachtbar prozyklische Reallohn nur ein Spezialfall der allgemeineren empirischen Regelmässigkeit, dass in Aufschwüngen die Güterpreise langsamer zu steigen pflegen, als die nominalen Grenzkosten (wovon der Nominallohn eine bedeutende Komponente ist). Äquivalent hierzu ist die Aussage, dass die realen Grenzkosten, also die Inverse des Markups, in einem zyklischen Aufschwung zum Ansteigen tendieren. Wenn es möglich ist, zu erklären, warum Unternehmen in Zeiten eines hohen Niveaus von Produktion und Beschäftigung darauf verzichten, den Absatzpreis ihrer Produkte in gleichem Masse anzuheben, wie ihre nominalen Grenzkosten steigen, ist damit zugleich erklärt, warum die höhere Beschäftigung im Gleichgewicht mit einem höheren Reallohnsatz kompatibel ist, ohne, dass sich technologische Restriktionen geändert hätten.

Aus diesem Grund ist das Verhältnis von Preisen und Grenzkosten die zentrale Variable für eine nicht mit Technologieschocks argumentierende Konjunkturtheorie. Es stellen sich daher drei naheliegende Fragen, nämlich erstens, ob empirisch gesehen Markups tatsächlich antizyklisch variieren (was die Frage nach der Verbreitung unvollständiger Konkurrenz als dominierender Marktstruktur auf Gütermärkten bereits als bejaht voraussetzt), zweitens, welche theoretische Erklärung hierfür denkbar ist, und drittens, welche weiteren Voraussagen eine solche Theorie über beobachtbare Eigenschaften von Konjunkturzyklen impliziert bzw. welche Folgerungen daraus für die Frage nach der Ursache von Schwankungen gezogen werden können. Dies sind die Leitfragen, denen die vorliegende Arbeit nachgeht.

1.2 Aufbau und Beziehung zur Literatur

Dabei wird wie folgt vorgegangen. Der empirische Teil der Arbeit in Kapitel 2 widmet sich der Frage, ob und wie allgemein ein antizyklischer Markup tatsächlich eine korrekte Charakterisierung des zyklischen Preissetzungsverhaltens von Unternehmen, soweit es aus aggregierten branchenweiten und gesamtwirtschaftlichen Daten ablesbar ist, zu sein scheint. Die existierende empirische Literatur ist in Rotemberg und Woodford (1991, 1999) zusammengefasst. Die Untersuchungen in Kapitel 2 legen gegenüber diesen Studien Gewicht auf die Tatsache, dass makroökonomische Sozialproduktsdaten bei der aufrechterhaltenen Hypothese unvollständiger Konkurrenz auf den Gütermärkten schlecht zur Abschätzung von Preis-Grenzkosten-Markups geeignet sind. Stattdessen wird die entscheidende Rolle intermediärer Inputs zu beachten sein, ein Aspekt, der die gesamte Arbeit kennzeichnet. Das Hauptergebnis ist, dass Markups sowohl auf Ebene zweistelliger Industriebranchen als auch gesamtwirtschaftlich antizyklisch um einen zeitlich konstanten Mittelwert zu schwanken scheinen. Allerdings ist die negative Korrelation und die Volatilität des hier auf Basis von Bruttoproduktionsdaten geschätzten Markups schwächer, als früher existierende Studien auf der Basis von Sozialproduktsdaten gefunden haben; die hier präsentierten Ergebnisse sind aber frei von einer andernfalls auftretenden Schwierigkeit der Interpretation und werden daher als verlässlicher angesehen.

Der theoretische Teil der Arbeit folgt ab Kapitel 3 der Frage, welche Art von Restriktion oder Modelleigenschaft dazu führt, dass optimierende Unternehmen, die aufgrund von unvollständiger Konkurrenz auf ihrem Absatzmarkt über einen gewissen Preissetzungsspielraum verfügen, in einem zyklischen Aufschwung regelmässig darauf verzichten, ihre Absatzpreise im gleichen Masse anzuheben, wie ihre nominalen Grenzkosten ansteigen. Eine naheliegende, in der Literatur häufig gegebene Antwort hierauf ist die Existenz von nominalen Preisrigiditäten. In der Tat ist in einem Modell, in dem nicht allen Unternehmen gestattet ist, in einer gegebenen Periode ihren Preis nach Belieben anzupassen, im Aggregat, d.h. im Durchschnitt über alle Unternehmen das Verhältnis von Preisen zu Grenzkosten negativ mit einer durch eine Geldmengenexpansion herbeigeführten Outputerhöhung assoziiert. Preisrigiditäten sind daher im Prinzip geeignet, die Beobachtung antizyklischer Markups als Folge von nominalen Schocks zu erklären, z.B. also als Folge geldpolitischer Impulse. Zugleich führen die Anpassungen an solche Impulse bei Preisrigidität zu gleichgerichteten Bewegungen des Reallohnes, so dass dessen prozyklisches Verhalten leicht erklärbar ist. Explizite Modelle dieses Zusammenhanges wurden z.B. von Hairault und Portier (1993), Kimball (1995), King und Wolman (1996), Yun (1996) und Jeanne (1998) vorgelegt.

Diese Erklärung antizyklischer Markups verweist zugleich auf nominale Schocks, also den Einfluss von Geld, als die dominante Ursache von Fluktuationen. Die Forschungsrichtung, die sich mit diesem Zusammenhang befasst, bezeichnet sich häufig als 'New Keynesian Economics' (z.B. Mankiw und Romer, 1992), da das alte, von Keynes ins Zentrum des Interesses gerückte Problem des Einflusses von Schwankungen der aggregierten nominalen Nachfrage hier mit neuer, auf individuellen Preisanpassungskosten basierender Mikrofundierung betrachtet wird. Aufgrund der langfristigen, nicht aber kurzfristigen Neutralität des Geldes in diesen Modellen sprechen Goodfriend und King (1997) stattdessen von 'New Neoclassical Synthesis' und Kimball (1995) von 'Neo-Monetarism'; gemeint ist jeweils dasselbe. Vordergründig betrachtet könnte die empirische Tatsache antizyklischer Markups in der Tat als ein Beleg für die Dominanz von Schwankungen der aggregierten Nachfrage als Zyklusverursacher betrachtet werden, da die prinzipielle Alternative, nämlich die von der RBC-Theorie unterstellten Technologieschocks, in typischen Modellen mit flexiblen Preisen den Markup unverändert lassen und in Modellen mit nominaler Preisrigidität den Markup prozyklisch schwanken lassen, also nicht im Einklang mit der vorliegenden empirischen Evidenz. Diese Interpretation ist allerdings nicht korrekt, oder zumindest zu vordergründig, da sie mehrere Probleme nicht beachtet.

Zum ersten können nominale Nachfrageschocks auch in einem Modell mit Preisrigiditäten zwar einen prozyklisch schwankenden Reallohn, nicht aber das ebenfalls und noch weitaus stärker prozyklische Verhalten der Arbeitsproduktivität ohne weiteres erklären. Wenn letzteres also nicht auf Messfehlern basiert (wie allerdings ein Teil der Literatur annimmt, vgl. z.B. Burnside et al., 1993) und nicht als Beleg für die RBC-Hypothese gelten soll, muss ein zusätzlicher Mechanismus hinzutreten. Dieser wird in Kapitel 3 dieser Arbeit in der schon im empirischen Teil, wenngleich aus anderen Gründen, betonten Relevanz intermediärer Produktion gesehen. Hierzu wird ein statisches Modell von Basu (1995) benutzt und in ein dynamisches allgemeines Gleichgewichtsmodell mit unvollständiger Konkurrenz und Kapitalakkumulation integriert. Es wird gezeigt, dass in diesem Modell monetäre Schocks (für manche, allerdings empirisch plausible Parameterkonstellationen) eine prozyklische Reaktion der Produktivität und eine antizyklische Reaktion des Markups hervorrufen können. Durch Berücksichtigung intermediärer Produktion, wie im Modell des Kapitels 3, entfällt also eines der stärksten empirischen Argumente der RBC-Hypothese, Konjunkturschwankungen seien als Folge technologischer Impulse zu verstehen.

Zweitens besteht aber auch die Möglichkeit, dass Technologieschocks selbst, anders als im Modell des Kapitels 3, antizyklische Reaktionen des Markups hervorrufen. Ein Modell, in dem dies der Fall ist, wird in Kapitel 4 präsentiert. Wurde im vorausgehenden Kapitel angenommen, der tatsächliche Preis-Grenzkosten-Markup, ein Durchschnitt über Unternehmen, die ihre Preise in einer gegebenen Periode anpassen können, und solchen, die das nicht können, sei variabel nur aufgrund der unterstellten Preisrigidität, während der gewünschte Markup, also derjenige, der von einem frei und ohne Preisrigidität optimierenden Unternehmen gewählt würde, als konstant angenommen wurde, so wird nunmehr im Modell des Kapitels 4 stattdessen unterstellt, dass der gewünschte Markup selbst negativ mit der zyklischen Komponente des Outputs zusammenhängt. Der spezifische Mechanismus, der untersucht wird, basiert darauf, dass im Aufschwung steigende Profite den Markteintritt zusätzlicher Unternehmen veranlassen, was zu einem Anstieg der Preiselastizität der Nachfrage führt, woraufhin der gleichgewichtige optimale Preis-Grenzkosten-Markup für alle Unternehmen sinkt. Mithilfe dieses Modells ist es möglich, prozyklische Produktivität und antizyklische Markups als Folge rein technologischer Schocks bei vollständig flexiblen Preisen zu erzeugen.

Qualitativ betrachtet sind also zwei völlig konträre Modelle in der Lage, die hier im Mittelpunkt stehenden empirischen Regelmässigkeiten zu erklären. Im Modell des Kapitels 3 sind Schwankungen der Arbeitsnachfrage eine Folge monetärer Störungen bei Preisrigidität und der Präsenz von Umwegsproduktion, was das gleichzeitige Auftreten antizyklischer Markups und prozyklischer Produktivität ermöglicht. Im Modell des Kapitels 4 dagegen treten dieselben Phänomene als Folge technologischer Schocks bei Preisflexibilität auf. Zur Diskriminierung, welcher der beiden Modelltypen plausibler ist, könnten z.B. jeweils vollständig parametrisierte Modellversionen zu Simulationen eingesetzt werden, deren Ergebnisse dann hinsichtlich ihrer quantitativen Schwankungseigenschaften mit empirischen Resultaten verglichen werden. Dies ist der Standardansatz quantitativ orientierter RBC-Konjunkturmodelle. Auf diese Herangehensweise wird hier aber verzichtet, da sie eine vollständige Spezifikation auch der Schocks, die als Zyklusverursacher fungieren, voraussetzt; dies schliesst, um einen gerechten Vergleich zwischen Modellen zu ermöglichen, auch einen technologischen Schock ein. Unter Bedingungen unvollständiger Konkurrenz, zunehmender Skalenerträge und möglicherweise unvollständig flexibler Preise ist allerdings die empirische Schätzung von Schwankungen in der Rate des technischen Fortschritts mit grossen Schwierigkeiten verbunden; insbesondere ist das Solow-Residuum (nach Solow, 1957), das in typischen RBC-Modellen zu diesem Zweck herangezogen wird (vgl. z.B. Prescott, 1986), unter den genannten Bedingungen nicht als Mass der technischen Fortschrittsrate interpretierbar (vgl. insbesondere Hall, 1988, 1990).

Aus diesem Grund wird anstelle von vollständigen Simulationsergebnissen ein weiteres quantitatives Kriterium zur Beurteilung der jeweiligen Modelleigenschaften herangezogen, das in der jüngsten Literatur zu monetären Modellen starke Beachtung gefunden hat, nämlich die Persistenz von induzierten Outputschwankungen. Empirisch haben positive oder negative Abweichungen des realen Outputs von seinem Trend die Tendenz, mehrere Perioden lang von Abweichungen mit demselben Vorzeichen gefolgt zu werden. Die Erklärung persistenter realer Schwankungen in diesem Sinne erweist sich als schwieriger als die Reproduktion rein qualitativer Zusammenhänge. Das Vorliegen von Preisrigidität ist nur eine notwendige, keineswegs aber hinreichende Bedingung für die Fähigkeit eines monetären Modells, persistente Outputschwankungen zu erzeugen. Jüngst wurde sogar von Chari et al. (1999) Modellen der Preisrigidität insgesamt die Fähigkeit abgesprochen, Persistenz zu erzeugen. Andererseits berichten bereits Cogley und Nason (1995) von der mangelnden Persistenz der Outputfluktuationen in typischen RBC-Modellen.

Wie ein Vergleich der hier präsentierten Ergebnisse zeigt, sind die von dem in Kapitel 3 entwickelten Modell implizierten Outputschwankungen, sofern intermediäre Produktion und, als weiteres, allerdings empirisch plausibles Detail, Anpassungskosten hinsichtlich der Erweiterung des Kapitalstocks berücksichtigt werden, relativ persistent. Um allerdings ein empirisch realistisches Mass an Persistenz zu erzeugen, muss zusätzlich das Verhalten von Reallöhnen auf eine Weise restringiert werden, die durch das Vorliegen unvollständiger Konkurrenz auf dem Arbeitsmarkt gerechtfertigt werden kann. Dagegen kann das in Kapitel 4 entwickelte Modell keine endogene Persistenz erzeugen, auch wenn sonst dieselben Annahmen zugrundegelegt werden. Aus diesem Grund wird das empirische Zusammentreffen prozyklischer Produktivität, antizyklischer Markups, und autokorrelierter Outputschwankungen als am ehesten durch ein Modell monetärer Schocks bei Preisrigidität im Falle intermediärer Produktion erklärbar betrachtet.

Kapitel 5 schliesslich enthält eine Zusammenfassung und ein Fazit aus den gewonnenen Ergebnissen. Der Anhang in Kapitel 7 dokumentiert ausführlich die Quellen aller im empirischen Teil benutzten Daten und erläutert die Variablenkonstruktion.

2 Preise und Grenzkosten im Konjunkturzyklus

Dieses Kapitel beinhaltet den empirischen Teil der Arbeit. Die hier gelieferten Resultate stellen den Hintergrund dar, vor dem die Plausibilität der in Kapitel 3 und 4 präsentierten theoretischen Modelle jeweils beurteilt werden wird. Es wird wie folgt vorgegangen. Zunächst wird in einer Vorbemerkung in Abschnitt 2.1 demonstriert, weshalb für alle empirischen Aussagen in dieser Arbeit nicht, wie sonst in makroökonomisch orientierten Studien üblich, das Wertschöpfungskonzept, sondern das Bruttooutputkonzept als Mass für die aggregierte Produktion herangezogen wird. Sodann werden in Abschnitt 2.2 Schätzungen des durchschnittlichen, d.h. aus methodischen Gründen für diesen Abschnitt als zeitlich konstant angenommenen Markups präsentiert. Daraufhin wird in Abschnitt 2.3 argumentiert, dass die häufig getroffene Annahme eines konstanten Markups, obgleich sie nicht direkt testbar ist, dennoch zweifelhaft erscheint, weil sie zu empirisch unzutreffenden Prognosen bezüglich des beobachtbaren Verhaltens von Preisindizes relativ zu Kostenindikatoren führt. Im Gegenteil scheinen Markups, wie der folgende Abschnitt 2.4 zeigt, im Konjunkturzyklus zu schwanken, und zwar mit negativer Korrelation zu den Schwankungen des Outputs. Der letzte Abschnitt 2.5 gibt ein Zwischenfazit und leitet daraus die Aufgabenstellung der folgenden, theoretisch orientierten Kapitel ab.

2.1 Bruttooutput und intermediäre Produktion

Der nominale Bruttooutput ist der gesamte Umsatz eines Unternehmens zuzüglich selbsterstellter Anlagen und Lageraufstockung; der statistische Ausdruck ist Produktionswert.[2] Dies ist die rechte Seite des Produktionskontos eines typischen Unternehmens. Die linke Seite des Produktionskontos addiert, vereinfacht gesagt, die Ausgaben für Vorleistungen, also intermediäre Inputs, die die Absatzgüter anderer Unternehmen sind, und die Zahlungen an die Faktoren Arbeit und Kapital. Die Summe der beiden letztgenannten ist die nominale Wertschöpfung.[3]

Traditionell wird in makroökonomischen Untersuchungen ein geeignet deflationierter Index der Wertschöpfung als Outputmass verwendet, also die reale Wertschöpfung, deren Aggregat das reale Inlandsprodukt ist, das als Funktion der produktiven Leistungen der primären Inputs, also Arbeit und Kapital gesehen wird. Hier wird stattdessen durchgängig der reale Bruttooutput, also der Realwert der Summe aus

[2] Vgl. z.B. Statistisches Bundesamt (1997).

[3] Ich abstrahiere hier von für den vorliegenden Zusammenhang unwesentlichen Details wie Steuern und Abschreibungen.

Wertschöpfung und den Ausgaben für intermediäre Inputs, als Mass für die aggregierte Produktion herangezogen. Der Grund dafür liegt in einem Problem, das von Rotemberg und Woodford (1995) und Basu und Fernald (1995) benannt wurde, und das die Interpretation eines in bezug auf die Wertschöpfung definierten Preis-Grenzkosten-Markups betrifft. Davon sind alle empirischen Aussagen über das Verhalten des durchschnittlichen Markups betroffen.

Das Problem kann wie folgt gesehen werden. Sei Y_t der reale Bruttoutput eines repräsentativen Unternehmens, dessen Absatzpreis P_t sei. Die Produktionsfunktion sei

$$Y_t = F(B_t, E_t) - \omega_t = F(B(A_tL_t, K_t), E_t) - \omega_t, \quad \omega_t > 0, \quad F(.) > \omega_t, \tag{2.2}$$

worin A_tL_t den effektiven Arbeitseinsatz darstellt, mit A_t einem Index des technologischen Niveaus und L_t der Arbeitszeit, K_t den Kapitalstock und E_t die Menge eingesetzter Vorprodukte ist.[4] Primäre Inputs (also effektive Arbeit und Kapital) gehen separabel von dem intermediären Input in die Produktionsfunktion ein; sie sind aggregiert in der Funktion $B_t = B(A_tL_t, K_t)$, worin B_t als reale Wertschöpfung interpretiert wird. Für die Funktionen $F(.)$ und $B(.)$ gelten die Standardannahmen bezüglich der Eigenschaften neoklassischer Produktionsfunktionen, also insbesondere zweimalige stetige Differenzierbarkeit und positive, aber abnehmende Grenzprodukte bezüglich jedes Faktors. Weiterhin ist ω_t ein Fixkostenbetrag, ausgedrückt in Einheiten des Bruttooutputs, den das typische Unternehmen in jeder Periode aufwenden muss, um die Produktion in Gang zu halten. Fixkosten werden berücksichtigt, um zunehmende Skalenerträge zuzulassen, die in Theorien unvollständiger Konkurrenz auf dem Gütermarkt regelmässig eine wichtige Rolle spielen. Genauer wird angenommen, die Funktion $F(.)$ sei linear homogen in ihren beiden Argumenten B_t und E_t, so dass $F_1B + F_2E_t = F$ ist, und die Funktion $B(.)$ sei ebenfalls linear homogen in ihren beiden Argumenten effektive Arbeit und Kapital, so dass $B_1A_tL_t + B_2K_t = B$ gilt (ein tiefgestellter Index an einem Funktionssymbol kennzeichnet eine erste partielle Ableitung der Funktion nach dem im Index angegebenen Argument). Die zu (2.2) duale Kostenfunktion, genannt $\mathcal{K}(.)$, ist daher separabel in den Faktorpreisen, so dass die Gesamtkosten geschrieben werden können als Produkt aus einer Funktion $g(.)$, die nur von den nominalen Faktorpreisen abhängt, und dem um die Fixkosten bereinigten Bruttooutput. Seien W_t, R_t und Q_t die nominalen

[4] Im folgenden werden die Begriffe Vorprodukte, Vorleistungen, Zwischengüter und intermediäre Inputs austauschbar verwendet.

Faktorpreise der Arbeit, des Kapitals und der intermediären Inputs, dann gilt

$$\mathcal{K}(W_t, R_t, Q_t, Y_t) = g(W_t, R_t, Q_t)[Y_t + \omega_t], \tag{2.3}$$

so dass die Grenzkosten, genannt MC_t, folgen als

$$MC_t = \frac{\partial \mathcal{K}(.)}{\partial Y_t} = g(W_t, R_t, Q_t), \tag{2.4}$$

und somit unabhängig vom Outputniveau sind, was eine Folge der Homogenitätsannahmen ist. Demgegenüber haben Fixkosten die übliche Folge, dass die Durchschnittskosten, genannt AC_t, mit der Outputmenge sinken,

$$AC_t := \frac{\mathcal{K}(.)}{Y_t} = g(.)\frac{Y_t + \omega_t}{Y_t}. \tag{2.5}$$

Folglich kann, als Index für die Skaleneigenschaften der Produktionsfunktion, die (lokale) Skalenelastizität ρ_t geschrieben werden als

$$\rho_t = \frac{Y_t + \omega_t}{Y_t} = \frac{F(.)}{Y_t}. \tag{2.6}$$

Für $\omega_t > 0$ liegen also zunehmende Skalenerträge vor, im Sinne von in der Outputmenge sinkenden Durchschnittskosten bei konstanten Grenzkosten. Diese Spezifikation wird im weiteren Verlauf der Arbeit die Lösung einiger Problem erleichtern, und wird daher von Anfang an verwendet (obwohl hier auch eine allgemeinere Behandlung möglich wäre).

Es wird unterstellt, dass das typische Unternehmen Preissetzer auf seinem Absatzmarkt ist, aber Preisnehmer auf allen Faktormärkten. Die Bedingungen erster Ordnung für den kostenminimalen Einsatz der als variabel unterstellten Faktoren verlangen

$$\begin{aligned}
\frac{\partial Y_t}{\partial L_t} &= F_1 B_1 A_t = \frac{W_t}{MC_t} = \mu_t \frac{W_t}{P_t} \\
\frac{\partial Y_t}{\partial K_t} &= F_1 B_2 = \frac{R_t}{MC_t} = \mu_t \frac{R_t}{P_t} \\
\frac{\partial Y_t}{\partial E_t} &= F_2 = \frac{Q_t}{MC_t} = \mu_t \frac{Q_t}{P_t},
\end{aligned} \tag{2.7}$$

worin MC_t als Wert des Lagrangemultiplikators der Outputrestriktion des Kostenminimierungsproblems an der Stelle des Optimums nach dem Envelope-Theorem als Grenzkosten interpretiert werden kann, und die zweite Gleichsetzung den Preis-Grenzkosten-Markup $\mu_t = P_t/MC_t$ definiert.[5] Unter den getroffenen Annahmen, d.h. wenn das repräsentative Unternehmen als Preissetzer auf seinem Absatzmarkt und als Preisnehmer auf allen Faktormärkten agiert, ist also das Grenzprodukt eines jeden Produktionsfaktors gleich dem Produkt aus dem Markup und dem realen Faktorpreis. Daraus ergibt sich die Interpretation des Markups als Keil zwischen dem Grenzprodukt der Arbeit und dem Reallohn, die in der Einleitung in Kapitel 1 angesprochen wurde.

Diese Interpretation gilt aber nur dann, wenn tatsächlich der Bruttooutput als dasjenige Produktionskonzept benutzt wird, desbezüglich das Grenzprodukt und die Realentlohnung definiert werden. Betrachtet man stattdessen die Wertschöpfungsfunktion $B_t = B(A_tL_t, K_t)$, wie in makroökonomischen Untersuchungen durch die Verwendung des Sozial- oder Inlandsprodukts regelmässig der Fall ist, so ist der hierauf bezogene Markup, der 'Wertschöpfungsmarkup' (vgl. Rotemberg und Woodford, 1995, 1996), anders definiert. Sei P_{Bt} der Preisindex der Wertschöpfung, der implizit definiert ist durch die Identität, welche die nominale Wertschöpfung mit dem nominalen Bruttooutput und den nominalen intermediären Inputs verbindet,

$$P_{Bt}B_t = P_tY_t - Q_tE_t. \tag{2.8}$$

Die Beziehung zwischen dem Grenzprodukt der Arbeit bezüglich der Wertschöpfung und dem mit dem Wertschöpfungsdeflator definierten Reallohn ergibt sich dann aus (2.7) als

$$\frac{\partial B(.)}{\partial L_t} = B_1A_t = \mu_t\frac{W_t}{F_1P_t} = \frac{W_t}{P_{Bt}}\frac{\mu_tP_{Bt}}{P_tF_1}. \tag{2.9}$$

Nun ist aus (2.8) der relative Preis der Wertschöpfung als

$$\frac{P_{Bt}}{P_t} = \frac{1-(Q_tE_t)/(P_tY_t)}{B_t/Y_t} = F_1\frac{1-s_{Et}}{\rho_t - \mu_ts_{Et}} \tag{2.10}$$

ableitbar, worin $s_{Et} := (Q_tE_t)/(P_tY_t)$ der Einkommensanteil der Vorleistungen am nominalen Bruttooutput ist, so dass im Ergebnis

$$\frac{\partial B(.)}{\partial L_t} = \frac{\mu_t(1-s_{Et})}{\rho_t - \mu_ts_{Et}}\frac{W_t}{P_{Bt}} = \mu_{Bt}\frac{W_t}{P_{Bt}}; \tag{2.11}$$

[5] Vgl. z.B. Varian (1992), S. 76.

hierin definiert die zweite Gleichsetzung den Wertschöpfungsmarkup $\mu_{Bt} = [\mu_t(1 - s_{Et})]/[\rho_t - \mu_t s_{Et}]$. Hieraus wird der zentrale Punkt deutlich: bei Verwendung der Wertschöpfung als Outputmass ist der Keil zwischen dem Reallohn (im Sinne des mit dem relevanten Outputdeflator, hier also P_{Bt}, preisbereinigten Lohnes) und dem Grenzprodukt der Arbeit (ebenfalls hier bezogen auf das in Rede stehende Outputkonzept) kein struktureller Parameter mehr, sondern eine Funktion des Bruttooutput-Markups μ_t und der Skalenelastizität ρ_t einerseits und der Vorleistungsquote s_{Et} andererseits. Da der Wertschöpfungsmarkup von dem Vorleistungsanteil beeinflusst ist, können Schwankungen im Verhältnis von Grenzprodukt und Reallohn also in diesem Fall nicht eindeutig als Schwankungen des Markups im Sinne des strukturellen Bruttooutput-Markups μ_t identifiziert werden. Vielmehr könnte z.B. eine Erhöhung des Vorleistungsanteils s_{Et} dazu führen, dass μ_{Bt} steigt, so dass (wenn A_t und K_t konstant seien) bei gegebener Beschäftigungshöhe der Reallohn W_t/P_{Bt} sinken müsste, oder bei gegebenem Reallohn die Beschäftigung sinken würde, und zwar *ohne*, dass das typische Unternehmen einen anderen Markup auf seinen Absatzpreis als zuvor aufschlagen würde, d.h. ohne, dass μ_t sich ändern müsste.

Die Ursache hierfür liegt in einer Art von 'double marginalization':[6] ein unvollständig kompetitives Unternehmen schlägt auf seine Grenzkosten einen Markup auf, um den Absatzpreis zu erhalten. Ein Teil der Grenzkosten sind aber die Ausgaben für Vorleistungen, die der Output anderer Unternehmen sind, die ihrerseits bereits auf ihre Grenzkosten einen Markup aufgeschlagen haben. Auf diese Weise hängt der Wertschöpfungsmarkup von der Anzahl von Produktionsstufen ab und damit vom Vorleistungsanteil am Gesamtumsatz. Für gegebenes ρ_t steigt also μ_{Bt} mit der Vorleistungsquote s_{Et} und mit μ_t, so dass der Wertschöpfungsmarkup bei Existenz intermediärer Produktion, also bei $s_{Et} > 0$, grösser als der Bruttooutputmarkup sein müsste. Etwas anderes gilt lediglich, wenn μ_t und ρ_t jederzeit dieselbe Höhe hätten, was identisch mit der Bedingung ist, dass keine reinen Profite existieren. In diesem Fall wäre der Wertschöpfungsmarkup identisch gleich eins, und zwar unabhängig von der Höhe des Bruttoutputmarkups.[7]

Hieraus folgt als Ergebnis, dass für empirische Zwecke das Wertschöpfungskonzept nicht generell geeignet ist, den Beitrag von Schwankungen des Markups zur Erklärung von Schwankungen der Arbeitsnachfrage zu erhellen. Dies gilt insbesondere für empirische Aussagen, deren Datenbasis die Zeit der Ölpreisschocks in den

[6] Vgl. Rotemberg und Woodford (1995, 1996, 1999).

[7] Bei Rotemberg und Woodford (1995, 1996, 1999) ist μ_{Bt} zwangsläufig grösser als μ_t, weil Fixkosten nur in der Subfunktion $B(.)$ zugelassen werden.

1970er Jahren umfasst. Ein Anstieg des Preises für den intermediären Input Rohöl wird ceteris paribus, sofern die Substitutionselastizität zwischen diesem Input und den primären Inputs kleiner als eins ist, zu einem Anstieg des Vorleistungsanteils und damit des Wertschöpfungsmarkups führen; die hierdurch ausgelöste Reduktion der Arbeitsnachfrage ist aber natürlich nicht auf verändertes Preissetzungsverhalten unvollständig kompetitiver Unternehmen zurückzuführen, so dass eine solche Interpretation der Bewegungen des Wertschöpfungsmarkups verfehlt wäre.

Aus diesem Grund basieren alle empirischen Aussagen dieser Arbeit auf Daten, in denen der Output als Bruttooutput definiert ist, und mit dem Begriff 'Markup' wird in der Folge ausschliesslich μ_t, nicht aber μ_{Bt} bezeichnet werden. Eines der wesentlichen Ergebnisse in diesem Kapitel ist, dass für plausible Parameterkonstellationen der Bruttooutput-Markup antizyklisch zu schwanken scheint. Für μ_{Bt} wurde ein solches Ergebnis bereits von Rotemberg und Woodford (1991, 1999) für US-amerikanische und von Portier (1995) für französische Daten berichtet; die hier gewonnenen Ergebnisse zeigen, wiewohl für andere Datensätze, dass die Ergebnisse dieser Autoren kein reines Artefakt der Verwendung von Wertschöpfungsdaten zu sein scheinen, da hier auch antizyklische Variation der eigentlich interessierenden Variablen μ_t gefunden wird, deren Interpretation nicht durch mögliche Schwankungen des Vorleistungsanteils beeinträchtigt wird.

2.2 Der durchschnittliche Bruttoproduktions-Markup

Bisher war unvollständige Konkurrenz auf dem Gütermarkt angenommen worden; es stellt sich als erstes die naheliegende Frage, wie relevant das Phänomen empirisch tatsächlich ist. Die Hypothese weitverbreiteter unvollständiger Konkurrenz in einem in makroökonomischen Kategorien relevanten Ausmass fand seit Ende der achtziger Jahre erheblich stärkere Beachtung durch die Studien von Hall (1986, 1988, 1990), der eine ökonometrische Methode zur Schätzung von durchschnittlichen (zeitlich konstanten) Markups vorschlug, und für US-amerikanische Industriebranchen hohe Werte von häufig über 1.5 oder sogar über 2 fand. Die Grundidee der Hall'schen Methodik liegt in der Tatsache, dass unter unvollständiger Konkurrenz die Outputelastizität eines Produktionsfaktors gleich ist dem Produkt aus dem Markup und dem Einkommensanteil dieses Faktors. Da der Einkommensanteil grundsätzlich beobachtbar ist, wird der Markup indirekt beobachtbar, wenn eine Schätzung der Outputelastizität vorliegt.[8] Auf dieselbe Weise sucht Hall (1990) auch Aufschluss über die Skalenelastizität der Produktionsfunktion, denn die Outputelastizität kann äquivalent auch als Produkt aus der Skalenelastizität und dem Kostenanteil eines Faktors verstanden werden. Die empirischen Schätzungen des Skalenparameters fallen etwa gleich hoch aus, wie diejenigen des Markups, woraus Halls (1990) Interpretation der Evidenz als Ausdruck eines langfristigen Gleichgewichts bei monopolistischer Konkurrenz, in dem alle durch Markups entstehenden Bruttoprofite durch Fixkosten aufgesogen werden, mit dem Ergebnis, dass der Durchschnittsprofit insgesamt annähernd null ist, folgt.

Grundsätzlich ist also eine ökonometrische Schätzung der Produktionsfunktion hinreichend, um Aufschluss über den Markup zu erhalten, denn wenn eine voll parametrisierte Form der Produktionsfunktion bekannt ist, lassen sich die Outputelastizitäten der einzelnen Faktoren ermitteln, woraus dann indirekt durch Vergleich mit den Einkommensanteilen die Schätzung des Markups folgt. Unglücklicherweise lassen sich Produktionsfunktionen nur äusserst schwer ökonometrisch erfassen, und dieser Weg wird daher in der empirischen Literatur nicht beschritten. Halls (1988, 1990) Lösung besteht darin, mit einer log-linearen Approximation der Produktionsfunktion vorliebzunehmen, um auf diese Weise eine robustere Spezifikation zu erreichen, die dann allerdings nur noch die Schätzung eines zeitkonstanten Markups, interpretierbar als ein Durchschnitt über den Beobachtungszeitraum, erlaubt.

Halls (1990) Resultate, denen zufolge die Preise in zahlreichen Industrien die jeweiligen Grenzkosten um mehr als die Hälfte übersteigen, und die hohe Skalenerträge und damit entweder stark sinkende Grenzkosten oder hohe Fixkosten implizieren, sind nicht unwidersprochen geblieben. Der für den hier verfolgten Zweck wichtigste Einwand ist derjenige von Basu und Fernald (1995, 1997), die den oben beschriebenen Unterschied zwischen dem von Hall geschätzten Wertschöpfungsmarkup und dem eigentlich interessierenden Bruttoutputmarkup hervorheben. Basu und Fernald (1995, 1997) kommen auf der Grundlage von Bruttooutput-Daten, die eine einwandfreie Schätzung des Preis-Grenzkosten-Markups im Prinzip gestatten, zu erheblich von Hall (1990) abweichenden Ergebnissen; insbesondere schätzen sie (für US-amerikanische Branchen des verarbeitenden Gewerbes) approximativ konstante Skalenerträge und nur geringfügig über eins liegende Markups. Die Beurteilung dieser Resultate wird allerdings durch das statistische Problem erschwert, dass keine wirklich überzeugende Lösung für das Simultanitätsproblem gefunden werden kann,

[8] Hall (1990) selbst charakterisiert seinen Ansatz mit etwas anderen Worten, indem er aus den endogenen Reaktionen des Solow-Residuums bei Änderungen des Faktoreinsatzes auf die Höhe des Markups zurückschliesst; beide Darstellungsweisen sind vollständig äquivalent.

das die Ursache aller Schwierigkeiten mit empirischen Produktionsfunktionen bzw. der aus ihnen abgeleiteten Relationen ist. Während Hall (1988, 1990) einen Satz von Instrumentalvariablen konstruierte, von denen er annahm, sie seien zwar mit dem aggregierten Faktoreinsatz, nicht aber mit dem technologischen Fortschritt korreliert, und daher als Instrumente zur Schätzung von produktionstechnischen Regressionsgleichungen geeignet, fanden Basu und Fernald (1997) Grund zu der Annahme, dass das Problem hiermit nicht gelöst wird. Die Autoren argumentieren, dass einfache Kleinste-Quadrate-Schätzungen zuverlässiger seien. Allerdings wird damit die Beurteilung der statistischen Signifikanz der gefundenen Parameter grundsätzlich unmöglich.

In dieser Arbeit greife ich die Diskussion auf und präsentiere zunächst geschätzte durchschnittliche (zeitkonstante) Markups als geschätzte Regressionsparameter von Gleichungen im Stil von Basu und Fernald (1995, 1997) auf Basis von Bruttooutputdaten, mit einigen Modifikationen, die eine simultane Abschätzung von Skalenelastizität und Markup versuchen sollen, ohne wie die genannten Autoren auf eine konstruierte Variable für die Kapitalnutzungskosten zurückgreifen zu müssen.[9] Die Beobachtungseinheit ist Westdeutschland im Zeitraum zwischen 1970 und 1994. Daten stehen aus der Volkswirtschaftlichen Gesamtrechnung für Bruttooutput, intermediären Input, Beschäftigung und den Kapitalstock zum einen für den aggregierten privaten Sektor zur Verfügung; zum anderen und darüberhinaus wird durch eine Kombination der Volkswirtschaftlichen Gesamtrechnung mit Daten aus der Produzentenpreis-Statistik für 27 Branchen des verarbeitenden Gewerbes[10] ein vergleichbarer Datensatz konstruiert, der es erlaubt, einerseits sektoral stärker disaggregierte Informationen zu generieren, und andererseits die Querschnittsvariation der untersuchten Zusammenhänge stärker auszunutzen, um das Simultanitätsproblem auf diese Weise indirekt zu lösen (bzw. zu umgehen). Auf diese Weise wird Aufschluss erhofft über die Robustheit der Ergebnisse gegenüber verschiedenen Methoden, die aus aus der Endogenität der Regressorvariablen entstehenden Probleme zu lösen.

Mein wesentliches Resultat ist, dass ein durchschnittlicher Markup bezogen auf Preise und Grenzkosten der Erstellung einer marginalen Einheit Bruttooutput von etwa 1.2 charakteristisch für den Durchschnitt der einzelnen Industriebranchen wie auch für die direkte Schätzung aus Aggregatvariablen ist; dieses Ergebnis ist re-

9 Dieser Abschnitt basiert auf Linnemann (1999).

10 Dabei handelt es sich ungefähr um die zweistelligen Einheiten der Systematik der Wirtschaftszweige in der Fassung für die Volkswirtschaftliche Gesamtrechnung. Eine genauere Beschreibung der Daten erfolgt im Abschnitt 2.2.2.

lativ robust gegenüber kleineren Variationen der verwendeten Annahmen. Eine zuverlässige Ermittlung von Skalenerträgen ist dagegen nicht möglich, da die Daten sowohl die Interpretation konstanter Skalenerträge als auch durchschnittliche Skalenelastizitäten in Höhe des Markups (und damit Durchschnittsgewinne von null) zulassen.

2.2.1 Methode

Der Grundgedanke der auf Hall (1986, 1988, 1990) zurückgehenden Methodik, einen zeitkonstanten Markup im Sinne eines durchschnittlichen Markups als Regressionsparameter zu schätzen, liegt in dem Unterschied zwischen der Outputelastizität eines Faktors und seinem Einkommensanteil. Sei die Produktionsfunktion für den Bruttooutput Y_t gegeben als

$$Y_t = A_t F(L_t, K_t, E_t), \tag{2.12}$$

worin alle Variablen in der Notation der vorigen Abschnitte benannt sind. Die zuvor verwendete Restriktion auf Separabilität zwischen primären und intermediären Inputs ist hier nicht erforderlich. Hall folgend, wird Hicks-Neutralität des technischen Fortschritts unterstellt, weil dies zu einer einfachen Interpretierbarkeit der Störvariablen der Regression als die stochastische Komponente des technischen Fortschritts führt. Bei der sonst vorgezogenen Variante der Harrod-Neutralität müsste als Koeffizient der technischen Fortschritts-Variablen noch die Lohnquote berücksichtigt werden. Diese Annahme dient aber lediglich der Vereinfachung der Schreibweise und hat, da der technische Fortschritt hier ohnehin nur als ein stochastischer Störterm in einer Regressionsbeziehung modelliert wird, keinerlei Auswirkungen auf die Ergebnisse.

Logarithmische Differentiation der Produktionsfunktion liefert nach Substitution der Bedingungen erster Ordnung für Kostenminimierung dann den Ausdruck

$$\Delta Y_t = \mu_t \left[s_{Lt} \Delta L_t + s_{Kt} \Delta K_t + s_{Et} \Delta E_t \right] + \Delta A_t, \tag{2.13}$$

mit den auf den nominalen Bruttooutput bezogenen Einkommensquoten der Arbeit, $s_{Lt} = (W_t L_t)/(P_t Y_t)$, des Kapitals, $s_{Kt} = (R_t K_t)/(P_t Y_t)$ und des intermediären Inputs $s_{Et} = (Q_t E_t)/(P_t Y_t)$. Gleichung (2.13) kann als Produktionsfunktion in Form von Wachstumsraten bzw. als logarithmisch-lineare Approximation an eine beliebige, nicht näher spezifizierte Produktionsfunktion interpretiert werden, worin die Tatsache, dass der Multiplikator des technischen Fortschritts ΔA_t eins ist, eine Folge von

Hicks-Neutralität ist. Sofern Fixkosten zu berücksichtigen wären, wird angenommen, dass ihre Wachstumsrate konstant ist, so dass sie nicht eigens berücksichtigt werden müssen, sondern in der Regressionskonstante mit aufgehen.

Halls Vorschlag besteht darin, den Markup auf eine Konstante zu restringieren, $\mu_t = \mu$, $\forall t$, die sodann als Regressionskoeffizient schätzbar ist, sofern eine Lösung für das Problem der Unbeobachtbarkeit von A_t gefunden wird. Angenommen, das technische Niveau entwickle sich als random walk mit zeitkonstantem Driftparameter $\alpha > 0$ gemäss

$$\ln A_t = \alpha + \ln A_{t-1} + \epsilon_t, \tag{2.14}$$

worin ϵ_t eine normalverteilte, nicht seriell korrelierte Zufallsvariable mit Mittelwert null und konstanter Varianz sei. Die technische Fortschrittsrate in (2.13) kann dann als die Summe aus einer Konstanten und einer stochastischen Störvariablen aufgefasst werden. Damit ergibt sich die Schätzgleichung

$$\Delta Y_t = \alpha + \mu \Delta X_t + \epsilon_t, \tag{2.15}$$

worin $\Delta X_t \equiv [s_{Lt}\Delta L_t + s_{Kt}\Delta K_t + s_{Et}\Delta E_t]$ ein mit den Faktoranteilen gewogener Durchschnitt der Wachstumsraten aller Produktionsfaktoren ist.

Varianten dieser Gleichung bilden die Grundlage der Untersuchung in diesem Abschnitt. Dazu muss allerdings noch eine weitere Annahme getroffen werden, um den Kapitaleinkommensanteil s_{Kt} zu identifizieren, in Ermangelung dessen ΔX_t nicht beobachtbar wäre. Die bei Annahme vollständiger Konkurrenz gängige Praxis, den Kapitalanteil residual als eins minus die Summe aller anderen Faktoranteile zu spezifizieren, ist bei unvollständiger Konkurrenz nicht allgemein möglich, denn in diesem Fall gilt aufgrund der Gleichheit der Summe der Outputelastizitäten mit der Skalenelastizität, ρ_t, für den Kapitalanteil:

$$\mu_t s_{Lt} + \mu_t s_{Et} + \mu_t s_{Kt} = \rho_t \quad \Rightarrow s_{Kt} = \rho_t/\mu_t - s_{Lt} - s_{Et}, \tag{2.16}$$

so dass der Kapitalanteil nicht residual zu ermitteln ist, ohne dass eine Hypothese über die Skalenelastizität ρ_t im Verhältnis zum Markup μ_t getroffen wird. Die häufig getroffenen Hypothese vollständiger Konkurrenz ($\mu_t = 1$) und konstanter Skalenerträge ($\rho_t = 1$) bietet hier natürlich einen Ausweg, weil unter diesen Bedingungen der Kapitalanteil residual als Differenz zwischen eins und der Summe aller anderen Faktoreinkommensanteile ermittelt werden kann. Dies ist auch möglich, wenn ρ_t und μ_t dieselbe (auch von eins verschiedene) Höhe aufweisen, weil in diesem Fall ebenfalls keine reinen Gewinne auftreten. Im allgemeinen ist allerdings nicht a priori bekannt, ob reine Gewinne existieren oder nicht.

Grundsätzlich ist es zwar möglich, den Kapitalanteil $s_{Kt} := (R_t K_t)/(P_t Y_t)$ direkt zu ermitteln, indem eine empirische Variable für den Kapitalnutzungspreis R_t (die 'user cost of capital') konstruiert wird nach der Formel in Hall und Jorgensen (1969). So verfahren Hall (1990) und Basu und Fernald (1995, 1997). Das impliziert, dass für diese Autoren alle Faktorkosten vollständig beobachtbar sind, so dass statt der Einkommensanteile auch die Kostenanteile der Faktoren ermittelt werden können, was wiederum eine Variante von Gleichung (2.15) zur Schätzung einer zeitkonstanten oder durchschnittlichen Skalenelastizität $\rho_t = \rho$, $\forall t$ ermöglicht, die dann lautet:

$$\Delta Y_t = \alpha + \rho \Delta \tilde{X}_t + \epsilon_t, \tag{2.17}$$

mit $\Delta \tilde{X}_t \equiv [\varsigma_{Lt} \Delta L_t + \varsigma_{Kt} \Delta K_t + \varsigma_{Mt} \Delta E_t]$ als gewogenem Durchschnitt der Wachstumsraten aller Inputs, nun aber mit Anteilen der Faktoren an den gesamten *Kosten* anstelle der bisher verwendeten Anteile am Nominaleinkommen als Gewichten, mit $\varsigma_{Lt} := \dfrac{W_t L_t}{W_t L_t + R_t K_t + Q_t E_t}$ als Kostenanteil des Faktors Arbeit (in Abgrenzung von dem Einkommensanteil; für die anderen Faktoren analog). Offensichtlich sind die Kostenanteile nur beobachtbar, wenn der Kapitalnutzungspreis R_t beobachtbar ist.

In dieser Arbeit wird dagegen der Kapitalnutzungspreis, und in der unmittelbaren Folge auch der Kapitalanteil am Einkommen und ebenso die Gesamtkosten der Produktion, als nicht direkt beobachtbar angesehen, da aufgrund von wahrscheinlichen informationellen Unvollkommenheiten des Kapitalmarktes, die zur Nichtidentität zwischen den Kosten der internen und der externen Finanzierung von Investitionsprojekten führen und bis hin zur Kreditrationierung reichen können, die Relevanz einer wie auch immer berechneten Variable für die Kapitalnutzungskosten hochgradig zweifelhaft ist.[11] Dieser Einwand betrifft auch die Herangehensweise in Oliveira et al. (1996), die unter Verwendung einer Variante der Methode in Roeger (1995) den Markup schätzen unter der Annahme konstanter Skalenerträge und Beobachtbarkeit der Kapitalnutzungskosten, was überdies etwas paradox ist, da in diesem Fall der Markup beobachtbar wäre als Quotient aus nominalem Output und der Summe aller Zahlungen an die Produktionsfaktoren, so dass gar keine Notwendigkeit zu ökonometrischer Schätzung bestünde.

[11] Vgl. z.B. Stiglitz und Weiss (1992).

Wenn nun der Kapitalanteil nicht direkt beobachtbar ist, bieten sich zwei Möglichkeiten an, um dennoch (2.15) als Schätzgleichung verwenden zu können. Zum einen kann unterstellt werden, dass sowohl der Markup als auch die Skalenelastizität zeitlich konstant sind. Dann ergibt sich der Kapitalanteil als

$$s_{Kt} = \rho/\mu - s_{Lt} - s_{Et}, \tag{2.18}$$

was in (2.15) substituiert auf

$$\Delta Y_t = \alpha + \rho \Delta K_t + \mu \left[s_{Lt} \Delta L_t + s_{Et} \Delta E_t - (s_{Lt} + s_{Et}) \Delta K_t \right] + \epsilon_t \tag{2.19}$$

führt, worin nun sowohl der Markup als auch die Skalenelastizität als Regressionsparameter im Prinzip geschätzt werden können. Gleichung (2.19) wird im folgenden als die unrestringierte Schätzgleichung bezeichnet werden.

Die zweite Möglichkeit besteht darin, anzunehmen, dass aufgrund freien Markteintritts die reinen Profite im Durchschnitt gleich null seien, so dass der durchschnittliche Markup gleich der durchschnittlichen Skalenelastizität sein muss, und in der Folge der Kapitalanteil wie bei vollständiger Konkurrenz residual ermittelt werden kann. Die aus dieser Restriktion folgende Spezifikation

$$\Delta Y_t = \alpha + \mu \left[s_{Lt} \Delta L_t + s_{Et} \Delta E_t + (1 - s_{Lt} - s_{Et}) \Delta K_t \right] + \epsilon_t \tag{2.20}$$

wird im folgenden als restringierte Schätzgleichung bezeichnet werden.

2.2.2 Daten und ökonometrische Probleme

Die im folgenden verwendeten Daten werden hier kurz vorgestellt; eine ausführlichere Beschreibung einschliesslich genauer Definitionen und der jeweiligen Bezugsquellen findet sich im Anhang in Kapitel 7. Alle Daten beziehen sich auf Westdeutschland im Zeitraum von 1970 bis 1994 und sind jährlich erhoben.

Es werden drei Datensätze betrachtet: 1.) die aggregierte Privatwirtschaft (im folgenden bezeichnet als Datensatz D1), 2.) das aggregierte Verarbeitende Gewerbe (im folgenden D2), und 3.) 27 zweistellige Branchen des Verarbeitenden Gewerbes (im folgenden D3).

Als aggregierte Privatwirtschaft bzw. D1 wird der gesamte private Unternehmenssektor ohne die Bereiche Landwirtschaft und Wohnungsvermietung verstanden. Die

Beschränkung auf den privaten Sektor, d.h. die Nichtbeachtung des Staates, scheint sinnvoll, da der Staat keine Preise benennt, für die er seine Leistungen anbietet, so dass auch kein Verhältnis von Preisen und Kosten definiert werden kann. Der Sektor Wohnungsvermietung enthält in der amtlichen Statistik einen grossen Teil unterstellter Zahlungsströme von Nutzern von Wohnungen an sich selbst als Eigentümer, was diese Daten ebenfalls unbrauchbar für den hier verfolgten Zweck macht; die Landwirtschaft sollte schliesslich wegen der grossen Rolle, die Subventionen für ihre Produktion spielen, ausser acht gelassen werden.

Aus der Volkswirtschaftlichen Gesamtrechnung des Statistischen Bundesamtes lassen sich für den Datensatz D1 Zeitreihen für den nominalen und realen Produktionswert (als Mass für den Bruttooutput), die nominalen und realen Vorleistungen, die Anzahlen von Erwerbstätigen und beschäftigten Arbeitnehmern im Jahresdurchschnitt sowie als Mass für den Kapitalstock das reale Bruttoanlagevermögen am Jahresbeginn entnehmen. Die Beschäftigung wird in Arbeitsstunden gemessen, indem die Anzahl der Erwerbstätigen Personen mit dem gesamtwirtschaftlichen Durchschnitt der Zahl der Arbeitsstunden pro Erwerbstätigen aus der Volkswirtschaftlichen Gesamtrechnung des DIW multipliziert wird. Dieses Mass für die pro-Kopf-Arbeitsstunden wird auch für die Definition der Beschäftigung in den anderen Datensätzen verwendet, was einen Approximationsfehler impliziert, wenn in einzelnen Branchen die Arbeitszeit nennenswert vom gesamtwirtschaftlichen Durchschnitt abweicht; aufgrund der Datenlage ist allerdings keine andere Lösung erreichbar. Das Arbeitseinkommen ist die Summe aus Bruttoeinkommen aus unselbständiger Arbeit einerseits und dessen pro-Arbeitnehmer-Wert multipliziert mit der Anzahl der selbständigen Erwerbstätigen andererseits, was die Hypothese impliziert, das Einkommen der Selbständigen enthalte einen Teil Arbeitseinkommen, und zwar in der Höhe des durchschnittlichen Arbeitseinkommens der beschäftigten Arbeitnehmer. Die Lohnquote s_L ist der Quotient aus Arbeitseinkommen und nominalem Produktionswert, während die Vorleistungsquote s_E der Quotient aus dem nominalen Vorleistungseinsatz und dem nominalen Produktionswert ist.

Der Datensatz D2 enthält dieselben Variablen für das Verarbeitende Gewerbe. Diese Daten werden aus zwei verschiedenen Gründen hier betrachtet. Erstens soll dem möglichen Einwand begegnet werden, die aggregierten Schätzungen wiesen nur deshalb in Richtung von Markups, die erkennbar grösser als eins sind, weil die Gesamtwirtschaft (im Sinne des Datensatzes D1) zum überwiegenden (an Output oder Beschäftigung gemessenen) Teil aus Dienstleistungsbranchen besteht, deren realer Output teilweise schwer zu quantifizieren ist und die deshalb notorisch anfällig für Messfehler sind. Preisdaten für Produkte des Verarbeitenden Gewerbes, also für

Industrieprodukte, gelten demgegenüber als zuverlässiger, so dass auch die realen, also deflationierten, Outputmasse zuverlässiger sein können. Darüberhinaus sind die Produkte des Verarbeitenden Gewerbes grundsätzlich handelbar, d.h. internationalem Wettbewerb ausgesetzt, so dass hier geringere Markups vermutet werden könnten. Allerdings ist diese Vermutung durchaus nicht zwingend, denn wenn - wie im Standardmodell monopolistischer Konkurrenz - die Marktmacht allein auf der Produktdifferenzierung basiert, besteht nicht notwendig ein Grund, weshalb sie in Industrien mit einem grösseren Markt geringer sein sollte.

Zweitens, und wichtiger, können für das Verarbeitende Gewerbe Daten für 27 einzelne Branchen konstruiert werden, so dass durch Ausnutzung der Querschnittsvariation versucht werden kann, die Begrenztheit der Zeitreihenlänge auszugleichen, indem die Daten gepoolt werden, d.h. auf Parametergleichheit der einzelnen Querschnittseinheiten restringiert werden. Diese Daten für die 27 zweistelligen Branchen des Verarbeitenden Gewerbes werden als Datensatz D3 bezeichnet. Sie müssen allerdings etwas aufwendiger konstruiert werden. Bei den Branchen handelt es sich grundsätzlich um alle zweistelligen Einheiten, die vom Statistischen Bundesamt als Untereinheiten des Verarbeitenden Gewerbes in der Systematik der Wirtschafszweige / Fassung für die Volkswirtschaftliche Gesamtrechnung unterschieden werden, und für die keine Datenprobleme vorliegen.[12] Die wegen Datenproblemen nicht enthaltenen Branchen sind Schiffbau, Luft- und Raumfahrzeugbau, Mineralölindustrie, Herstellung von Büromaschinen und Tabakverarbeitung. Da aus der Volkswirtschaftlichen Gesamtrechnung die Daten für Produktionswert und Vorleistungen dieser 27 Industriebranchen nur nominal vorliegen, wurde eine Approximation gewählt, indem als Deflator des Produktionswertes jeder Branche der Index für den Erzeugerpreis derjenigen gewerblichen Produkte, die von dem betreffenden Sektor hauptsächlich produziert werden, aus der Preisstatistik entnommen und verwendet wird.[13] Auf diese Weise wurde durch Division des jeweiligen nominalen Produktionswert durch den Produzentenpreisindex der reale Produktionswert ermittelt. Aus der Differenz zwischen diesem und der vom Statistischen Bundesamt veröffentlichten realen Bruttowertschöpfung wurden dann die realen Vorleistungen gewonnen. Zu einer genaueren Beschreibung der Prozedur und zu den möglichen Approximationsproblemen siehe die Darstellung im Anhang in Kapitel 7.

Hall (1990) diskutiert ausführlich das statistische Problem einer Schätzung von Gleichungen wie (2.19) oder (2.20): da der stochastische Fehlerterm ϵ_t die über das in der Konstanten erfasste Mass hinausgehende Änderung des Technologieterms

[12] Vgl. die Beschreibung im Anhang zu Statistisches Bundesamt (1997).
[13] Vgl. Statistisches Bundesamt (1994b).

repräsentiert, ist er mit Sicherheit mit den Variablen der rechten Seite, die ja die Wachstumsraten der Faktorinputs darstellen, korreliert. Aufgrund der daraus folgenden Simultanitätsverzerrung würde eine einfache Kleinste-Quadrate-Schätzung regelmässig zu verzerrten und inkonsistenten Ergebnissen führen. Gelöst werden kann dieses Problem, wenn Instrumentalvariablen zur Verfügung stehen, die zwar mit den Regressoren – also den Faktoreinsatzmengen – korrelieren, aber nicht ihrerseits vom technischen Fortschritt abhängen und daher nicht mit dem Fehlerterm korreliert sind. Benötigt werden also reine Nachfrageschocks als Variablen, die zwar zu Outputerhöhungen führen, aber weder das Technologieniveau beeinflussen noch von diesem beeinflusst werden.

Hall (1990) schlägt die Verwendung der folgenden drei Instrumentalvariablen vor: die Wachstumsrate der realen militärischen Staatsausgaben, die Wachstumsrate des Ölpreises, und eine binäre Dummy-Variable, die in jeder Periode je nach der politischen Partei des gerade amtierenden Regierungschefs die Werte null oder eins annimmt. Diese Variablen sind genau dann als Instrumente tauglich, wenn sie nicht von technologischem Fortschritt ursächlich beeinflusst werden, und wenn sie gleichzeitig einen spürbaren Einfluss auf Faktorinput und damit die Outputwachstumsrate haben. Beide Voraussetzungen lassen sich anzweifeln, wie insbesondere Basu und Fernald (1997) argumentieren. Erstens weisen die Hall-Instrumente nur eine geringe Korrelation mit den Regressorvariablen auf (d.h. der Determinationskoeffizient der ersten Stufe einer zweistufigen Kleinste-Quadrate-Regression mit den genannten Instrumentvariablen ist sehr niedrig), was in kleinen Stichproben zu dem Problem führt, dass die Schätzergebnisse äusserst unpräzise sind und teilweise erratisch bis in völlig unplausible Bereiche variieren. Die durch die Instrumentierung idealerweise gewonnene Konsistenz der Schätzung ist eine asymptotische Eigenschaft, die nichts über die Qualität der Schätzung in kleinen oder sehr kleinen Stichproben aussagt. Zweitens weisen Basu und Fernald (1997) darauf hin, dass auch die angebliche Unkorreliertheit der Hall-Instrumente mit dem technischen Fortschritt zweifelhaft ist: wenn nämlich hinter allen aggregativen Daten heterogene Mikroeinheiten (hier Unternehmen, oder eng definierte Branchen) stehen, die je unterschiedlich hohe Markups und Skalenerträge aufweisen, dann können selbst reine Nachfrageschocks, wie die Hall-Instrumente, durch die möglicherweise von ihnen ausgelösten intrasektoralen Reallokationen Auswirkungen haben, die denen technologischer Änderungen sehr ähnlich sind. Z.B. werden durch eine nachfrageseitig ausgelöste Reallokation zugunsten von intrasektoralen Einheiten mit niedrigeren Durchschnitts-Markups die aggregierten Produktionsmöglichkeiten des Sektors oder der Gesamtwirtschaft steigen, was wie ein aggregativer technischer Fortschritt wirkt. Insofern ist die Zulässigkeit der Hall-Instrumente durchaus zweifelhaft.

Ein anderes Argument stellt in Frage, ob in einer gewöhnlichen Kleinste-Quadrate-Schätzung die Verzerrung des geschätzten Markups tatsächlich nach oben weisen muss. In den folgenden Abschnitten wird nämlich gezeigt, dass Markups typischerweise ein antizyklisches Verhalten aufweisen. Da in der Schätzung der Markup auf eine zeitinvariable Konstante restringiert wird, ist eine Komponente des Fehlerterms die zeitliche Variation des Markups. Damit enthält der Fehler aber eine Komponente, die negativ mit den Regressoren (den Wachstumsraten der Faktorinputs) korreliert ist, so dass eine gegenüber dem Technologieschock in die umgekehrte Richtung weisende Verzerrung vorliegt. Welcher Einfluss überwiegt, ob also eine Kleinst-Quadrate-Schätzung den durchschnittlichen Markup über- oder unterschätzt, ist damit grundsätzlich offen.

Der folgende Unterabschnitt präsentiert aus diesem Grund Resultate, die mit verschiedenen Methoden generiert wurden. Neben einfachen Kleinste-Quadrate-Schätzungen, die das Simultanitätsproblem ignorieren, werden drei verschieden Spezifikationen von zweistufigen Kleinste-Quadrate-Schätzungen präsentiert; im ersten Fall, bezeichnet als IS1, werden als Instrumentalvariablen die eben diskutierten Hall-Instrumente und als weitere Nachfrageschock-Variable das Einkommen der übrigen Welt, repräsentiert durch die Wachstumsraten des Bruttosozialprodukts in den USA und Japan, verwendet. Der zweite Instrumentalvariablensatz, genannt IS2, enthält darüberhinaus je einen um eine Periode verzögerten Wert der in IS1 enthaltenen Variablen und einen um eine Periode verzögerten Wert der rechten Seite der jeweiligen Gleichung. Der dritte Instrumentalvariablensatz, IS3, wird nur für den Datensatz D3 verwendet und besteht aus der jeweiligen rechten Seite der Schätzgleichung auf aggregierter Ebene, d.h. im Datensatz D1; hiermit wird unterstellt, dass die Gesamtwirtschaft aufgrund ihrer Grösse exogen bezüglich des Outputs der kleineren sektoralen Einheiten ist.

2.2.3 Ergebnisse

In den folgenden Tabellen 2.1 und 2.2 sind die Resultate dargestellt. Die Zahlen in Klammern unter den Koeffizienten sind die $|t|$-Statistiken der Nullhypothese, der betreffende Parameter sei gleich eins. Asymptotisch sollten die Parameterschätzer normalverteilt sein; ein asymptotischer Test wiese also einen Parameter bei einem 5%-igen Signifikanzniveau als statistisch signifikant von eins verschieden aus, wenn der Wert in Klammern unter dem geschätzten Koeffizienten grösser als 1.96 ist.

Tabelle 2.1: Schätzergebnisse für Gleichung (2.19) und (2.20)

ρ	μ	$\mu = \rho$
Aggregierte Privatwirtschaft (D1): OLS		
1.2404	1.2241	1.2242
(2.6714)	(6.1005)	(6.2423)
Aggregierte Privatwirtschaft (D1): 2SLS (IS1)		
1.4208	1.2760	1.2781
(2.9417)	(5.0503)	(5.4636)
Aggregierte Privatwirtschaft (D1): 2SLS (IS2)		
1.3303	1.2309	1.2479
(3.0721)	(5.7397)	(5.7632)
Verarbeitendes Gewerbe insgesamt (D2), OLS		
1.17	1.27	1.26
(1.44)	(4.20)	(4.18)
Verarbeitendes Gewerbe insgesamt (D2), 2SLS (IS1)		
1.37	1.32	1.33
(1.92)	(3.19)	(3.54)
Verarbeitendes Gewerbe insgesamt (D2), 2SLS (IS2)		
1.27	1.26	1.28
(1.81)	(3.71)	(3.84)

Zahlen in Klammern unter den Koeffizienten sind Absolutbeträge des t-Wertes einer Restriktion des jeweiligen Parameters auf den Wert eins. OLS: gewöhnliche Kleinste-Quadrate, 2SLS: two stage least squares, (IS1): Instrumenten-Satz 1 (Hall-Instrumente plus Wachstumsrate des Weltsozialprodukts, siehe Text), (IS2): Instrumentensatz 2 (wie IS1, plus je ein Lag der dortigen Variablen und ein Lag der rechten Seite der Gleichung), (IS3): Instrumentensatz 3 (rechte Seite der entsprechenden Gleichung im Datensatz D1). Alle Gleichungen enthielten eine Konstante.

Man betrachte zunächst die Ergebnisse der aggregierten Gleichung, die sich auf den Datensatz D1, also den gesamten privaten Sektor, bezieht. Die OLS-Schätzungen weisen unrestringiert sowohl die Skalenelastizität als auch den Markup etwas höher als 1.2 aus, wobei der Markup erheblich präziser geschätzt ist.[14] Die Tatsache, dass das geschätzte ρ sogar leicht höher ist als das geschätzte μ legt es nahe, die

[14] Da der $|t|$-Wert hier bezüglich der Nullhypothese eines Parameterwertes von eins berechnet ist, ist der Standardfehler eines Parameters jeweils gegeben durch den um eins verminderten Parameterschätzwert dividiert durch den in der Tabelle ausgewiesenen $|t|$-Wert.

restringierte Schätzung als relevanter zu erachten, denn eine Skalenelastizität, die höher als der Markup ist, impliziert negative Gewinne, was zumindest über den Durchschnitt von mehr als zwei Jahrzehnten unplausibel ist. Ein Grund für den unplausibel hohen Wert von ρ kann in dem Kollinearitätsproblem gesehen werden, das der unrestringierten Schätzung eigen ist, denn der Kapitalstock ist nicht nur der erste Regressor, deren Koeffizient als ρ interpretiert wird, sondern taucht zusätzlich als Bestandteil des zweiten Regressors auf. Die hohe Korrelation der Regressoren untereinander bedingt die Schwierigkeit, die Partialeffekte beider statistisch sauber voneinander zu trennen und erklärt so die mangelnde Präzision des Schätzers der Skalenelastizität. Durchgehend zeigt die restringierte Schätzung, dass die Restriktion auf Durchschnittsgewinne von null durch Setzung von $\rho = \mu$ zu einem geschätzten Parameter führt, der regelmässig sehr ähnlich dem μ-Parameter der unrestringierten Schätzung ist. Offensichtlich enthält die Stichprobe nicht genügend Variation, um beide Parameter voneinander unabhängig zu schätzen.

Die Instrumentalvariablenschätzung mit dem Instrumentensatz IS1 liefert Ergebnisse, die eher noch etwas höher sind, als die OLS-Resultate, und die wiederum deutlich signifikant bei allen konventionellen Signifikanzniveaus sind; dasselbe gilt (in geringerem Ausmass) für IS2. Hier taucht also das von Basu und Fernald (1997) diskutierte Problem auf, dass instrumentierte Schätzungen höhere Parameter ausweisen, als nicht-instrumentierte, was theoretisch nicht vorkommen dürfte, wenn die Instrumente in der Tat geeignet wären, ein Simultanitätsproblem zu beseitigen.

Das Fazit aus diesen Resultaten für die aggregierte private Gesamtwirtschaft (immer im oben definierten Sinne des Datensatzes D1) ist ein schwerlich von der Skalenelastizität zu unterscheidender Durchschnittsmarkup in einer Höhe von ca. 1.2, wobei die Frage, ob diese Werte auch zufällig in der kleinen Stichprobe zustandekommen könnten, obwohl der wahre Wert in der Population eins ist, nicht mit letzter Sicherheit beantwortet werden kann. Da alle Punktschätzungen aber ausnahmslos in den Bereich von $\mu > 1$ deuten, wird dieses Ergebnis als tendenzielle Bestätigung der Hypothese unvollständiger Konkurrenz aufgefasst. Dieses Fazit deckt sich mit demjenigen von Oliveira-Martins et al. (1996), die – allerdings mit einer anderen, auf Roeger (1995) zurückgehenden Methodik – ähnliche Ergebnisse erzielen. Die Höhe des geschätzten Markups ist ausserdem nur geringfügig grösser als diejenige, die Basu und Fernald (1995, 1997) für ihren US-amerikanischen Datensatz erhalten.

Weiter unten in der Tabelle 2.1 finden sich zu Vergleichszwecken die Ergebnisse für das Verarbeitende Gewerbe insgesamt (als Einzelgleichung, Datensatz D2). Die Ergebnisse sind sehr ähnlich, und allenfalls sehr geringfügig höher als diejenigen für die Gesamtwirtschaft. Dies deutet darauf hin, dass das Verarbeitende Gewerbe in der hier behandelten Hinsicht als repräsentativ für die Volkswirtschaft insgesamt betrachtet werden kann.

Tabelle 2.2 zeigt vergleichbare Ergebnisse für die zweistelligen Branchen des Verarbeitenden Gewerbes, also für D3 an.

Tabelle 2.2: Schätzergebnisse für Gleichung (2.19) und (2.20)

	ρ	μ	$\mu = \rho$
27 Branchen (D3): OLS			
Durchschnitt	1.05	1.23	1.21
	(0.46)	(2.95)	(2.86)
Median	1.04	1.19	1.20
	(0.23)	(2.61)	(2.52)
27 Branchen (D3): 2SLS (IS1)			
Durchschnitt	1.18	1.28	1.25
	(0.64)	(1.93)	(2.00)
Median	1.17	1.29	1.29
	(0.41)	(1.87)	(1.97)
27 Branchen (D3): 2SLS (IS2)			
Durchschnitt	1.09	1.21	1.20
	(0.53)	(2.29)	(2.22)
Median	1.14	1.22	1.22
	(0.42)	(2.01)	(1.97)
27 Branchen (D3): 2SLS (IS3)			
Durchschnitt	1.17	1.30	0.95
	(0.72)	(2.04)	(1.98)
Median	1.12	1.22	1.22
	(0.37)	(1.83)	(1.76)

Tabelle 2.2: Fortsetzung

ρ	μ	$\mu = \rho$
27 Branchen (D3): gepoolte Daten, OLS		
1.02	1.20	1.18
(0.55)	(12.21)	(10.88)
27 Branchen (D3): gepoolte Daten, 2SLS (IS1)		
1.34	1.35	1.35
(3.96)	(7.63)	(7.71)
27 Branchen (D3): gepoolte Daten, 2SLS (IS2)		
1.08	1.24	1.19
(1.96)	(6.41)	(5.39)
27 Branchen (D3): gepoolte Daten, 2SLS (IS3)		
1.20	1.28	1.28
(3.56)	(8.81)	(8.54)

Erläuterungen siehe unter Tabelle 2.1.

Die Tabelle enthält zunächst die Durchschnitte und Mediane der nach den oben beschriebenen Methoden geschätzten Parameter für die 27 sektoralen Einzelgleichungen.[15] Die OLS-Schätzungen verweisen auch hier im Durchschnitt der Industriebranchen auf Markups von knapp über 1.2, während die Skalenelastizität, deren Punktschätzungen im Intervall zwischen den Werten 1.04 und 1.18 variieren, aufgrund der hohen Standardfehler kaum präzise geschätzt werden kann, und die Restriktion beider Parameter auf Gleichheit erbringt folgerichtig auch hier keine Ergebnisse, die von denen der Schätzung des Markups in der unrestringierten Variante der Gleichung nennenswert abwichen. Die mit dem Instrumentensatz IS1 geschätzten zweistufigen Kleinste-Quadrate-Ergebnisse darunter sind im Durchschnitt wieder etwas höher, während die Ergebnisse mit IS2 den mit OLS erzielten mehr ähneln.

Die Begrenzung der kleinen Stichproben kann dann umgangen werden, wenn die Gleichheit der Regressionsparameter über alle Einzelgleichungen auferlegt wird, was zu den gepoolten Schätzungen führt, die in der Tabelle unter den Durchschnittsergebnissen der Einzelgleichungen aufgeführt sind, die eine um den Faktor 27 höhere Anzahl von Freiheitsgraden aufweisen und eine entsprechend höhere Präzision der Schätzung erwarten lassen. Die Punktschätzungen sind bei Anwendung von OLS hier geringfügig geringer, im Fall der restringierten Gleichung etwa 1.18, und für

[15] Die $|t|$-Werte unter den Parametern, wieder berechnet bezüglich der Nullhypothese eines Parameterwertes von eins, sind in diesem Fall ebenfalls Durchschnitte bzw. Mediane.

alle Instrumentalvariablen-Sätze etwas höher. Insbesondere sind hier bei Verwendung von IS1 die Schätzwerte erheblich höher, was Zweifel an der Validität der verwendeten Instrumentalvariablen aufkommen lässt, oder auf den von Basu und Fernald (1997) befürchteten Aggregationsfehler verweist.

Das Fazit aus diesen Resultaten ist, dass ein Parameterwert in Höhe von etwa 1.2 eine hinreichend vorsichtige Schätzung für den durchschnittlichen Markup sowohl in der Gesamtwirtschaft als auch im Verarbeitenden Gewerbe Westdeutschlands zu sein scheint. Das grundlegende statistische Problem dieser Schätzungen ist natürlich das Simultanitätsproblem, also die Korrelation der Variablen der rechten Seite mit dem Fehlerterm, der hier stochastischen technischen Fortschritt repräsentiert. Versuche, diesem Problem durch Verwendung von Instrumentalvariablen zu begegnen, sind im hier betrachteten Kontext ohnehin nicht sehr vielversprechend, denn wenn die Hypothese zutrifft, dass Markups negativ mit der Beschäftigung variieren, dann verursacht die Restriktion auf einen konstanten Markup in der Schätzgleichung einen von technischem Fortschritt unabhängigen Fehlerterm, der mit den Variablen der rechten Seite korreliert ist. Selbst wenn also zum Beispiel die Instrumente geeignet sein sollten, als reine Nachfragevariablen die durch die Präsenz technischen Fortschritts im Fehlerterm der Gleichungen bewirkte Simultanitätsverzerrung auszuschalten, so bleibt bei variablen und mit der Beschäftigung variierenden Markups eine zweite Ursache von Simultanitätsverzerrung, wobei letztere darauf wirkt – bei unterstellter negativer Korrelation zwischen Markup und Beschäftigung – den geschätzten Markup nach unten zu verzerren. Welcher Fehler überwiegt, kann nicht ermittelt werden.

2.3 Güterpreis, Faktorpreise und Kapazitätsauslastung bei konstantem Markup

Der vorige Abschnitt stellte empirische Evidenz für die Hypothese vor, dass der durchschnittliche Bruttooutput-Markup systematisch grösser als eins ist; ein Wert von 1.2 erschien dabei als vorsichtige Schätzung am ehesten akzeptabel. Dabei wurde, um Varianten der auf Hall (1988, 1990) zurückgehenden Methoden einsetzen zu können, aus methodischen Gründen unterstellt, der Markup sei tatsächlich ein konstanter Parameter. Dies ist z.B. der Fall in dem vielbeachteten Modell monopolistischer Konkurrenz von Dixit und Stiglitz (1977), das die Grundlage der Mehrzahl aller jüngeren Anwendungen der Theorie unvollständiger Konkurrenz auf die Makroökonomie darstellt.[16] Der Markup im Dixit-Stiglitz-Modell ist deswegen konstant, weil unterstellt wird, die Haushalte hätten CES-Präferenzen über den Konsum der differenzierten Varianten eines Outputgutes, woraus Nachfragefunktionen nach den einzelnen Gütervarianten folgen, die eine konstante Preiselastizität der Nachfrage aufweisen. Daraus folgt, dass auch der Markup eine Konstante sein muss. Das Modell in Kapitel 3 benutzt diesen Ansatz als Ausgangspunkt; siehe dort für eine ausführlichere Schilderung.

In diesem und dem nächsten Abschnitt wird die Annahme eines konstanten Markups in Frage gestellt, indem zunächst, in diesem Abschnitt, einige empirische Implikationen eines solchen Modells gezeigt werden, die zu dem beobachtbaren Verhalten von Preis- und Kostenvariablen im Widerspruch stehen, worauf im folgenden Abschnitt direkte Schätzungen von zyklischen Schwankungen des Markups vorgelegt werden. Die Untersuchungen dieses Abschnitts basieren auf Bils und Chang (1999), deren Methode allerdings (ausser in Details) in einem entscheidenden Punkt abgewandelt wird, was zu abweichenden Ergebnissen führt.

2.3.1 Methode

Die in diesem Abschnitt verwendeten Annahmen über die Technologie wurden bereits in Abschnitt 2.1 vorgestellt. Die Produktionsfunktion (2.2) wird als Beschreibung der Produktionsfunktion einer repräsentativen Firma hier übernommen; es wird die Annahme getroffen, die Gesamtwirtschaft bestünde aus symmetrischen Firmen, so dass keine Unterscheidung zwischen individueller und aggregierter Produktionsfunktion getroffen zu werden braucht. Die Annahmen über die Technologie des repräsentativen Unternehmens ähneln denen in Bils und Chang (1999) und in Rotemberg und Woodford (1995). Sie unterscheiden sich von ersteren darin, dass Grenzkosten als konstant im Output angenommen werden, obwohl die Durchschnittskosten sehr wohl im Output sinken können, und von letzteren dadurch dass die Produktionsfunktion nicht Leontief in intermediären und primären Inputs ist, sondern dass Substitutionsmöglichkeiten zwischen diesen beiden Gruppen von Faktoren zugelassen werden.

Die Separabilität der Bruttooutputfunktion bezüglich primärer Inputs, die in der Wertschöpfungs-Subfunktion aggregiert sind, und intermedärer Inputs ist eine Unterstellung, die einige der nachfolgenden Ableitungen entscheidend vereinfacht, da die Anzahl der zu beachtenden Parameter dadurch relativ klein bleibt. Speziell

[16] Vgl. die Übersichtsartikel von Silvestre (1993, 1995) und Dixon und Rankin (1992, 1995b).

können die Substitutionsmöglichkeiten zwischen allen Faktoren durch nur zwei Elastizitäten ausgedrückt werden, nämlich die Substitutionselastizität zwischen primären und intermediären Inputs in F, genannt $\sigma_t = (F_1F_2)/(FF_{12})$, und die Substitutionselastizität zwischen effizienter Arbeit und Kapital in der Funktion B, genannt $\sigma_{Bt} = (B_1B_2)/(BB_{12})$ (vgl. z.B. Neumann, 1995). Aufgrund der getroffenen Homogenitätsannahmen sind beide Elastizitäten sehr einfache Funktionen der Grenz- und Kreuzprodukte der jeweiligen Produktionsfunktion, was es entscheidend einfacher macht, die produktionstheoretischen Konzepte, die in der unten abzuleitenden Gleichung für die Grenzkosten auftauchen, mit beobachtbaren Daten zu konfrontieren.

Die optimalen Grenzkosten des typischen Unternehmens mit der dargestellten Technologie lassen sich ermitteln als Quotient aus nominellem Faktorpreis und dem Grenzprodukt des betreffenden Faktors. Ohne, dass die Produktionsfunktion voll parametrisiert werden müsste, kann die Wachstumsrate der Grenzkosten gefunden werden. Mit dem Operator Δ als Symbol für eine prozentuale Wachstumsrate, d. h. für jede Variable X_t gilt $\Delta X_t = (\partial X_t/\partial t)X^{-1}$, lässt sich der Ausdruck

$$\Delta MC_t = \frac{\mu_t}{\rho_t}[s_{Lt}(\Delta W_t - \Delta A_t) + s_{Kt}\Delta R_t + s_{Et}\Delta Q_t] \tag{2.21}$$

herleiten. Offensichtlich ist die Änderungsrate der Grenzkosten von derjenigen des Outputs gänzlich unabhängig; mit anderen Worten sind die Grenzkosten konstant in der Outputmenge. Wegen der unterstellten Fixkosten sind jedoch die Durchschnittskosten in der Outputmenge sinkend, weshalb zunehmende Skalenerträge vorliegen.

Der Ausdruck in (2.21) ist für empirische Zwecke unbrauchbar, wenn, wie hier durchgehend argumentiert wird, der Kapitalnutzungspreis R_t grundsätzlich unbeobachtbar ist. Daher kann die Wachstumsrate der Grenzkosten unter Verzicht auf die Verwendung der Bedingung erster Ordnung für den Kapitaleinsatz umgeschrieben werden zu

$$\Delta MC_t = (1 - \frac{\mu_t}{\rho_t}s_{Et})\Delta W_t/A_t + \frac{\mu_t s_{Et}}{\rho_t}\Delta Q_t - \frac{\mu_t s_{Kt}}{\rho_t \sigma_{Bt}}\Delta\frac{K_t}{A_tL_t}, \tag{2.22}$$

worin σ_{Bt} die oben eingeführte Substitutionselastizität zwischen Kapital und (effektiver) Arbeit in der Funktion $B(.)$ ist. Dies ist (bis auf Details) die Schreibweise, die auch Bils und Chang (1999) benutzen. Nunmehr taucht der Kapitalnutzungspreis nicht mehr auf, sondern ist ersetzt durch das Mengenverhältnis $K_t/(A_tL_t)$, also die Kapitalintensität. Da Kapital kurzfristig fix ist, ist die Wachstumsrate der Kapitalintensität im wesentlichen beeinflusst von der Wachstumsrate des Arbeitseinsatzes.

Ein konjunktureller Aufschwung ist typischerweise begleitet von steigendem Arbeitseinsatz bei nur geringfügig ansteigendem Kapitalstock, so dass ein im wesentlichen konstanter Kapitalbestand, oder eine bestehende Kapazität, im Aufschwung durch mehr Arbeit verstärkt ausgelastet wird; sinkende Kapitalintensität impliziert daher steigende Auslastung, so dass, wie Bils und Chang (1999) bemerken, daher die (inverse) Kapitalintensität ein geeignetes Konstrukt für die inhaltliche Ausfüllung des heuristischen Begriffes der Kapazitätsauslastung ist.[17]

Gleichung (2.22) ist einfach zu interpretieren: die Wachstumsrate der Grenzkosten ist eine gewogenes Mittel aus den Wachstumsraten der Faktorpreise der variablen Produktionsfaktoren, also hier Arbeit und intermediäre Inputs, zuzüglich eines Terms, der den Grenzkostenanstieg durch eine steigende Auslastung des vorhandenen Kapitalbestandes anzeigt (der Term, der die Kapitalintensität involviert, geht mit negativem Vorzeichen ein). Im nächsten Unterabschnitt wird, Bils und Chang (1999) folgend, Gleichung (2.22) als Bestandteil einer Schätzgleichung verwendet werden.

Aus später zu diskutierenden Gründen wird allerdings noch eine andere Spezifikation benötigt. Diese erhält man, wenn auch die Bedingung erster Ordnung für den kostenminimalen Einsatz der intermediären Inputs *nicht* herangezogen wird, die Grenzkosten also lediglich aus der Bedingung erster Ordnung für den Arbeitseinsatz abgeleitet werden. In diesem Fall lautet die Gleichung für die Wachstumsrate der Grenzkosten

$$\Delta MC_t = \Delta W_t/A_t - \frac{\mu_t s_{Et}}{\rho_t \sigma_t}\Delta\frac{E_t}{B_t} - \frac{s_{Kt}}{\sigma_{Bt}(s_{Lt}+s_{Kt})}\Delta\frac{K_t}{A_t L}, \tag{2.23}$$

mit σ_t der oben eingeführten Substitutionselastizität zwischen den in $B(.)$ zusammengefassten primären Faktoren und dem intermediären Faktor E_t in der Funktion $F(.)$. Hierin taucht nurmehr der Arbeitslohn als Faktorpreis auf, während die anderen beiden Faktoren Vorleistungen und Kapital in Form von Mengenverhältnissen in die Gleichung eingehen. Gleichungen (2.23) und (2.22) bilden die Grundlage der empirischen Ergebnisse, die im folgenden Unterabschnitt präsentiert werden.

Unabhängig von der genauen Formulierung der Grenzkosten taucht selbstverständlich in jedem Fall die Wachstumsrate des technologischen Fortschritts, ΔA_t, als

[17] Eine empirischer Vergleich bestätigt diese Interpretation: die Korrelation zwischen der Wachstumsrate der Kapitalintensität im Datensatz D1 mit derjenigen des vom Sachverständigenrat für die Begutachtung der gesamtwirtschaftlichen Entwicklung in seinen Jahresgutachten regelmässig veröffentlichten Indikators der Kapazitätsauslastung ist -0.84. Ein Anstieg der Kapitalintensität ist also als sinkende Kapazitätsauslastung interpretierbar.

Determinante auf. Aus der logarithmischen Differentiation der Produktionsfunktion (2.2) nach der Zeit erhält man hierfür durch Umstellung und Anwendung der Kostenminimierungsbedingungen

$$\Delta A_t = \frac{\Delta Y_t - \mu_t s_{Lt}\Delta L_t - \mu_t s_{Kt}\Delta K_t - \mu_t s_{Et}\Delta E_t + (\rho_t - 1)\Delta\omega_t}{\mu_t s_{Lt}}. \tag{2.24}$$

Für empirische Zwecke enthält dies das Problem, dass natürlich die als Quelle von Skalenerträgen angenommenen Fixkosten unbeobachtbar sind. Das Problem wird wie folgt approximativ gelöst: Es wird angenommen, dass $\rho_t = [Y_t + \omega_t]/Y_t$ eine stationäre Variable ist, also langfristig weder trendmässig fällt noch steigt; hierfür ist erforderlich, dass die Fixkosten langfristig mit derselben Rate wachsen, wie Y_t. Sei g die steady state-Wachstumsrate von Y_t, die empirisch approximiert wird als Koeffizient einer Regression des realen Bruttooutputs auf einen linearen Zeittrend; für die Fixkosten wird dann angenommen, sie seien gegeben durch $\omega_t = \omega_0(1 + g)^t$. Hierdurch wird unterstellt, dass Fixkosten mit der Durchschnittswachstumsrate von Y_t wachsen, so dass das Verhältnis von Fixkosten zu Bruttooutput langfristig konstant ist, obwohl es in jeder Periode variieren kann.

Sodann wird zusätzlich angenommen, dass in einem steady state keine reinen Profite vorliegen, weil diese langfristig durch den Markteintritt neuer Firmen wegkonkurriert würden. Dies verlangt, dass im Durchschnitt die Skalenelastizität ρ_t gleich dem Markup μ ist. Es bezeichne im folgenden eine Variable ohne Zeitindex einen zeitkonstanten Parameter, zu verstehen als langfristiger Durchschnittswert zur Approximation des konstanten steady state-Wertes der betreffenden Variablen. Für wachsende Variablen bezeichne eine Tilde über dem Variablensymbol die Evaluierung entlang eines angenommenen steady state-Wachstumspfades, auf dem die betreffende Variable mit konstanter Rate wächst. So ist $\tilde{Y}_t = Y_0(1 + g)^t$, mit einem als gegeben unterstellten Anfangswert Y_0, der empirisch als erster verfügbarer Zeitreihenwert des Outputs approximiert wird. Mit $\rho = \mu$ (keine Gewinne im steady state) folgt dann für den steady state-Wert von ρ_t

$$\rho = \frac{\tilde{Y}_t + \omega_t}{\tilde{Y}_t} = 1 + \omega_0/B_0. \tag{2.25}$$

Für vorgegebenes μ und als Stichprobendurchschnitt ermitteltes s_E identifiziert diese Gleichung den Anfangswert ω_0, woraus $\omega_t = \omega_0(1 + g)^t$ ermittelt wird. Daraus ist dann $\rho_t = 1 + \omega_t/Y_t$ bekannt. Damit ist es möglich, die Wachstumsrate des technischen Fortschritts, ΔA_t aus (2.24) zu bestimmen. Überdies ist unter diesen Voraussetzungen auch $s_{Kt} = \rho_t/\mu - s_{Lt} - s_{Et}$ ermittelbar. Es sollte allerdings festgehalten werden, dass diese Prozedur zwar theoretisch korrekt ist, eine gröbere Approximation aber, die in der völligen Vernachlässigung des Terms $(\rho_t - 1)\Delta\omega_t$ in (2.24) besteht, fast identische Ergebnisse zeitigt. Die beschriebene Prozedur führt dazu, dass die Wachstumsrate des technologischen Fortschritts, ΔA_t aus (2.24), im folgenden als empirisch approximativ bekannt vorausgesetzt wird, sobald ein Wert für den hier für den Zweck des Argumentes als konstant unterstellten Markup μ vorgegeben ist.

Die im vorigen Unterabschnitt abgeleiteten Ausdrücke für das Grenzkostenwachstum können mit der Wachstumsrate des entsprechenden Preisniveaus, hier also des Preisindex der Bruttoproduktion, in Beziehung gesetzt werden. In Modellen unvollständiger Konkurrenz auf dem Gütermarkt resultiert der gewinnmaximale Preis des typischen Unternehmens regelmässig als Aufschlag (Markup) auf die Grenzkosten, wobei die Determinanten des Aufschlagssatzes von den Details des jeweiligen Modells abhängen. In Modellen monopolistischer Konkurrenz ist typischerweise der Markup eine Funktion der Preiselastizität der Nachfrage; sofern letztere konstant ist, muss auch der Markup konstant sein. Dieser Fall eines konstanten Markups wird im folgenden als Vergleichsfall verwendet, um damit die Schwierigkeiten zu demonstrieren, die aus der Verwendung dieser Hypothese bei der Erklärung des Preisniveaus bzw. der Inflationsrate entstehen. Mit anderen Worten wird die empirische Unzulänglichkeit der Hypothese, der Markup sei eine Konstante, demonstriert werden. Dieses Ziel verfolgen auch Bils und Chang (1999), deren Vorgehensweise insofern ähnlich ist. Allerdings schliessen diese Autoren zusätzlich, dass der Markup zwar nicht konstant ist, dass aber Preisrigidität als Ursache für einen antizyklisch schwankenden Markup nicht in Betracht komme. Ich zeige hier demgegenüber auf, dass diese Schlussfolgerung aus einer empirisch zweifelhaften Spezifikation einer Schätzgleichung herrührt. Mittels der hier präsentierten Variante gelange ich zu dem Ergebnis, dass die Unterstellung eines konstanten Markups empirisch in der Tat zu unplausiblen Konsequenzen führt. dass aber, abweichend von den genannten Autoren, kein empirischer Einwand gegen die These besteht, antizyklische Markups seien eine Folge von Preisrigidität.

Das Argument kann wie folgt gesehen werden. Unabhängig von der Theorie, die jeweils die Höhe des Markups bestimmt, gilt tautologisch, dass $P_t = \mu_t MC_t \Rightarrow \Delta P_t = \Delta MC_t + \Delta\mu_t$, wobei der zweite Summand natürlich wegfällt, wenn Konstanz des Markups unterstellt wird. Setzt man die ersten der oben als empirisch verwertbar angesehenen Bestimmungsgleichungen für ΔMC_t, also Gleichung (2.22), ein, so folgt für die Wachstumsrate des Preisniveaus:

$$\Delta P_t = (1 - \mu/\rho_t s_{Et})\Delta W_t/A_t + \mu/\rho_t s_{Et}\Delta Q_t - \frac{\mu s_{Kt}}{\rho_t \sigma_B}\Delta\frac{K_t}{A_t L_t} + \epsilon_t, \qquad (2.26)$$

wobei ϵ_t eine stochastische Störvariable ist, die durch Messfehler der Variablen auf der rechten Seite ensteht; dabei kommen insbesondere Messfehler bei der Konstruktion des Technologieindex A_t in Frage, sowie Variationen des Markups. Diese Gleichung entspricht, bis auf Details der Modellierung, derjenigen in Bils und Chang (1999). Ihre Interpretation ist einfach: Preise sind ein Aufschlag auf die Grenzkosten, folglich variieren sie mit letzteren. Die Grenzkosten aber variieren positiv mit den nominalen Faktorpreisen (W_t, Q_t), und negativ mit dem technologischen Niveau (A_t). In der Ableitung von (2.26) wurde die Bedingung erster Ordnung für den optimalen Kapitaleinsatz *nicht* verwendet, um der plausiblerweise anzunehmenden Tatsache Rechnung zu tragen, dass Anpassungskosten es ausschliessen, dass die Optimalitätsbedingung für Kapital in jeder Periode realisiert wird. Mit anderen Worten ist der Faktor Kapital als in der kurzen Frist quasi-fix unterstellt, weshalb sein Faktorpreis auch nicht in (2.26) auftaucht; Kapital spielt aber indirekt durch die Kapazitätsauslastung, also die Inverse der Kapazitätsauslastung natürliche eine potentielle Rolle für die Preisentwicklung.

Die Preisgleichung (2.26) kann als Grundlage für die empirische Untersuchung der Preisbildung verwendet werden. Grundsätzlich sind alle Terme auf der rechten Seite der Gleichung zeitabhängig. Um die Gleichung ökonometrisch verwenden zu können, sind einige einschränkende Annahmen hinzugefügt worden. Die erste Annahme betrifft den Markup, der im folgenden auf den konstanten Wert $\mu = 1.2$ gesetzt wird, was sich aus den empirischen Ergebnissen des vorigen Abschnitts rechtfertigt.[18] Die Annahme der Konstanz des Markups wird hier nicht für empirisch zutreffend gehalten, sondern im Gegenteil nur verwendet, um anhand ihrer empirischen Implikationen ihre geringe Plausibilität zu demonstrieren. Falls der Markup also nicht konstant ist, wäre seine Änderungsrate eine Komponente des Fehlerterms in der Preisgleichung. Zusätzlich werden alle Substitutionselastizitäten, in (2.26) also σ_B als approximativ konstant unterstellt. Die Rate des technischen Fortschritts wird aus (2.24) nach der oben erläuterten Vorgehensweise konstruiert und dann als bekannte Variable verwendet.

[18] Nur bei Verwendung des Datensatzes D3, also für die Einzelbranchen des Verarbeitenden Gewerbes, wird für jede Branche der im vorigen Abschnitt individuell geschätzte Durchschnittsmarkup eingesetzt (was allerdings nicht zu nennenswert anderen Ergebnissen führt, als denjenigen, die bei einer Verwendung des Wertes 1.2 in allen Branchen resultieren würden).

Folglich kann (2.26) empirisch implementiert werden, indem die Inflationsrate ΔP_t auf die drei Variablen $(1 - \mu/\rho_t s_{Et})\Delta W_t/A_t$, auf $(\mu/\rho_t)s_{Et}\Delta Q_t$ und auf $[(\mu s_{Kt})/\rho_t]\Delta K_t/(A_t L_t)$ regressiert wird. Dies ist das Verfahren von Bils und Chang (1999), das hier übernommen wird. Diese Prozedur sollte also im Falle der ersten beiden Variablen jeweils einen geschätzten Koeffizienten von eins erwarten lassen, während der Koeffizient der dritten Variablen (die die inverse Kapazitätsauslastung enthält) der negative Wert der Inversen der Substitutionselastizität zwischen Kapital und Arbeit, also $-1/\sigma_B$, sein sollte.

2.3.2 Ergebnisse

Die folgende Tabelle 2.3 enthält Schätzergebnisse für die bereits bekannten Datensätze D1, D2 und D3.[19] Im letzteren Fall wurden die Daten über die darin enthaltenen 27 industriellen Branchen gepoolt, d.h. zu einer einzelnen Gleichung zusammengefasst. Experimente mit Zeitdummies (die Bils und Chang, 1999, verwenden) oder sektoralen Dummies ergaben keine nennenswerten Änderungen, so dass hierauf verzichtet wurde. Die Schätzung von (2.26) muss die grundsätzliche Simultaneität von Güter- und Faktorpreisen berücksichtigen. Unter der gewählten Interpretation repräsentiert der Fehlerterm eine eventuelle stochastische Komponente des technischen Fortschritts, die nicht durch die empirische Version der in Gleichung (2.24) gegebenen Approximation erfasst wird. Selbst, wenn also die vorläufig aufrechterhaltene Hypothese eines konstanten Markups richtig wäre, könnte der Fehlerterm nicht als unkorreliert mit den Variablen der rechten Seite von (2.26) gelten. Aus diesem Grund werden letztere instrumentiert, um die erwartbare Simultaneitätsverzerrung zu vermeiden. Geeignete Instrumente müssen also mit Faktorpreisen und Beschäftigung (Kapazitätsauslastung) korreliert sein, nicht aber mit technischem Fortschritt; mit anderen Worten sollte es sich um reine Nachfrageschock-Variablen handeln. Den Ausführungen im vorigen Abschnitt folgend, werden die dort als IS2 bezeichneten Instrumente verwendet, also die Wachstumsraten der realen nichtzivilen Staatsausgaben, des realen Weltsozialprodukts, und der nominalen Produzentenpreise für Rohöl, eine Dummy-Variable für die politische Partei des amtierenden Regierungschefs, sowie je ein um eine Periode verzögerter Wert derselben und die um eine Periode verzögerte rechte Seite der Schätzgleichung. Schätzungen werden sowohl für die einfache Kleinste-Quadrate-Methode ausgewiesen, als auch für die zweistufige Kleinste-Quadrate-Methode mit dem genannten Instrumentensatz.

Zunächst fällt die Ähnlichkeit der ersten beiden der geschätzten Koeffizienten über

[19] Siehe die Datenbeschreibung in Abschnitt 2.2.2 und im Anhang, Kapitel 7.

alle drei verschiedenen Datensätze auf. Der erste Koeffizient, der die Lohnwachstumsvariable umfasst, sollte theoretisch gleich eins sein, ist aber mit Werten zwischen 0.35 und 0.52 deutlich kleiner, was darauf deuten könnte, dass der marginale Lohnsatz, der eigentlich zum Ansatz kommen müsste, dann nicht gleich dem durchschnittlichen Lohnsatz ist, der tatsächlich in die Variable eingeht, wenn die typische Firma zusätzliche Arbeitsstunden nur gegen einen erhöhten Stundenlohnsatz erhalten kann, z.B. wegen der Existenz von Überstundenzuschlägen (vgl. Bils, 1987, Bils und Chang, 1999).

Tabelle 2.3: Schätzergebnisse für Gleichung (2.26)

	D1		D2		D3	
	OLS	2SLS	OLS	2SLS	OLS	2SLS
$(1-\mu/\rho_t s_{Et})\Delta\frac{W_t}{A_t}$	0.37	0.35	0.39	0.38	0.52	0.49
	(5.36)	(4.12)	(3.45)	(2.92)	(15.17)	(5.18)
$\mu/\rho_t s_{Et}\Delta Q_t$	1.03	1.03	1.00	1.01	1.03	1.06
	(52.84)	(45.78)	(25.84)	(22.36)	(65.86)	(24.40)
$\frac{\mu s_{Kt}}{\rho_t}\Delta\frac{K_t}{A_t L_t}$	0.43	0.49	−0.07	0.11	−0.48	−0.35
	(1.67)	(1.73)	(0.24)	(0.33)	(12.62)	(3.52)
$\bar{R}^2$	0.99		0.98		0.90	
$s.e.$	0.0022	0.0022	0.0046	0.0048	0.0154	0.0172
DW	1.8933	2.0011	1.5205	1.5448	1.9797	1.8365

Zahlen in Klammern sind $|t|$-Werte. Westdeutschland, Jahresdaten 1970 – 1994. D1: aggregierte Privatwirtschaft, D2: Verarbeitendes Gewerbe insgesamt, D3: gepoolter Datensatz über 27 Branchen des verarbeitenden Gewerbes; siehe Haupttext für genaue Datenbeschreibung. Alle Gleichungen enthielten eine Konstante. Ergebnisse für $\mu = 1.2$ (in D3: für die in Abschnitt 2.2 individuell auf Branchenebene geschätzten durchschnittlichen Markups). OLS: Gewöhnliche Kleinste-Quadrate-Schätzung. 2SLS: Zweistufige Kleinste-Quadrate-Schätzung, Instrumente sind eine Konstante, die Wachstumsrate des Weltsozialprodukts, des nominalen Ölpreises, der realen Staatsausgaben für nichtzivile Zwecke, eine Dummy-Variable für die politische Partei des Regierungschefs (0.5 für 1982), je ein um eine Periode verzögerter Wert der vorgenannten und die um eine Periode verzögerte rechte Seite der jeweiligen Gleichung.

Hingegen liegt der Koeffizient der Vorleistungspreisvariablen in jedem Fall extrem nahe bei dem theoretisch erwarteten Wert von eins. Wie an den ausserordentlich hohen $|t|$-Werten dieses Koeffizienten gesehen werden kann, beruht die gesamte

Erklärungskraft der Gleichung wesentlich auf dieser Variablen. In der Tat ist, gemessen am Determinationskoeffizienten $\bar{R}^2$, in den aggregierten Gleichungen D1 und D2 beinahe alle Variation der Inflationsrate durch die Gleichung erklärt, während für die gepoolten Industriebranchen des Datensatzes D3 immerhin fast 90 % der Variation erklärt zu sein scheint, was um so bemerkenswerter ist, als keinerlei Heterogenität zwischen den zweistelligen Branchen zugelassen ist.

Der Koeffizient der inversen Kapazitätsauslastung schliesslich sollte einen Wert von $-1/\sigma_B$ erwarten lassen. Erwartet man, dass kurzfristig die Substitutionselastizität zwischen Kapital und Arbeit plausiblerweise eher kleiner als eins sein sollte, dann müsste der geschätzte Koeffizient jeweils kleiner als -1 sein, was offensichtlich in keiner der Gleichungen der Fall ist. Im Gegenteil hat der Koeffizient in den aggregierten Gleichungen sogar meistens das falsche Vorzeichen und ist nicht signifikant von null verschieden, während in der gepoolten sektoralen Gleichung D3 zwar ein signifikant negativer Wert geschätzt wird, der aber im Absolutbetrag deutlich kleiner als eins ist. Dies ist der Hauptpunkt in Bils und Chang (1999), die für ihren US-amerikanischen Datensatz ähnliche Ergebnisse erzielen: Änderungen der Kapazitätsauslastung haben einen viel zu geringen Einfluss auf die Wachstumsrate des Preisniveaus, als theoretisch plausibel ist. Andererseits scheint, so die Autoren, durch die Faktorpreise der variablen Faktoren, und insbesondere durch den Vorleistungspreis Q_t der grösste Teil der Inflationsrate von der Kostenseite her erklärbar zu sein.

Bils und Chang (1999) schliessen zweierlei aus diesen Ergebnissen: Erstens scheint die Annahme eines konstanten Markups falsch zu sein, da bei konstantem Markup ein Anstieg der Kapazitätsauslastung wegen der höheren Kosten, die mit einer dann eintretenden suboptimalen Kombination der fixen und variablen Faktoren einhergeht, einen deutlich steigernden Einfluss auf die Preise haben sollte, was empirisch aber nicht oder nur in unplausibel geringem Ausmass der Fall zu sein scheint. Die obigen Ergebnisse sind selbst im für die Hypothese günstigsten Fall, nämlich den Schätzungen für den Datensatz D3, nur dann mit konstantem Markup vereinbar, wenn die Substitutionselastizität zwischen Kapital und Arbeit auch kurzfristig mehr als zwei betragen würde, was vermutlich weit zu hoch ist, um plausibel zu sein. Erklärbar sind die Schätzergebnisse jedoch, wenn ein Anstieg der Kapazitätsauslastung systematisch mit einem Sinken des Markups einhergeht, weil in diesem Fall der durch die sich ändernden Faktorproportionen ausgelöste Kostendruck auf das Preisniveau durch den sinkenden Markupfaktor abgemildert würde, so dass die tatsächliche Inflationsreaktion durchaus klein sein kann. Die Resultate lassen sich also als indirekte Evidenz für einen antizyklischen Markup interpretieren.

Zweitens schliessen Bils und Chang (1999) nominale Preisrigidität als Ursache für antizyklische Markups aufgrund der Schätzergebnisse aus. Im Prinzip reichen Preisstarrheiten aus, um antizyklische Markups zu erzeugen: wenn in einem zyklischen Aufschwung, in dem aufgrund der steigenden Beschäftigung aller Produktionsfaktoren die nominalen Faktorpreise und damit die Grenzkosten zunehmen werden, aufgrund einer wie auch immer zu begründenden Starrheit die Outputpreise nicht oder nicht vollständig auf das eigentlich von den Firmen gewünschte Niveau angehoben werden können, impliziert dies, das der Markup als Quotient aus Preisen und Grenzkosten sinken wird (vgl. hierzu ausführlicher das theoretische Modell in Kapitel 3). Bils und Chang (1999) argumentieren jedoch, dass die starke und vollständige Reaktion des Outputpreises auf Änderungen des Vorleistungspreises inkonsistent mit einer solchen Interpretation ist. Wenn Starrheiten die Preise daran hindern würden, sich schnell und vollständig anzupassen, so wäre nicht zu erklären, weshalb Änderungen der Vorleistungspreise innerhalb einer Periode vollständig im Preis weitergegeben werden können, wie es der geschätzte Koeffizient in allen Gleichungen nahelegt.

Wenn diese beiden Schlussfolgerungen korrekt wären, so würde dies ein theoretisches Modell nahelegen, in dem zwar die Preise vollständig flexibel sind, aber der Markup aus anderen Gründen antizyklisch schwankt. Ein Beispiel für ein solches Modell wird in Kapitel 4 präsentiert. Andere Modelle dieser Art wurden von Rotemberg und Woodford (1991, 1992), Phelps (1994), Galí (1994, 1995) Chevalier und Scharfstein (1995), und Bils und Chang (1999) selbst vorgelegt.

Hier wird allerdings nun argumentiert, dass diese Schlussfolgerungen verfrüht sind, weil die Vorgehensweise von Bils und Chang (1999), die durch die bisherigen Ausführungen im wesentlichen nachgezeichnet wurde, einen schwerwiegendes konzeptuelles Problem enthält. Der Vorleistungspreis Q_t, auf dessen Beitrag fast die gesamte Erklärungskraft der Preisgleichung in der Spezifikation von (2.26) beruht, kann zwar auf der Ebene einer einzelnen Firma durchaus als von dem Outputpreis P_t unabhängig gedacht werden. Für aggregierte Daten, sei es auf der Ebene einzelner Branchen oder erst recht der Gesamtwirtschaft, taucht allerdings das Problem auf, dass der Vorleistungsinput der einen Firma der Output einer anderen Firma ist. Wenn nun Firmen, die einander beliefern, bei der Zusammenfassung der Daten zu Branchenaggregaten derselben Branche zugeschlagen werden, ergibt sich eine partielle Identität zwischen Outputpreis und Vorleistungspreis.[20]

Das Problem ist empirisch äusserst relevant, denn auf der im Datensatz D3 ver-

[20] Auf dieses Problem hat in anderem Zusammenhang Basu (1995) aufmerksam gemacht.

wendeten zweistelligen Ebene beispielsweise gilt, dass die meisten Branchen ihre Produkte in erster Linie an *sich selbst* liefern, bzw. dass die quantitativ wichtigsten Lieferanten einer Firma regelmässig derselben Branche zugerechnet werden. Dies lässt sich daran sehen, dass in Input-Output-Tabellen die Einträge auf der Hauptdiagonalen, auf der Lieferungen der Unternehmen einer Branche an Unternehmen derselben Branche, also aggregiert gesprochen der Branche an sich selbst, verzeichnet sind, in der überwiegenden Mehrzahl der Fälle weitaus grösser sind, als alle übrigen Einträge. Nimmt man die Input-Output-Tabelle des Jahres 1990 als Beispiel, so zeigt sich, das 75 % aller hier untersuchten zweistelligen Branchen des Verarbeitenden Gewerbes für sich selbst der wichtigste Lieferant waren.[21]

Aufgrund dieses Aggregationsproblems ist der überaus enge Zusammenhang zwischen Vorleistungs- und Bruttooutputpreis vermutlich ein statistisches Artefakt, da beide Indizes in der Praxis zu einem erheblichen Teil aus denselben Einzelpreisen berechnet werden. Folglich kann, auf verfügbaren sektoralen Ebenen, der Vorleistungspreis nicht als separater Regressor in einer Gleichung zur Erklärung von Änderungen des Preisniveaus verwendet werden. Als Konsequenz daraus sind auch die Schlussfolgerungen, die aus einer solchen Vorgehensweise gewonnen wurden, wie die oben referierten Schlüsse von Bils und Chang (1999), grundsätzlich zweifelhaft.

Hier wird eine einfache Lösung des Problems vorgeschlagen, indem auf die Verwendung der Bedingung erster Ordnung für den kostenminimalen Einsatz der intermediären Inputs verzichtet wird, und stattdessen das Mengenverhältnis zwischen primären und intermediären Inputs herangezogen wird. Der oben in Gleichung (2.23) für diese Variante angegebene Ausdruck für die Wachstumsrate der Grenzkosten lässt sich dann in analoger Weise in einer Preisgleichung verwenden, mit dem Ergebnis

$$\Delta P_t = \Delta W_t / A_t - \frac{\mu s_{Et}}{\rho_t \sigma} \Delta \frac{E_t}{B_t} - \frac{s_{Kt}}{\sigma_B (s_{Lt} + s_{Kt})} \Delta \frac{K_t}{A_t L} + \epsilon_t. \tag{2.27}$$

Wird wieder – der untersuchten Hypothese entsprechend – ein konstanter Markup in der empirisch rechtfertigbaren Höhe von $\mu = 1.2$ vorgeben, so sollten in einer Regression der auf den Bruttooutput bezogenen Inflationsrate auf $\Delta W_t/A_t$, auf $[(\mu s_{Et})/\rho_t]\Delta E_t/B_t$ und auf $[s_{Kt}/(s_{Lt} + s_{Kt})]\Delta K_t/(A_t L_t)$ theoretisch die Koeffizienten eins, $-1/\sigma$, und $-1/\sigma_B$ zu erwarten sein, wenn wieder angenommen wird, die Substitutionselastizitäten seien approximativ konstant. Die folgende Tabelle 2.4 enthält die Resultate; Details der Schätztechnik und Datenkonstruktion waren bereits oben besprochen worden.

[21] Vgl. Statistisches Bundesamt (1994a).

Die Erklärungskraft der Gleichung ist nun offensichtlich drastisch verringert; beispielsweise erklärt die gepoolte Gleichung für die 27 Industriebranchen des Datensatzes D3 nur noch knapp 35 % der Varianz der abhängigen Variablen, statt wie oben knapp 90 %. Dies ist die Folge der Beseitigung der partiellen Identität der Variablen auf linker und rechter Seite der Gleichung durch den Verzicht auf die Vorleistungspreisvariable, bzw. ihre Ersetzung durch das Mengenverhältnis. Bei annahmegemäss konstantem Markup könnten also nach Beseitigung statistischer Artefakte nur (je nach Datensatz) zwischen 35 und 61 Prozent der Varianz der Preisänderungsrate erklärt werden. Hierbei besteht Grund zu der Vermutung, dass der wahre Wert eher an der unteren Grenze liegt, da für die sektorale Gleichung der niedrigste Wert gefunden wird; das Simultanitätsproblem zwischen Güter- und Faktorpreisen wird aber um so stärker sein, je höher das Aggregationsniveau der Daten ist. Daher werden die für D3 gefundenen Resultate hier für die relevantesten gehalten. Dieses Ergebnis ist, sofern die zugrundegelegte Kostenstruktur allgemein genug ist, um die empirisch bedeutsamen Fälle zu umfassen, ein starker Einwand gegen die Hypothese eines konstanten Markups.

Tabelle 2.4: Schätzergebnisse für Gleichung (2.27)

	D1		D2		D3	
	OLS	2SLS	OLS	2SLS	OLS	2SLS
$\Delta W_t/A_t$	0.77	0.67	0.68	0.79	0.70	0.87
	(4.37)	(2.48)	(3.35)	(3.46)	(17.52)	(8.71)
$\frac{\mu s_{Et}}{\rho_t}\Delta\frac{E_t}{B_t}$	−2.82	−5.54	−1.44	−2.25	−0.49	−1.86
	(4.39)	(3.36)	(2.24)	(2.60)	(8.14)	(4.04)
$\frac{s_{Kt}}{s_{Lt}+s_{Kt}}\Delta\frac{K_t}{A_t L_t}$	−0.19	−0.17	−0.35	−0.03	−0.67	−0.81
	(0.26)	(0.16)	(0.63)	(0.04)	(14.98)	(7.01)
$\bar{R}^2$	0.61		0.36		0.35	
$s.e.$	0.0184	0.0251	0.0238	0.0250	0.0393	0.0558
DW	1.4693	1.8652	1.5330	1.8275	1.7538	1.8428

Erläuterungen siehe unter Tabelle 2.3.

Der Koeffizient der produktivitätsbereinigten Lohnvariablen ist nun erheblich näher bei dem theoretisch erwarteten Wert von eins, wenngleich nur in der instrumentierten Schätzung für den Datensatz D3 immerhin in der Nähe von 0.9. Der Koeffizient der Variablen, die die Änderungen im Verhältnis primärer zu intermediärer Inputs angibt, sollte theoretisch die negative Inverse der Substitutionselastizität zwischen beiden (Gruppen von) Faktoren sein, also $-1/\sigma$. Die Schätzungen schwanken offensichtlich relativ stark zwischen Datensätzen und Schätzmethoden, allerdings liegen die meisten im plausiblerweise erwartbaren Bereich: so weisen etwa die instrumentierten Schätzungen für das Verarbeitende Gewerbe, also D2 und D3, die aufgrund obiger Begründung für die relevantesten gehalten werden, auf eine Substitutionselastizität zwischen Vorleistungen und primären Inputs von zwischen 0.44 und 0.54, was im Rahmen der von Bruno und Sachs (1985) und Rotemberg und Woodford (1996) mit anderen Methoden ermittelten Schätzungen liegt. Die Variable ist in jedem Fall hochgradig statistisch signifikant.

Der dritte Koeffizient schliesslich, also derjenige der negativen inversen Kapazitätsauslastung, besitzt hier dieselbe Interpretation wie schon oben, und sollte theoretisch einen Koeffizienten von $-1/\sigma_B$ erwarten lassen. Im Gegensatz zu (2.26) sind bei Schätzung von (2.26) offenbar alle geschätzten Koeffizienten dieser Variablen negativ, in den aggregierten Gleichungen allerdings völlig insignifikant; sie sind in allen Fällen immer noch zu gering, wenn man eine kurzfristige Substitutionselastizität zwischen Kapital und Arbeit von höchstens eins zugrundelegt.[22] Alles in allem bleibt jedoch das Problem, dass Variationen der Kapazitätsauslastung nur in erheblich geringerem Ausmass zu Preisänderungen zu führen scheinen, als bei konstantem Markup aufgrund der mit ihnen einhergehenden Änderungen der Grenzkosten zu erwarten wäre.

Insgesamt werden diese Ergebnisse als Bestätigung der hier vorgeschlagenen Vorgehensweise, auf die Verwendung einer Variablen für den Vorleistungspreis zu verzichten, interpretiert. Alle Koeffizienten sind näher an theoretisch erwartbaren Werten, und insbesondere für die mit gepoolten Branchendaten geschätzte Gleichung D3, die aufgrund der um den Faktor 27 vergrösserten Stichprobe die präziseste sein dürfte, wenn nicht die Heterogenität der Branchen zu schwerwiegend ist, durchaus plausibel. Durch die Beseitigung dieses Simultaneitätsproblems, das in der Verwendung von Vorleistungspreisindizes in Preisgleichungen auf aggregierter Ebene (d.h. oberhalb der Ebene einzelner Firmen) besteht, sinkt die statistische Erklärungskraft allerdings drastisch ab. Dies wird als Evidenz gegen die Hypothese konstanter Markups verstanden, da bei deren Gültigkeit theoretisch die gesamte Variation der Preisänderungsrate durch die Änderung der Grenzkosten erklärt werden können müsste. Stattdessen haben beobachtbare Variationen von Kostenindikatoren zwar im grossen und ganzen die qualitativ erwartbaren Konsequenzen auf die Inflations-

[22] Allerdings ist der instrumentiert geschätzte Koeffizient im Datensatz D3 nunmehr recht nahe am a priori als plausibel erachteten Bereich, insofern er ein σ_B von etwa 1.24 impliziert.

rate, aber ein grosser Teil der Variationen der letzteren vollzieht sich ohne, dass erkennbare Variationen von beobachtbaren Kostengrössen als Auslöser in Betracht kommen. Diese Ergebnisse können z.B. so interpretiert werden, als ob nur ein Teil aller Unternehmen eine Preispolitik betriebe, die zu einem konstanten Markup führt, und deshalb in theoretisch erwartbarer Weise auf gemessene Kostenindikatoren reagieren, während ein anderer Teil nicht spontan auf Kostenänderungen reagiert. Diese Interpretation ist identisch mit der theoretischen Spezifikation des Preisbildungsblocks im Modell des Kapitels 3 dieser Arbeit.

Trotz der modifizierten Methodik wird also hier der ersten Schlussfolgerung von Bils und Chang (1999) zugestimmt, dass ein konstanter Markup nicht mit dem beobachtbaren schwachen Zusammenhang zwischen Preisen und Kostenindikatoren vereinbar ist; die Hypothese ist vielmehr, dass die Erklärung für die Schwäche des Zusammenhangs in zyklisch variierenden Markups zu suchen ist. Andernfalls wäre schwer zu verstehen, warum Variationen der Kapazitätsauslastung, die bei kurzfristig quasifixem Kapitalstock theoretisch wegen der implizierten Abweichung von der optimalen Faktorkombination zu gleichgerichteten Änderungen der Grenzkosten führen sollten, einen so schwachen Effekt auf die Preisentwicklung haben. Der Frage, inwieweit diese Erklärung plausibel ist, geht der nächste Abschnitt nach. Einen Einwand gegen eine Interpretation der Ergebnisse als Folge von nominaler Preisrigidität bei einem Teil aller Unternehmen, wie sie im nächsten Kapitel favorisiert werden wird, liefern die empirischen Ergebnisse, zumindest sofern offensichtliche Artefakte der Datenaggregation korrigiert werden, allerdings nicht.

2.4 Schwankungen des Markups

In den vorangegangenen Abschnitten wurde festgestellt, dass erstens empirisch der durchschnittliche Markup, ermittelt als zeitunabhängige Konstante, deutlich höher als eins zu sein scheint, dass aber zweitens die Hypothese eines konstanten Markups unvereinbar erscheint mit dem Verhalten der Bruttooutput-Inflationsrate in Reaktion auf beobachtbare Kostenänderungen. Die naheliegende nächste Aufgabe ist es, direkte Schätzungen des zeitlichen Markup-Verhaltens zu präsentieren. Dies wird in diesem Abschnitt unternommen. Der Ansatz basiert auf Rotemberg und Woodford (1991, 1999), die vorschlagen, die Fluktuation des Markups für jeden Sektor (oder für die Gesamtwirtschaft) durch die logarithmische Linearisierung der Bedingungen erster Ordnung für den optimalen Faktoreinsatz abzuschätzen. Dabei müssen bestimmte Niveauparameter, nämlich die Elastizitäten der log-linearisierten Gleichung, als konstant angesehen und vorgegeben werden, was die Unterstellung beinhaltet, das zugrundeliegende Modell, das die beobachtbaren Daten generiert, weise einen steady state auf, in dem die entsprechenden Grössen in der Tat konstant seien. Schwankungen des Markups werden dann an der Stelle dieses steady states untersucht.

Rotemberg und Woodford (1991, 1999) ermitteln auf diese Weise unter Verwendung von US-amerikanischen aggregierten und sektoralen Wertschöpfungsdaten deutlich negative Korrelationen zwischen den Trendabweichungen von geleisteten Arbeitsstunden und Markups. Zu demselben Ergebnis kommt Portier (1995) für Frankreich. Da diese Studien mit der realen Wertschöpfung als dem relevanten Outputkonzept operieren, sind sie anfällig für das in Abschnitt 2.1 dargestellte Problem, dass die Schwankungen eines so definierten Markups sich nicht zweifelsfrei als Schwankungen im Verhältnis von Güterpreisen und nominalen Grenzkosten interpretieren lassen, sondern insbesondere von der Vorleistungsquote mitbeeinflusst werden.[23] Bénabou (1992) und Kaskarelis (1993) starten ihre Untersuchungen des Zusammenhangs zwischen Markup-Fluktuationen und Inflation zwar mit einer Produktionsfunktion für den Bruttooutput, nehmen dann aber feste Vorleistungskoeffizienten (also eine Leontief-Struktur) und eine Cobb-Douglas-Funktion für Arbeit und Kapital an, so dass im Ergebnis wiederum nur Wertschöpfungsdaten Verwendung finden.[24] Oliveira-Martins und Scarpetta (1998) unterstellen ebenfalls aus Vereinfachungsgründen eine Leontief-Struktur. Diese Vereinfachung wird hier vermieden. Die auf den Bruttooutput bezogene (und deshalb von der genannten Verzerrung grundsätzlich freie) Bedingung für den optimalen Arbeitseinsatz auf der Grundlage einer allgemeinen Produktionsfunktion wird log-linearisiert, und die so – unter Vorgabe konstanter Elastizitäten, die zum Teil auf den oben dargestellten Regressionsergebnissen basieren – resultierenden Fluktuationen werden mit den Schwankungen des Bruttooutputs um seinen Trend verglichen. Man beachte, dass die mit dieser Methode abgeleiteten Schwankungen des Markups nicht auf statistische Signifikanz geprüft werden können, da die Wahrscheinlichkeitsverteilung der Ergebnisse unter der Nullhypothese nicht bekannt ist. Daher ist die Evidenz in diesem Abschnitt eher als deskriptiv zu verstehen. Die statistische Absicherung wird als durch die Resultate des vorangegangenen Abschnitts gewährleistet gesehen, indem die empirische Unzulänglichkeit der Hypothese konstanter Markups demonstriert

[23] Rotemberg und Woodford (1999) weisen selbst ausdrücklich auf das Problem hin, greifen es aber nicht in ihrer empirischen Arbeit auf.

[24] Die Cobb-Douglas-Annahme in den zuletzt genannten Studien ist schwer verständlich, weil in diesem Fall der Markup proportional zur Inversen der Lohnquote am Wertschöpfungseinkommen ist, und daher aufwendigere empirische Verfahren unnötig sind. Galí (1995) benutzt diese Vereinfachung und verwendet explizit die inverse Lohnquote als sein Mass für die Zeitreihe des Markups.

wurde.

2.4.1 Methode

Ausgangspunkt[25] ist wieder die Produktionsfunktion (2.2), hier der Übersichtlichkeit halber nochmals wiedergegeben als

$$Y_t = F(B(A_tL_t, K_t), E_t) - \omega_t, \tag{2.28}$$

worin wiederum alle in Abschnitt 2.1 genannten Annahmen gelten sollen.[26] Es wird im folgenden unterstellt werden, dass die Fixkosten ϕ_t keinen Schwankungen unterworfen sind, sondern mit der Rate des Trendoutputs wachsen, so dass in einem Wachstumsgleichgewicht, wenn der Output mit seiner Trendrate wächst, die Skalenelastizität $\rho_t = 1 + \omega_t/Y_t = \rho$ konstant bleibt (hier und im folgenden kennzeichnet eine Variable ohne Zeitindex den steady state-Wert der Variablen). Diese Annahme ist erforderlich, damit die Bedeutung der Fixkosten und damit diejenige von Skalenerträgen nicht durch den Wachstumsprozess asymptotisch verschwindet. Die notwendigen Bedingungen optimalen Faktoreinsatzes implizieren, dass

$$\mu_t(s_{Lt} + s_{Kt} + s_{Et}) = \rho_t. \tag{2.29}$$

Es wird im folgenden mit Rotemberg und Woodford (1991) angenommen, dass entlang des Trendwachstumspfades, d.h. bei konstantem ρ, der Markup und die Faktorquoten ebenfalls konstant sind, so dass im Wachstumsgleichgewicht

$$\mu(s_L + s_K + s_M) = \rho \tag{2.30}$$

gilt. Diese Annahme ist notwendig, um die steady-state-Werte von Markup und Faktorquoten als Elastizitäten in der log-linearisierten Form auffassen zu können.

Ohne eine konkrete Form für die Produktionsfunktion vorzugeben, kann Aufschluss über das zeitliche Verhalten des Markups nur durch eine lokale Approximation der Bedingungen erster Ordnung für den optimalen Faktoreinsatz gewonnen werden;

[25] Das folgende basiert zum grössten Teil auf Linnemann (1999).

[26] Rotemberg und Woodford (1991) unterstellen, dass Fixkosten aus einem fixen Anteil des Arbeitseinsatzes bestehen ('overhead labor'), was aber die Ergebnisse nicht unwesentlich beeinflusst, da hierdurch das geschätzte Grenzprodukt der Arbeit, dessen log-lineare Approximation die Grundlage der Untersuchung bildet, direkt verändert wird. Die hier gewählte Spezifikation ist insofern allgemeiner und wird daher vorgezogen.

dies ist der Vorschlag von Rotemberg und Woodford (1991, 1999). Im folgenden bezeichnet ein Zirkumflex über einer Variablen X_t die relative Abweichung von einem angenommenen Trendwert $\tilde{X}_t$, d.h. es gilt $\widehat{X}_t \equiv \ln(X_t/\tilde{X}_t)$. Die Elastizitäten werden als an der Stelle der Linearisierung konstant angenommen.

Die Bedingung erster Ordnung für den optimalen Einsatz des Faktors Arbeit lautete

$$\mu_t w_t = F_1 B_1 A_t, \tag{2.31}$$

wobei hier und im weiteren ein Kleinbuchstabe einen mit dem Bruttooutputpreis deflationierten Wert bezeichnet, d.h. $w_t = W_t/P_t$ und für die anderen Faktorpreise analog. Log-Linearisierung, Anwendung der Annahmen linearer Homogenität und der notwendigen Bedingungen für den kostenminimalen Faktoreinsatz sowie Auflösung nach dem Markup, der hier als $\mu_t^{(1)}$ bezeichnet wird, liefert

$$\widehat{\mu}_t^{(1)} = -(\widehat{w}_t - \widehat{A}_t) + \frac{s_K}{\sigma_B(s_L + s_K)}(\widehat{K}_t - \widehat{L}_t - \widehat{A}_t) + \frac{\mu s_E}{\rho\sigma}(\widehat{E}_t - \widehat{B}_t). \tag{2.32}$$

In dieser Gleichung sind alle Variablen der rechten Seite im Prinzip beobachtbar, bis auf die Trendabweichung des Technologiefaktors A_t. Der aber kann wiederum durch eine Art Solow-Residuum ermittelt werden, indem die Log-Linearisierung der Produktionsfunktion (2.28) umgestellt wird, um

$$\widehat{A}_t = \left[\widehat{Y}_t - \mu s_L \widehat{L}_t - \mu s_K \widehat{K}_t - \mu s_E \widehat{E}_t\right] / (\mu s_L) \tag{2.33}$$

zu erhalten. Die beiden Gleichungen (2.32) und (2.33) bilden die Grundlage der folgenden empirischen Untersuchung. Sie können interpretiert werden als eine loglineare Approximation der Arbeitsnachfragefunktion. Implizit verlangen die darin enthaltenen Bedingungen, dass die Trendabweichungen des Reallohnes durch die Trendabweichungen des Grenzproduktes der Arbeit gegeben sein muss, es sei denn, der Markup hätte sich relativ zu seinem als konstant unterstellten Mittelwert geändert.

Gleichung (2.32) zeigt anhand der einzelnen Determinanten der Grenzproduktivität der Arbeit im einzelnen, wie zeitliche Fluktuationen des Markups begründet sein können. Der Markup steigt folglich, wenn zeitweilig der Reallohn langsamer wächst, als der Technologiefaktor, wie der erste Term in (2.32) zeigt (alle Elastizitäten in (2.32) sind positiv). Er steigt, wie am zweiten Summanden abzulesen ist, weiterhin, wenn die Kapitalintensität (bezogen auf den effizienten Arbeitseinsatz) zunimmt, da eine höhere Kapitalintensität ceteris paribus mit einem höheren

Grenzprodukt der Arbeit assoziiert ist. Ebenso würde ein vermehrter Einsatz des intermediären Inputs zu einem erhöhten Grenzprodukt der Arbeit (hier immer bezogen auf den Bruttooutput) führen.

Bezüglich der hier interessierenden Beziehung zwischen dem Markup und dem Output lässt sich also kein a priori klares Verhalten aus (2.32) voraussagen: die theoretisch erwartete negative Korrelation zwischen Fluktuationen des Markups und des Outputs ist eine Frage von Daten und Parametern, und nicht von vorneherein selbstverständlich. Zum Beispiel ist ein Anstieg der totalen Faktorproduktivität A_t typischerweise mit einem Anstieg der Produktion verbunden, was aber auch für den Reallohn gilt, so dass das empirische Vorzeichen des ersten Terms in (2.32) offen ist. Hingegen ist der zweite Term, die Schwankung der Kapitalintensität, aufgrund der quasi-fixen Natur des Kapitalstocks erwartbar negativ mit der Beschäftigung korreliert. Da, wie oben argumentiert wurde, die Inverse der Kapitalintensität ein plausibler Index für die Kapazitätsauslastung ist, folgt, dass ein Anstieg der Kapazitätsauslastung wegen der dadurch steigenden Grenzkosten den Markup ceteris paribus tendenziell sinken lässt; dieser Partialeffekt ist auch empirisch der stärkste Einfluss auf die geschätzte Markup-Reihe. Der letzte Term, der relative Vorleistungseinsatz, ist empirisch schwach prozyklisch, so dass aufgrund des ebenfalls positiven Vorzeichens dieses Terms eine leicht positive Partialbeziehung zwischen Beschäftigung und Markup induziert wird. Insgesamt ist die Frage der Korrelation zwischen Markup und Output nur empirisch zu klären.

In (2.32) wurde nur die Bedingung erster Ordnung für den optimalen Einsatz des Faktors Arbeit verwendet. Nimmt man die entsprechende Bedingung für den intermediären Input hinzu,

$$\mu_t q_t = F_2, \tag{2.34}$$

mit $q_t = Q_t/P_t$ dem relativen Vorleistungspreis, so lässt sich durch Log-Linearisierung der Term, der den relativen Vorleistungseinsatz in (2.32) enthält, durch einen entsprechenden Ausdruck des relativen Vorleistungspreises ersetzen. Die resultierende Markup-Reihe, die hier $\mu_t^{(2)}$ genannt wird, lässt sich dann schreiben als

$$\widehat{\mu}_t^{(2)} = -\frac{\rho - \mu s_E}{\rho}(\widehat{w}_t - \widehat{A}_t) + \frac{\mu s_K}{\sigma_B \rho}(\widehat{K}_t - \widehat{L}_t - \widehat{A}_t) - \frac{\mu s_E}{\rho}\widehat{q}_t. \tag{2.35}$$

Der Vorteil dieser Spezifikation gegenüber (2.32) ist, dass keine Substitutionselastizität zwischen intermediären und primären Inputs vorgegeben zu werden braucht (implizit ist aber eine Substitutionselastizität von grösser als null angenommen, damit die Produktionsfunktion differenzierbar ist, was zur Ableitung von (2.35) erforderlich ist). Die einzige zusätzliche Annahme, die hier getroffen wird, ist, dass die Vorleistungen ein variabler Faktor sind und optimal eingesetzt werden.

Ein Einwand gegen die Verwendung von Vorleistungspreisen in aggregierten Daten wurde allerdings schon oben formuliert: da auf aggregierter Ebene, durchaus auch auf Ebene zweistelliger Branchen, zahlreiche Unternehmen, die einander beliefern, demselben statistischen Sektor zugeordnet sind, sind gemessene Vorleistungspreise und Güterpreise teilweise identisch. Die Folge ist, dass der relative Vorleistungspreis q_t weniger Variabilität in aggregierten Daten aufweist, als für das typische Unternehmen tatsächlich der Fall ist. Empirisch ist der gemessene relative Vorleistungspreis meistens leicht antizyklisch. Die Folge ist, wegen des negativen Vorzeichens, das der entsprechende Term in (2.35) trägt, ein tendenziell prozyklischer Partialeinfluss auf den geschätzten Markup. Wenn nun der Aggregationseffekt bezüglich des Vorleistungspreises tatsächlich eine Rolle spielt, dann kann er dazu führen, dass der aggregierte relative Vorleistungspreis weniger prozyklisch ist, als der individuelle relative Vorleistungspreis eines einzelnen Unternehmens. In der Folge wäre dann der mit (2.35) gemessene Markup weniger prozyklisch, als es für eine einzelne Firma der Fall ist. Gleichung (2.35) ist aber in jedem Fall korrekt, wenn man die ganze Branche als eine einzelne Firma betrachtet, eben die durchschnittliche Firma ex post definiert. Im Falle gesamtwirtschaftlicher Daten wäre die repräsentative Firma dann die ganze Volkswirtschaft; auch in diesem Falle ist noch eine gewisse Variation in dem relativen Vorleistungspreis, weil nicht alle intermediären Inputs von heimischen Unternehmen geliefert werden, sondern in einer offenen Volkswirtschaft auch Vorleistungen importiert werden.

2.4.2 Ergebnisse

Da a priori nicht zu bestimmen ist, welches Mass für die Fluktuation des Bruttoutputmarkups um seinen als konstant angenommenen zeitlichen Mittelwert das vorziehenswürdige ist, werden empirische Ergebnisse für beide präsentiert, also für $\widehat{\mu}_t^{(1)}$ gemäss Gleichung (2.32) und für $\widehat{\mu}_t^{(2)}$ gemäss Gleichung (2.35). Die verwendeten Daten wurden bereits in Abschnitt 2.2.2 beschrieben. Wie dort, so werden auch hier Ergebnisse präsentiert für die aggregierte Privatwirtschaft (im oben definierten Sinne des Datensatzes D1), für das Verarbeitende Gewerbe (D2) und für summarische Kennzahlen von 27 zweistellig klassifizierten Branchen innerhalb des Verarbeitenden Gewerbes (D3). Um Gleichung (2.32) oder Gleichung (2.35), jeweils zusammen mit (2.33), über den Stichprobenzeitraum (wie immer von 1970 bis 1994) simulieren zu können, muss einerseits der genaue empirische Sinn der bisher unspezifiziert gelassenen Trendabweichung definiert werden, und andererseits müssen Parameterwerte zur Berechnung der Elastizitäten vorgegeben werden. Grundsätzlich wird hier ein deterministischer Zeittrend unterstellt (d.h. alle Variablen werden als trendstationär angenommen), der aber flexibel genug sein sollte, um gegebenenfalls einen Bruch in der Trendwachstumsrate abbilden zu können. Um die Ergebnisse nicht von der Wahl eines vorgegebenen Bruchpunktes abhängig zu machen und dennoch die nötige Flexibilität zu erreichen, wird ein quadratischer Zeittrend unterstellt. Die Ergebnisse sind aber weitgehend robust gegen die Wahl eines Trends: auch wenn ein stochastischer Trend angenommen wird, und die Abweichungen folglich als Wachstumsraten gemessen werden, oder wenn ein einfacher loglinearer Trend verwendet wird, oder ein Hodrick-Prescott-Filter angewandt wird, bleiben die Schlussfolgerungen qualitativ identisch.

Für die Elastizitäten in (2.32) und (2.35) müssen die Parameterwerte vorgegeben werden, die an der Stelle der Linearisierung, also entlang des trendmässigen Wachstumspfades gelten sollen. Für den Markup μ wird anhand der Ergebnisse des vorigen Abschnitts ein Mittelwert von 1.2 unterstellt.[27] Die Skalenelastizität ρ wird ebensohoch gewählt, um sicherzustellen, dass im steady state bzw. im Durchschnitt die reinen Profite gleich null sind. Mit dieser Annahme kann auch der mittlere Kapitalanteil s_K gefunden werden als $s_K = \rho/\mu - s_L - s_E = 1 - s_L - s_E$. Die beiden anderen Faktorquoten werden als Stichprobenmittelwerte gebildet, wobei der Lohnquote wieder das unterstellte Arbeitseinkommen der Selbständigen (in Höhe des durchschnittlichen Lohneinkommens der Abhängigen) addiert wird. Für die Substitutionselastizität zwischen Kapital und Arbeit, σ_B, die in beiden Gleichungen benötigt wird, und zwischen intermediären und primären Faktoren, σ, die nur in (2.32) benötigt wird, wo keine Optimalitätsannahme hinsichtlich des Einsatzes intermediärer Güter getroffen wurde, werden nicht einzelne feste Werte vorgegeben, sondern es wird die Sensitivität der Ergebnisse für verschiedene Vorgaben dieses Parameters im Intervall zwischen null (entsprechend jeweils einer Leontief-Annahme) und eins (entsprechend jeweils einer Cobb-Douglas-Annahme) untersucht.

Die folgende Tabelle 2.5 enthält zunächst für die aggregierte Privatwirtschaft (D1) die Korrelation des wie gezeigt ermittelten Masses für die Markup-Schwankung $\widehat{\mu}_t^{(j)}$, $j = 1, 2$, mit den entsprechenden Werten für die Trendabweichung des Brut-

[27] Die Ergebnisse basieren im Falle des Datensatzes D3 auf der Zuweisung eines durchschnittlichen Markups von 1.2 an alle Einzelsektoren. Es ändert äusserst wenig an den Resultaten, wenn stattdessen die im vorigen Abschnitt individuell geschätzten Durchschnitts-Markups vorgegeben werden.

tooutputs $\widehat{Y}_t$.

Tabelle 2.5: Korrelationen zwischen Markup und Bruttooutput (Abweichungen vom quadratischen Trend)

Aggregierte Privatwirtschaft (D1), $\widehat{\mu}_t^{(1)}$ (Gleichung 2.32)

	σ_B						
σ	0.10	0.25	0.40	0.55	0.70	0.85	1.00
0.10	−0.30	0.11	0.28	0.35	0.38	0.40	0.41
0.25	−0.65	−0.71	−0.64	−0.54	−0.47	−0.41	−0.37
0.40	−0.70	−0.81	−0.78	−0.72	−0.67	−0.62	−0.59
0.55	−0.72	−0.84	−0.81	−0.75	−0.71	−0.67	−0.64
0.70	−0.73	−0.84	−0.81	−0.76	−0.72	−0.69	−0.66
0.85	−0.74	−0.84	−0.82	−0.77	−0.73	−0.70	−0.67
1.00	−0.74	−0.85	−0.82	−0.77	−0.73	−0.70	−0.68

Aggregierte Privatwirtschaft (D1), $\widehat{\mu}_t^{(2)}$ (Gleichung 2.35)

	σ_B						
	0.10	0.25	0.40	0.55	0.70	0.85	1.00
	−0.73	−0.90	−0.88	−0.82	−0.75	−0.70	−0.66

Im Falle von $\widehat{\mu}_t^{(1)}$ zunächst sind offensichtlich die meisten Korrelationen negativ, wie erwartet, und meistens eher mässig hoch; die Ausnahme bilden die Ergebnisse für sehr kleine Werte von σ, die tendenziell positiv sind. Die Höhe der anderen Substitutionselastizität, σ_B, hängt ebenfalls positiv mit der jeweils gemessenen Korrelation zusammen. Der Grund für den Einfluss der Substitutionselastizitäten lässt sich aus Gleichung (2.32) leicht ersehen: σ_B taucht auf im Nenner des Koeffizienten der Kapitalintensität (bezogen auf den effizienten Arbeitseinsatz). Durch die Trägheit des Kapitalstocks wird aber bei einem Anstieg der Beschäftigung die Kapitalintensität typischerweise sinken, so dass das Grenzprodukt der Arbeit tendentiell sinken muss und ceteris paribus der Partialeffekt auf den Markup ebenfalls negativ ist. Der hierdurch induzierte negative Zusammenhang zwischen Beschäftigung und Markup geht mit einem um so höheren Gewicht in den Gesamteffekt ein, je geringer die Substitutionselastizität ist, da bei schwacher Substituierbarkeit das Grenzprodukt der Arbeit ceteris paribus stärker absinkt. Dies erklärt, warum die Korrelation zwischen Beschäftigung und Markup kleiner (stärker negativ) ist, wenn σ_B geringer ist. Anders, aber äquivalent ausgedrückt, führt ein Anstieg der Kapazitätsauslastung, also eine Zunahme der Beschäftigung des Faktors Arbeit relativ zu einem quasi-fixen Kapitalstock, zu einem um so stärkeren Anstieg der Grenzkosten, je schlechter Kapital durch Arbeit substituiert werden kann; höhere Grenzkosten sind aber ceteris paribus identisch mit einem sinkenden Markup. Da die Kapazitätsauslastung sicher prozyklisch ist, folgt hieraus der antizyklische Partialeffekt auf den Markup.

Der Effekt der Substitutionselastizität σ erklärt sich aus dem letzten Term in Gleichung (2.32). Da der relative Einsatz intermediärer Inputs leicht prozyklisch ist, wird hierdurch ein prozyklischer Partialeffekt ausgeübt, d.h. die Korrelation zwischen Markup und Output ist um so grösser (weniger negativ, oder positiv), je höher die Elastizität vor der Trendabweichung des relativen Vorleistungsinputs ist. Diese Elastizität ist aber um so grösser, je geringer σ ist, weil bei geringer Substituierbarkeit zwischen Vorleistungen und Arbeit ein erhöhter Einsatz des intermediären Inputs eine grössere steigernde Auswirkung auf das Grenzprodukt der Arbeit hat. Dadurch steigt ceteris paribus der Markup gleichzeitig mit der Beschäftigung an.

Wie hoch die relevante Substitutionselastizität empirisch ist, lässt sich bei Vorliegen unvollständiger Konkurrenz nur schwer ermitteln. Aufgrund von Ergebnissen in der Literatur (vgl. Bruno und Sachs, 1985, Rotemberg und Woodford, 1996), die im vorigen Abschnitt zitiert wurden, werden aber Werte um 0.5 für plausibel gehalten. Man beachte, dass Vorleistungen nicht mit Materialinputs gleichzusetzen sind, für die a priori eher feste Einsatzkoeffizienten und damit eine niedrige Substitutionselastizität zu erwarten ist. Vielmehr werden alle nicht von einem Unternehmen selbst erbrachten Leistungen als intermediärer Input klassifiziert, so dass hierunter auch viele Inputs fallen, bei denen Eigenfertigung und Fremdbezug leicht substituierbar sind.[28] In der weiteren Arbeit wird ein Wert von $\sigma = 0.4$ für eine vorsichtige Schätzung gehalten und bei Bedarf zusammen mit dem häufig angenommenen Cobb-Douglas-Fall $\sigma_B = 1$ als Beispielwert verwendet werden.

Der Vorteil des Masses $\widehat{\mu}_t^{(2)}$ ist demgegenüber, dass keine Annahme über die Höhe der Substitutionselastizität σ benötigt wird, da, wenn intermediäre Inputs variabel sind und optimal eingesetzt werden, statt des von der Substitutionselastizität abhängenden Mengenterms der relative Preis der Vorleistungsgüter verwendet werden kann. Implizit ist hierbei aber angenommen, dass die Substitutionselastizität grösser als null ist, weil sonst die Marginalbedingung für den optimalen Faktoreinsatz nicht an-

[28] Basu (1995), von dem das Argument stammt, nennt als Beispiel die Substitution extern beschaffter Software durch die Beschäftigung eines angestellten Programmierers.

wendbar wäre. Wie in der Tabelle ersichtlich ist, sind die gemessenen Korrelationen in diesem Fall für alle Werte von σ_B stark negativ, d.h. der Markup wird als deutlich antizyklisch ausgewiesen. Dieses Resultat lässt zwei mögliche Schlussfolgerungen zu. Entweder ist, vielleicht aufgrund des soeben genannten Argumentes, in aggregierten Daten die Substitutionselastizität zwischen Vorleistungen und primären Inputs in der Tat ziemlich hoch. In diesem Fall wäre kein Widerspruch zwischen den Ergebnissen für $\widehat{\mu}_t^{(1)}$ und $\widehat{\mu}_t^{(2)}$ vorhanden. Die andere Möglichkeit ist, dass der relative Vorleistungspreis für ein individuelles Unternehmen stärker antizyklisch ist, als für die Gesamtwirtschaft, und zwar aufgrund des erwähnten Aggregationseffektes. In diesem Fall würde $\widehat{\mu}_t^{(2)}$ das tatsächliche Ausmass der antizyklischen Variation des Markups überschätzen.

Die Abbildung 2.1 zeigt zunächst die Markup-Zeitreihen für den aggregierten privaten Sektor, für $\widehat{\mu}_t^{(1)}$ unter der Vorgabe von $\sigma = 0.4$ und für beide Masse unter Vorgabe von $\sigma_B = 1$.

Abbildung 2.1: Fluktuationen von Markup und Bruttooutput, aggregierte Privatwirtschaft 1970-1994, $\mu = \rho = 1.2$, $\sigma = 0.4$, $\sigma_B = 1$.

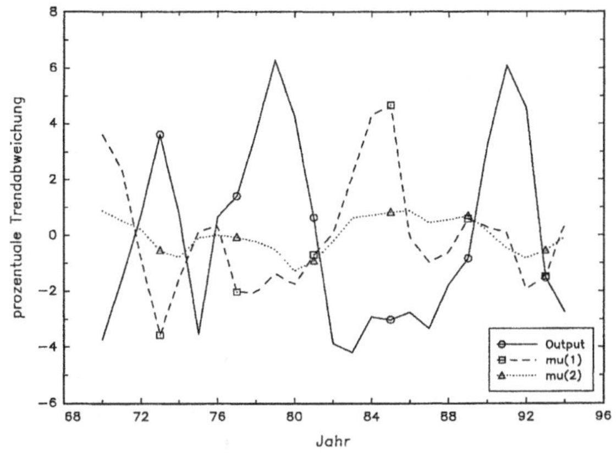

Beide Masse weisen den Markup als klar antizyklisch schwankend aus. Die Korrelation von $\widehat{\mu}_t^{(1)}$ mit dem Output ist in dem in Abbildung 2.1 dargestellten Fall -0.59, diejenige zwischen Output und $\widehat{\mu}_t^{(2)}$ ist -0.66. Da beide Masse zu demselben qualitativen Resultat kommen, wird dies als eine (informelle) Bestätigung der These antizyklischer Markups interpretiert. Offensichtlich besteht kein fundamentaler Widerspruch zwischen den beiden geschätzten Markup-Reihen; ihre Korrelation untereinander beträgt 0.71, ist damit zwar nicht perfekt, scheint aber mit der Vorstellung vereinbar zu sein, dass beide Masse denselben Sachverhalt approximieren.

Auffällig an Abbildung 2.1 ist die unterschiedliche Amplitude in den Fluktuationen der einzelnen dargestellten Reihen. Die Ursache hierfür könnte an dem genannten Aggregationsproblem liegen, das dazu führen kann, dass die Schwankungen des relativen Vorleistungspreises q_t in aggregierten Daten geringer sind, als von einem individuellen Unternehmen wahrgenommen. Die Trendabweichung des Outputs schwankt mit einer Standardabweichung von 3.34 Prozent, während die entsprechenden Werte für $\widehat{\mu}_t^{(1)}$ etwa 2.05 Prozent und für $\widehat{\mu}_t^{(2)}$ etwa 0.63 Prozent betragen. Das bedeutet, dass die Schwankungsbreite des Markups in einem durchschnittlichen Konjunkturzyklus circa 19 bis 61 Prozent der Volatilität des Outputs ausmacht. Die Frage, ob Schwankungen des Markups in dieser Grössenordnung ausreichen, um eine bedeutende Rolle für den konjunkturellen Propagationsmechanismus zu spielen, wird im nächsten Kapitel behandelt und bejaht werden.

Möglicherweise sind aggregative Daten, wie sie bisher verwendet wurden, zu unpräzise, um Aussagen über das zyklische Verhalten von Markups abzuleiten. Aus diesem Grund werden die Ergebnisse mit denen für das Verarbeitende Gewerbe verglichen. Die folgende Tabelle 2.6 enthält zunächst die Korrelationen der Markup-Reihen mit den Trendabweichungen des Bruttooutputs im Verarbeitenden Gewerbe insgesamt.

Die Ergebnisse sind denjenigen für die Gesamtwirtschaft sehr ähnlich, mit dem Unterschied, dass im Falle von $\widehat{\mu}_t^{(1)}$ hier auch für sehr niedrige Werte der Substitutionselastizität σ leicht negative Korrelationen gemessen werden.[29] Wiederum ist eine deutlich negative Beziehung zwischen dem Markup und der Aktivität für plausible Werte der Substitutionselastizitäten zu verzeichnen. Für das Mass $\widehat{\mu}_t^{(2)}$ sind die Korrelationen im Falle des Verarbeitenden Gewerbes etwas geringer, als in der Gesamtwirtschaft, aber immer noch stark negativ. Für den Beispielfall $\sigma = 0.4$ und $\sigma_B = 1$, der oben betrachtet wurde, ist im Datensatz D2 kein nennenswerter Unterschied zwischen den Korrelationen feststellbar. Allerdings bleibt die Tatsache, dass der Markup im Sinne von $\widehat{\mu}_t^{(2)}$ erheblich weniger stark schwankt, nämlich 24 Prozent der Standardabweichung des Outputs, während der entsprechende Wert für $\widehat{\mu}_t^{(1)}$ bei 63 Prozent der Standardabweichung des Outputs liegt.

[29] Diese Ergebnisse weichen von denen in Linnemann (1999) leicht ab, weil der Datensatz hier aktualisiert wurde und vier weitere Beobachtungsjahre enthält.

Tabelle 2.6: Korrelationen zwischen Markup und Brutto-output (Abweichungen vom quadratischen Trend)

	Verarbeitendes Gewerbe (D2), $\widehat{\mu}_t^{(1)}$ (Gleichung 2.32)						
	σ_B						
σ	0.10	0.25	0.40	0.55	0.70	0.85	1.00
0.10	−0.41	−0.32	−0.24	−0.19	−0.15	−0.13	−0.11
0.25	−0.52	−0.57	−0.58	−0.57	−0.54	−0.51	−0.48
0.40	−0.55	−0.64	−0.68	−0.68	−0.65	−0.61	−0.57
0.55	−0.56	−0.67	−0.72	−0.71	−0.67	−0.62	−0.58
0.70	−0.56	−0.68	−0.73	−0.72	−0.67	−0.62	−0.58
0.85	−0.57	−0.69	−0.74	−0.72	−0.67	−0.62	−0.57
1.00	−0.57	−0.70	−0.74	−0.72	−0.67	−0.62	−0.57
	Verarbeitendes Gewerbe (D2), $\widehat{\mu}_t^{(2)}$ (Gleichung 2.35)						
	σ_B						
	0.10	0.25	0.40	0.55	0.70	0.85	1.00
	−0.57	−0.73	−0.78	−0.70	−0.59	−0.50	−0.43

Diese Resultate bestätigen sich auch, wenn statt hochaggregierter Daten die 27 einzelnen Industriebranchen individuell betrachtet werden. Die folgende Tabelle 2.7 zeigt die Mediane der Korrelationskoeffizienten; Durchschnitte, seien sie gewogen oder ungewogen, ergeben ein ähnliches Bild (hier nicht gezeigt). Offensichtlich ist das Ergebnis qualitativ dasselbe, während die gemessenen Korrelationen hier im Durchschnitt betragsmässig kleiner sind. Ein Grund könnte sein, dass tatsächlich die antizyklische Variation von Markups weniger ausgeprägt ist, als es aufgrund von aggregierten Daten den Anschein hat. Die gezeigten Mediane verdecken dabei eine starke Variationsbreite der Ergebnisse für die einzelnen Branchen: im Beispielfall $\sigma = 0.4$ und $\sigma_B = 1$ variiert der Korrelationskoeffizient zwischen dem Markup $\widehat{\mu}_t^{(1)}$ und dem Output zwischen -0.80 und $+0.36$, und 17 von 27 Branchen weisen negative Korrelationen auf. Im Falle von $\widehat{\mu}_t^{(2)}$ reicht die Spannweite der Ergebnisse dagegen von -0.75 bis 0.23, wobei 20 von 27 Sektoren eine negative Korrelation aufweisen. Allerdings weisen Rotemberg und Woodford (1999) darauf hin, dass für makroökonomische Zwecke der aggregierte Durchschnittsmarkup von Relevanz ist, während die individuellen Markups einzelner Firmen auf der Mikroebene durchaus auch prozyklisch sein können. Die Unterscheidung zwischen dem durchschnittlichen Markup als einer Makrogrösse und dem individuellen Firmenmarkup als Mikrogrösse wird in den theoretischen Modellen der beiden folgenden Kapitel explizit gemacht werden.

Tabelle 2.7: Korrelationen zwischen Markup und Bruttooutput (Abweichungen vom quadratischen Trend)

	Verarbeitendes Gewerbe (D3), $\widehat{\mu}_t^{(1)}$ (Gleichung 2.32) Mediane der Korrelationen von 27 Branchen						
				σ_B			
σ	0.10	0.25	0.40	0.55	0.70	0.85	1.00
0.10	−0.37	−0.07	0.01	0.08	0.11	0.11	0.17
0.25	−0.51	−0.41	−0.22	−0.06	−0.08	−0.06	0.08
0.40	−0.55	−0.49	−0.37	−0.29	−0.22	−0.17	−0.13
0.55	−0.57	−0.55	−0.48	−0.42	−0.34	−0.26	−0.19
0.70	−0.60	−0.61	−0.59	−0.47	−0.40	−0.36	−0.33
0.85	−0.63	−0.63	−0.59	−0.52	−0.48	−0.44	−0.33
1.00	−0.64	−0.67	−0.63	−0.57	−0.53	−0.44	−0.37

	Verarbeitendes Gewerbe (D3), $\widehat{\mu}_t^{(2)}$ (Gleichung 2.35) Mediane der Korrelationen von 27 Branchen						
				σ_B			
	0.10	0.25	0.40	0.55	0.70	0.85	1.00
	−0.68	−0.72	−0.59	−0.49	−0.40	−0.34	−0.16

Ein anderer Grund für die schwächer ausgeprägte antizyklische Variation der Branchenmarkups könnte darin bestehen, dass intersektorale Heterogenität in bezug auf die Substitutionselastizitäten die Ergebnisse verzerrt. Wie oben gezeigt, ergibt sich der gemessene Markup in jedem Fall aus der Variation in den Daten, die durch den Filter bestimmter Parameterwerte interpretiert wird. Wenn nun diejenigen Branchen, für die beispielsweise der Vorleistungspreis stärker antizyklisch wäre, als für den Durchschnitt, eine geringere Substitutionselastizität zwischen primären Inputs und Vorleistungen aufwiesen, dann würde die uniforme Verwendung eines einzigen Parameters für σ in allen Branchen eine inkorrekte prozyklische (oder weniger stark antizyklische) Tendenz in das Mass $\widehat{\mu}_t^{(1)}$ bringen. Zum Beispiel ist der relative Rohölpreis historisch klar antizyklisch, und die Rohölnutzung ist daher prozyklisch. Wenn die Sektoren, die diesen intermediären Input am stärksten nutzen, geringere Substitutionselastizitäten aufweisen, als der Durchschnitt aller Branchen oder eben die Gesamtwirtschaft, dann wären die betragsmässig geringeren Korrelationen im Datensatz D3 erklärbar. Diese Überlegungen sind allerdings eher spekulativ, und sollen deshalb nicht fortgeführt werden. Eine detaillierte Analyse der hier präsentierten Ergebnisse für die einzelnen Branchen unter Berücksichtigung von deren mikroökonomischen Charakteristika ist vermutlich vielversprechend, wird aber hier, dem makroökonomischen Fokus der vorliegenden Arbeit entsprechend, zurückgestellt.[30]

Im Ergebnis scheint sich die Behauptung einer negativen Beziehung zwischen Markups und Output auf verschiedenen Beobachtungsebenen zumindest dann bestätigen zu lassen, wenn eine nicht zu geringe Substituierbarkeit zwischen Vorleistungen und primären Faktoren unterstellt wird. Es stellt sich zunächst die Frage nach der Robustheit der Ergebnisse. Bezüglich der Wahl der Trendbereinigungsmethode unterscheiden sich die Ergebnisse zwar im einzelnen, aber nicht qualitativ hinsichtlich der Schlussfolgerungen, wenn statt der hier verwendeten quadratischen Trendabweichung ein einfacher log-linearer Trend gewählt wird, oder wenn ein stochastischer Trend unterstellt und daher die Trendabweichung als Wachstumsrate spezifiziert wird, oder wenn ein Hodrick-Prescott-Filter angewandt wird. Die Robustheit bezüglich der Wahl der sektoralen Beobachtungseinheit wurde bereits demonstriert.

Ein weiterer Punkt ist nun die Frage, welchen Einfluss die Vorgabe der steady-state-Werte von ρ und μ auf die Simulationsergebnisse hat. Die folgende Tabelle präsentiert daher eine Sensitivitätsanalyse für den aggregierten privaten Sektor (Datensatz D1) unter Verwendung der Substitutionselastizitäten $\sigma = 0.4$ und $\sigma_B = 1.0$. Die Parameter werden im Bereich $\rho,\ \mu \in [1, 1.3]$ variiert, wobei allerdings das Problem zu beachten ist, dass beide Werte nicht völlig unabhängig voneinander bestimmt werden können: der hier als nicht direkt beobachtbar behandelte und daher residual ermittelte Kapitalanteil sollte nämlich (wie jeder Faktoranteil) nichtnegativ sein, was die Restriktion

$$s_K = \rho/\mu - s_L - s_E > 0 \quad \Rightarrow \rho > \mu(s_L + s_E) \tag{2.36}$$

[30] Rotemberg und Woodford (1991) untersuchen ihre Markup-Masse auf Branchenebene näher; da es sich aber dort um Markups handelt, die auf die Wertschöpfung bezogen sind, kommt das in Abschnitt 2.1 genannte Interpretationsproblem solcher Resultate zum Tragen.

impliziert. Da die Summe aus durchschnittlichem Lohn- und Vorleistungsanteil in der aggregierten Privatwirtschaft während des Beobachtungszeitraumes im Mittel ziemlich genau 0.9 betrug, muss also die Skalenelastizität mindestens 90 % des durchschnittlichen Markups betragen, um den Kapitalanteil gegen null zu begrenzen. Gleichzeitig kann die Skalenelastizität natürlich nicht grösser als der Markup sein, weil sonst negative reine Profit aufträten. Damit ist, für gegebenes μ, der zulässige Bereich für den Skalenparameter gegeben durch $\rho \in [0.9 \cdot \mu, \mu]$. Die Tabelle 2.8 enthält für Konstellationen, die diese Restriktion verletzen würden, ein (−) zur Kennzeichnung.

Tabelle 2.8: Korrelationen zwischen Markup und Bruttooutput (Abweichungen vom quadratischen Trend)

	Aggregierte Privatwirtschaft (D1), $\widehat{\mu}_t^{(1)}$ (Gleichung 2.32)						
	μ						
ρ	1.00	1.05	1.10	1.15	1.20	1.25	1.30
1.00	0.27	0.26	0.24	(−)	(−)	(−)	(−)
1.05		−0.01	−0.05	−0.10	(−)	(−)	(−)
1.10			−0.26	−0.32	−0.39	(−)	(−)
1.15				−0.46	−0.51	−0.57	(−)
1.20					−0.59	−0.64	−0.69
1.25						−0.68	−0.72
1.30							−0.75
	Aggregierte Privatwirtschaft (D1), $\widehat{\mu}_t^{(2)}$ (Gleichung 2.35)						
	μ						
ρ	1.00	1.05	1.10	1.15	1.20	1.25	1.30
1.00	0.29	0.31	0.33	(−)	(−)	(−)	(−)
1.05		−0.04	−0.02	0.00	(−)	(−)	(−)
1.10			−0.33	−0.32	−0.29	(−)	(−)
1.15				−0.53	−0.53	−0.51	(−)
1.20					−0.66	−0.66	−0.65
1.25						−0.75	−0.75
1.30							−0.80

Offenbar hat die Vorgabe von ρ einen deutlichen Einfluss auf die ermittelte Korrelation, und für konstante Skalenerträge oder nur sehr leicht steigende Skalenerträge, also für geringe Fixkosten, kehrt sich das Vorzeichen der Korrelationen um. Genauer gesagt ist das Verhältnis von ρ zu μ von Bedeutung für das Ergebnis. Der Grund liegt darin, dass der mittlere Kapitalanteil s_K um so grösser ist, je höher ρ im Vergleich zu μ ist. Damit ist auch der Koeffizient der Kapitalintensität in (2.32) um so höher, je höher ρ ist. Foglich ist die Wirkung von ρ spiegelbildlich zur Wirkung der Substitutionselastizität σ_B, deren Einfluss schon oben ausführlich begründet wurde. Deshalb kommt eine Erhöhung der Kapitalintensität durch eine Reduktion der Beschäftigung in ihrer grenzprodukterhöhenden und damit Markup-senkenden Wirkung um so stärker zum Tragen, je geringer der Kapitalanteil ist, weil bei geringem Kapitalanteil der Koeffizient der Kapitalintensität absolut klein ist, so dass angesichts seines negativen Vorzeichens der Effekt tendenziell positiv ist. Markup und Beschäftigung korrelieren also um so eher negativ, je grösser der Kapitalanteil ist, je näher also ρ an μ liegt, und je näher bei null also die reinen Profite sind.

Allerdings ist ein grosser Abstand zwischen ρ und μ nicht sehr plausibel, denn wie gesagt handelt es sich hier um Durchschnittswerte, und eine langfristig deutlich über null liegende Rate reiner Profite ist bei freiem Markteintritt nicht unbedingt plausibel.[31] Ebensowenig plausibel ist ein nahe bei null liegender Kapitalanteil, der wie oben erläutert dann resultieren würde, wenn der Skalenparameter nur circa 90% des Parameterwertes des Durchschnitts-Markups ausmachen würde, da in diesem Fall die Kapitalnutzungskosten unplausibel niedrig liegen müssten. Die Ergebnisse, die aus der Restriktion $\rho = \mu \Rightarrow s_K = 1 - s_L - s_E$ folgen, werden daher weiterhin als die plausibelsten angesehen.

2.5 Fazit

Die empirischen Studien in diesem Kapitel lassen folgende Schlüsse zu:

1. Es gibt weitreichende Unterstützung für die Hypothese unvollständiger Konkurrenz auf dem Gütermarkt. Dies zeigt sich daran, dass Preise für Outputgüter aller Verwendungskategorien, d.h. für die Zwecke des Konsums, der Investition und als Vorleistungen, also Preise für den Bruttooutput, im zeitlichen Durchschnitt systematisch etwa zwanzig Prozent höher zu sein scheinen als die Grenzkosten der Erstellung einer marginalen Einheit des Bruttoout-

[31] Hall (1990), Rotemberg und Woodford (1995) und Basu und Fernald (1997) argumentieren ebenso.

puts. Dieses Resultat ergänzt die Ergebnisse, die von mehreren Autoren in der Nachfolge der Studien von Hall (1986, 1988, 1990) gefunden wurden, ohne, dass hier die von Basu und Fernald (1995, 1997) geäusserte Kritik an auf Wertschöpfungsdaten bezogene derartige Schätzungen anwendbar wäre. Die hier für aggregierte und sektorale westdeutsche Daten gefundenen Ergebnisse fallen nur unwesentlich höher aus, als die von den letztgenannten Autoren für US-amerikanische Branchen berichteten.

2. Die Hypothese eines zeitlich konstanten Markups der Preise über die Grenzkosten findet dagegen keine empirische Unterstützung. Vielmehr scheinen die Veränderungsraten von Preisindizes des Bruttooutputs auf unterschiedlichen Aggregationsebenen viel schwächer auf beobachtbare Änderungen von Kostenindikatoren zu reagieren, als mit einer Preispolitik des durchschnittlichen Unternehmens vereinbar wäre, die auf die Aufrechterhaltung eines konstanten Markups abzielte.

3. Eine direkte Berechnung von Schwankungen des Markups liefert Hinweise für dessen systematisch antizyklisches Verhalten. Da diese Berechnungen auf loglinearisierten Gleichgewichtsbedingungen beruhen, kann ihre statistische Signifikanz allerdings nicht beurteilt werden; es handelt sich also um qualitative Evidenz. Andererseits war das Resultat des vorangehenden Unterabschnitts, dass die Gegenhypothese konstanter Markups empirisch unzulänglich ist. Aus der Verbindung dieser beiden Elemente wird hier geschlossen, dass empirische Evidenz für antizyklische Schwankungen des Markups vorliegt. Dieses Resultat, das im wesentlichen auf Linnemann (1999) basiert, ergänzt Ergebnisse von Rotemberg und Woodford (1991, 1999) und von Portier (1995), die allerdings mit Wertschöpfungsdaten operieren und daher anfällig sind gegen den Einwand, dass der auf die Wertschöpfung bezogene Markup kein struktureller Parameter ist, sondern eine Funktion des Bruttooutputmarkups und der Vorleistungsquote, so dass Schwankungen dieser Funktion nicht zugeordnet werden können. Die hier präsentierte Evidenz zeigt, für einen anderen Datensatz, dass der Bruttoutput-Markup selbst, also der tatsächlich interessierende strukturelle Parameter, antizyklischen Schwankungen unterliegt.

Die folgenden Kapitel beschäftigen sich mit theoretischen Möglichkeiten, die empirischen Befunde zu erklären, wobei besonderes Gewicht auf die Frage gelegt werden wird, wie plausibel die Implikationen der verschiedenen Erklärungsmöglichkeiten auch hinsichtlich anderer Eigenschaften empirischer Konjunkturschwankungen sind.

3 Preisrigidität und intermediäre Produktion

In diesem Abschnitt wird ein dynamisches allgemeines Gleichgewichtsmodell mit monopolistischer Konkurrenz auf den Gütermärkten, nominaler Preisrigidität, Kapitalakkumulation und intermediärer Produktion vorgestellt. Nominale Schwankungen des Geldangebotes haben aufgrund der nicht vollständig flexiblen Preise Wirkungen auf den realen Output und andere reale Variablen. Es wird gezeigt, dass das Modell in der Lage ist, die antizyklische Bewegung des Markups qualitativ nachzubilden.

Das Modell basiert auf dem Grundtypus des neoklassischen Wachstumsmodells, wie etwa in King et al. (1988), welches das zentrale Arbeitsmittel der jüngeren Konjunkturtheorie ist. Ein repräsentativer Haushalt maximiert seinen erwarteten Nutzen über eine unendliche Lebensspanne, und trifft zu diesem Zweck Entscheidungen über die optimale Allokation von Konsum, Ersparnis, Arbeitszeit und Geldhaltung. Die reale Geldhaltung ist ein Argument der Nutzenfunktion, da die transaktionserleichternden Dienste des Geldes als nutzenstiftend angesehen werden (vgl. Sidrauski, 1967). Der repräsentative Haushalt besitzt den Kapitalstock, den er an den Unternehmenssektor der Volkswirtschaft ausleiht. Beim Aufbau des Kapitalstocks durch Investitionen werden Anpassungskosten berücksichtigt, die eine entscheidende Rolle für einige wichtige Modellergebnisse haben werden.

Es existiert eine Vielzahl von Unternehmen, von denen jedes genau eine Variante eines differenzierten Produktes anbietet. Da die einzelnen Gütervarianten in den Augen des repräsentativen Haushalts nur unvollkommene Substitute für ihre Verwendung zum Zwecke des Konsums und zum Zwecke der Investition sind, hat jedes Unternehmen als monopolistischer Anbieter seiner eigenen Variante einen gewissen Preissetzungsspielraum. Bei der Wahl seines gewinnmaximierenden Preises nimmt jedes Unternehmen dabei die Preise aller anderen Unternehmen in der Volkswirtschaft für gegeben hin. Ausserdem muss das typische Unternehmen alle Faktorpreise als exogene Daten akzeptieren. Die Marktform ist also die der monopolistischen Konkurrenz, die nach dem Typ des Modells von Dixit und Stiglitz (1977) und der makroökonomischen Erweiterung in Blanchard und Kiyotaki (1987) modelliert ist, mit der Folge, dass die Unternehmen einen Preis realisieren werden, der um einen Markupfaktor höher ist, als ihre Grenzkosten an der Stelle des Optimums. In Abwesenheit weiterer Komplikationen wäre dieser Markup, wie im Dixit-Stiglitz (1977)-Modell, eine exogene Konstante.

Die hinzutretende Komplikation besteht in nicht vollständig flexiblen Preisen. Es wird eine nominale Preisrigidität unterstellt, die in der Form des Modells von Calvo

(1983) modelliert wird. Demzufolge existiert eine konstante Wahrscheinlichkeit, dass ein gegebenes Unternehmen in einer gegebenen Periode ein Signal erhält, das es an der Wahl des optimalen Preise hindert. In diesem Fall dürfen die betroffenen Unternehmen ihren Preis nur um die langfristig durchschnittliche Inflationsrate erhöhen. Alle anderen Unternehmen können ihren gewinnmaximalen Preis realisieren, wobei ihr Entscheidungsproblem allerdings insofern modifiziert wird, als sie bei der Wahl des optimalen Preises die Möglichkeit berücksichtigen werden, dass sie in der Zukunft selbst an weiterer Preisanpassung gehindert sein könnten. Auf diese Weise ist das Preissetzungsproblem der typischen Firma dynamisch. Eine Folge ist, dass Erhöhungen der Grenzkosten nicht von allen Unternehmen sofort im Preis weitergegeben werden können; über alle Unternehmen betrachtet wird der Quotient aus dem Durchschnittspreis und den durchschnittlichen Grenzkosten, also der durschnittliche Markup, daher invers zu den nominalen Grenzkosten schwanken. Da letztere aber typischerweise in einem zyklischen Aufschwung zunehmen werden, wenn die erhöhte Faktornutzung zu steigenden nominalen Faktorpreisen führt, ist im Ergebnis der durchschnittliche Markup antizyklisch.

Eine weitere, für manche Ergebnisse entscheidende Modelleigenschaft ist die Berücksichtigung intermediärer Produktion. Jedes differenzierte Outputgut kann nicht nur für die Zwecke des Konsums oder der Investition verwendet werden, sondern dient auch direkt als intermediärer Input oder, synonym, als Vorleistung. In einem statischen Kontext hat Basu (1995) ein einfaches Modell intermediärer Produktion vorgelegt, das hier in den Rahmen des dynamischen allgemeinen Gleichgewichtsmodells integriert wird. Da Preisdiskriminierung zwischen den verschiedenen Verwendungen von Gütern per Annahme ausgeschlossen wird, muss im Gleichgewicht der aggregierte Preisindex des Outputs identisch sein mit dem Preisindex der Vorleistungen. Auf diese Weise kann die Input-Output-Struktur der Produktion abgebildet werden, obwohl weiterhin nur ein einziger Preisindex berücksichtigt zu werden braucht. Der reale, d.h. relativ zum Outputpreis gemessene Faktorpreis der intermediären Inputs ist daher im Gleichgewicht notwendig gleich eins. Diese Eigenschaft wird bedeutsame Konsequenzen haben und einige Resultate hervorbringen, die ohne diese Eigenschaft nicht ohne weiteres erklärbar wären.

Schliesslich enthält das Modell einen Staatssektor, der allerdings nichts anderes tut, als die nominale Geldmenge exogen als Transfer an den repräsentativen Haushalt auszuschütten, was als rudimentäre (wenn auch traditionsreiche) Modellierung von monetären Impulsen durch Geldpolitik dient. Darüberhinaus wird eine weitere Quelle von stochastischen Impulsen berücksichtigt, indem angenommen wird, dass das technologische Niveau trendmässig zwar mit einer konstanten Rate wächst, dass aber kurzfristig temporäre Modifikationen dieser Wachstumsrate durch exogene transitorische aggregierte Produktivitätsschwankungen, oder eben 'Technolgieschocks', möglich sind. Das Modellverhalten wird bei Variation der zentralen Annahmen unter Einfluss beider Schockprozesse jeweils separat analysiert.

Das hier entwickelte Modell hat vielfältige Beziehungen zur existierenden Literatur. Dynamische allgemeine Gleichgewichtsmodelle mit einer Rolle für Schwankungen des nominalen Geldangebotes durch unvollständige Preisflexibilität wurden z.B. von Hairault und Portier (1993), Kimball (1995), King und Wolman (1996) und Yun (1996) vorgelegt. In einiger Hinsicht ist das hier präsentierte Modell diesen Arbeiten sehr ähnlich, oder sogar eine Vereinfachung hiervon. Der entscheidende Unterschied liegt hier jeweils in der Berücksichtigung von intermediärer Produktion, d.h. der Input-Output-Struktur der Produktion. Diese wurde in einem statischen Rahmen von Basu (1995) modelliert. Wie unten gezeigt wird, hat dies einen bedeutenden Einfluss auf eine jüngst von Chari et al. (1999) kritisierte Eigenschaft von Modellen mit Preisrigidität, nämlich deren angebliche Unfähigkeit, persistente Outputreaktionen im Sinne von nur langsamer und gradueller Korrektur der durch einen monetären Schock hervorgerufenen Wirkungen nachbilden zu können. Chari et al. (1999) analysieren eine allgemeine Gleichgewichtsversion eines Taylor (1980) nachempfundenen Modells, in dem Preisstarrheit durch überlappende Kontrakte modelliert wird. Sie zeigen, dass persistente Schwankungen dann regelmässig nicht mehr resultieren, wenn Kapitalakkumulation berücksichtigt wird. Dies wirft Zweifel auf die Modelle von Jeanne (1998), der angibt, das Persistenzproblem durch eine Reallohnrigidität gelöst zu haben, und auf das Resultat von Bergin und Feenstra (1998), die, als einziges mir bekanntes Beispiel der Literatur, einen Aspekt der intermediären Produktion nach dem Modell von Basu (1995) in einem Taylor (1980)-Modell verwenden und eine gewisse Persistenz der Modellreaktionen erhalten, die aber beide keine Kapitalakkumulation berücksichtigen. Die genannten Modelle bleiben daher Partialargumente, von denen hier gezeigt werden kann, dass ihre Schlussfolgerungen in einem Kontext des allgemeinen Gleichgewichts mit Kapitalakkumulation keine Gültigkeit beanspruchen können, was die Ergebnisse, die Chari et al. (1999) in bezug auf andere Modelle gefunden haben, tendenziell bestätigt. Hingegen gelingt es in dem hier entwickelten Modell, wie unten gezeigt wird, persistente Outputschwankungen durch die Interaktion von Anpassungskosten bezüglich des Kapitalstocks und der Input-Output-Struktur der Produktion mittels unkorrelierter monetärer Impulse zu erzeugen.

Der Rest dieses Kapitels ist wie folgt aufgebaut. Abschnitte 3.1 bis 3.4 beschreiben das Modell durch die Darstellung des Haushaltssektors, des Unternehmenssektors, des Staates und des allgemeinen Gleichgewichtes. In Abschnitt 3.5 werden den Parametern des Modells empirisch plausible Zahlenwerte zugeordnet, um Simulationen einer approximativen Lösung des Modells durchführen zu können. Die Ergebnisse werden in Abschnitt 3.6 präsentiert. Abschnitt 3.7 zieht eine Schlussfolgerung.

3.1 Haushalte

Das Modell ist abgeleitet von einem neoklassischen stochastischen Wachstumsmodell (vgl. etwa King et al., 1988). Es gibt einen repräsentativen Haushalt, der über eine unendliche Lebensspanne verfügt und eine diskontierte Summe seiner Periodennutzen maximiert. Der Haushalt verhält sich kompetitiv, d.h. nimmt alle Preise für gegeben, und wählt in jeder Periode seinen Konsum, seine reale Geldhaltung, und seine Ersparnis. Die reale Geldhaltung stiftet Nutzen aufgrund der Transaktionskostenersparnis, die mit der Verwendung von Geld als Tauschmittel verbunden ist. Die Ersparnisbildung erfolgt über die Akkumulation des Kapitalstocks, wobei aus Gründen, die weiter unten diskutiert werden, Anpassungskosten berücksichtigt werden.

Es existieren in der betrachteten Volkswirtschaft eine Vielzahl von monopolistisch kompetitiven Unternehmen, von denen jedes eine differenzierte Variante des aggregierten Outputgutes herstellen. Die Produktdifferenzierung ist die Quelle von Marktmacht für die Unternehmen und der Grund, weshalb der Absatzpreis grundsätzlich höher als die Grenzkosten der Produktion ist. Wie in dem Modell von Dixit und Stiglitz (1977) wird angenommen, dass die Nutzenfunktion des repräsentativen Haushalts schwach separabel bezüglich ihrer Argumente ist. Hierdurch ist eine zweistufige Budgetierung möglich, in der zunächst die Nachfrage des Haushalts nach den einzelnen differenzierten Varianten des Outputgutes für gegebenen aggregierten Konsum und aggregierte Investition aus einem statischen Optimierungskalkül hergeleitet wird. Sodann wird der aggregierte Konsum und die aggregierte Investition aus dem dynamischen Optimierungskalkül des Haushalts hergeleitet.[32]

3.1.1 Das intratemporale Optimierungsproblem des Haushalts

Die Periodennutzenfunktion $U(.)$ sei gegeben durch

$$U(C_t, M_{t-1}/P_t, L_t) = \gamma \ln C_t + (1-\gamma) \ln M_{t-1}/P_t - \nu(L_t), \tag{3.2}$$

[32] Vgl. zum Zusammenhang schwacher Separabilität und zweistufiger Budgetierung z.B. Varian (1992), S. 150 ff.

mit $\gamma \in (0;1)$, worin C_t der aggregierte Konsum in Periode t ist, L_t das Arbeitsangebot des Haushaltes und P_t das sogleich zu definierende Preisniveau ist. Die Variable M_{t-1} ist der Bestand an nominaler Geldhaltung am Ende der Periode $t-1$, und ist daher prädeterminiert für die Periode t. Es wird angenommen, dass die Haushaltspräferenzen darstellbar sind als die Summe aus einer Cobb-Douglas-Funktion aus Konsum und Realkasse und einer Funktion $\nu(L_t)$, die den Disnutzen der Arbeit angibt. Diese Form der Nutzenfunktion wird gewählt, weil sie, wie King et al. (1988) zeigen, damit vereinbar ist, dass sich Einkommens- und Substitutionseffekt von Reallohnänderungen im Wachstumsprozess gegenseitig ausgleichen, so dass der steady state des Modells durch stetiges Wachstum des Reallohnes bei gleichzeitig konstantem Arbeitsangebot gekennzeichnet ist.

Die genaue funktionale Form der Funktion $\nu(L_t)$ wird hier noch nicht spezifiziert. Der Grund hierfür ist, dass weiter unten die Robustheit der Ergebnisse bezüglich verschiedener Annahmen über das Arbeitsangebot getestet werden soll. Eine dieser Annahmen wird auch sein, dass das Arbeitsangebot nicht, wie hier zunächst noch unterstellt, aus dem individuellen Optimierungskalkül eines Haushalts folgt, sondern als Resultante eines nicht-kompetitiven Modells verstanden wird. Auf diese Weise sollen sowohl vollständige als auch unvollständige Konkurrenz auf dem Arbeitsmarkt jeweils abgebildet und in ihren Konsequenzen für die Modellergebnisse untersucht werden.

Der gesamte Konsum C_t sei ein Aggregat aus N verschiedenen differenzierten Gütern $C_{it}, \quad i = 1, \ldots, N$ mit der Form

$$C_t := N^{\frac{1}{1-\varphi}} \left[\sum_{i=1}^{N} C_{it}^{\frac{\varphi-1}{\varphi}} \right]^{\frac{\varphi}{\varphi-1}}, \qquad \varphi > 1, \tag{3.3}$$

also eine CES-Funktion der N differenzierten Güter mit der konstanten Substitutionselastizität zwischen je zwei Gütern $\varphi > 1$. Für die Zwecke dieses Kapitels wird N als eine exogen gegebene Konstante angenommen (siehe Kapitel 4 für ein Modell, in dem die Anzahl der Firmen durch endogenen Markteintritt bestimmt wird). Die Formulierung entspricht der von Dixit und Stiglitz (1977) eingeführten bis auf den Normierungsterm $N^{\frac{1}{1-\varphi}}$, der in der Variante von Blanchard und Kiyotaki (1987) verwendet wird, um einen eigenständigen Effekt der Anzahl der verfügbaren differenzierten Gütervarianten auf den Konsumnutzen auszuschließen. Um das zu sehen, nehme man an, alle differenzierten Güter würden in Höhe von $\bar{c}$ konsumiert, so daß der Gesamtverbrauch an Gütern $N\bar{c}$ ist. Aus (3.3) folgt dann, daß

$$C = N^{\frac{1}{1-\varphi}} \left[N \bar{c}^{\frac{\varphi-1}{\varphi}} \right]^{\frac{\varphi}{\varphi-1}} = N\bar{c}, \tag{3.4}$$

so daß der aus dem Index C bezogene Nutzen nicht steigen kann, wenn der Gesamtkonsum auf mehr verschiedene Güter aufgeteilt wird, wenn also N bei konstantem Gesamtverbrauch stiege. Der damit ausgeschlossene sogenannte 'Vielfaltseffekt' (preference for variety) spielt eine wichtige Rolle in den Modellen von Dixit und Stiglitz (1977) und den makroökonomischen Anwendungen des Modells in Devereux et al. (1996), Bénassy (1996), Heijdra und van der Ploeg (1996), Heijdra und Ligthart (1997) und Heijdra et al. (1998), soll hier aber keine Rolle spielen, um eine Konzentration auf die Haupteffekte des vorliegenden Modells zu erleichtern.[33]

Desgleichen ist die aggregierte Investition, Ψ_t, zusammengesetzt als CES-Aggregat aus den N verfügbaren Gütervarianten gemäss

$$\Psi_t = N^{\frac{1}{1-\varphi}} \left[\sum_{i=1}^{N} \Psi_{it}^{\frac{\varphi-1}{\varphi}} \right]^{\frac{\varphi}{\varphi-1}}. \tag{3.5}$$

Die Annahme, dass die Substitutionselastizität φ zwischen je zwei Gütervarianten in der Verwendung als Konsumgut und in der Verwendung als Investitionsgut identisch ist, dient der Vereinfachung, da andernfalls die Zusammensetzung der Nachfrage aus Konsum und Investition selbst weiterreichende Effekte hätte, da sie bei unterschiedlichen Substitutionselastizitäten die durchschnittliche Marktmacht der Firmen beeinflussen würde und damit den Markup. Der Grund dafür liegt darin, dass, wie sogleich deutlich wird, die Substitutionselastizität im Konsum identisch ist mit dem Betrag der Preiselastizität der Nachfrage, von der wiederum der Markup mitbeeinflusst bzw. im Falle von vollständig flexiblen Preisen allein bestimmt wird (siehe unten, Abschnitt 3.2.2 für genauere Ausführungen). Jeder exogene Schock, der die Zusammensetzung der aggregierten Nachfrage vorübergehend so ändern würde, dass die Komponente mit der höheren Preiselastizität ein grösseres Gewicht bekäme, würde dann auf diese Weise temporär den gleichgewichtigen Markup reduzieren. Dieser 'composition of demand'-Effekt, der von Galí (1994) und Kiley (1997) betont wird, soll hier keine Rolle spielen.

Der Haushalt bezieht Einkommen aus dem Angebot von Arbeit und Kapital an den Unternehmenssektor. Als Eigentümer aller Unternehmen bezieht er überdies

[33] Der Effekt kann dann eine Rolle spielen, wenn endogener Markteintritt zugelassen wird; in diesem Fall wäre er qualitativ äquivalent zu dem im folgenden Kapitel verwendeten Mechanismus.

alle eventuell anfallenden residualen Profite. Darüberhinaus erhält er in jeder Periode einen nominalen Transfer von seiten des Staates. Da dieser Transfer lediglich zur Abbildung eines exogenen Geldangebotes des Staates dient, braucht zu seiner Finanzierung, die ausschliesslich über Geldschöpfung erfolgt, keine Besteuerung berücksichtigt zu werden. Der Haushalt verwendet sein Einkommen zum Kauf von Konsumgütern, für seine reale Geldhaltung am Ende der Periode, und für seine Ersparnis, die er durch den Kauf von differenzierten Investitionsgütern als Realkapital investiert. Die Budgetrestriktion lautet daher

$$M_t \leq W_t L_t + R_t K_{t-1} + M_{t-1} + \Pi_t + T_t - \sum_{i=1}^{N} P_{it} C_{it} - \sum_{i=1}^{N} P_{it} \Psi_{it}, \qquad (3.6)$$

worin W_t der nominale Lohnsatz, R_t der Kapitalnutzungspreis, K_{t-1} der Kapitalstock am Ende der Periode $t-1$, Π_t eventuelle residuale Unternehmensprofite, T_t der staatliche Transfer und P_{it} der Preis des i-ten differenzierten Gutes ist, das sowohl für die Zwecke des Konsums als auch für die Zwecke der Investition als Kapitalgut verwendet werden kann und in beiden Verwendungen denselben Preis hat. C_{it} schliesslich ist der Konsum des i-ten differenzierten Gutes, und Ψ_{it} ist die Verwendung dieses Gutes als Anlagegut.

Maximierung der Nutzenfunktion (3.2) unter der Restriktion (3.6) bezüglich der Konsummenge des i-ten Gutes, bzw. bezüglich der Investition des i-ten Gutes, bei gegebenem Wert für den aggregierten Konsum und die aggregierte Investition, ergibt als Bedingung erster Ordnung die Nachfragefunktionen

$$C_{it}^d = \left(\frac{P_{it}}{P_t}\right)^{-\varphi} \frac{C_t}{N} \qquad (3.7)$$

$$\Psi_{it}^d = \left(\frac{P_{it}}{P_t}\right)^{-\varphi} \frac{\Psi_t}{N}, \qquad (3.8)$$

worin das Superskript ^{d} die Nachfragefunktion kennzeichnet, und das aggregierte Preisniveau P_t gegeben ist als die zu der Subnutzenfunktion (3.3) duale Einheitsausgabenfunktion

$$P_t = N^{\frac{1}{\varphi-1}} \left[\sum_{i=1}^{N} P_{it}^{1-\varphi}\right]^{\frac{1}{1-\varphi}}; \qquad (3.9)$$

mithin ist P_t der 'true cost of living'-Index (vgl. z.B. Varian, 1992, S. 112). Als Folge der unterstellten konstanten Substitutionselastizität zwischen je zwei Gütervarianten ist die Preiselastizität der Nachfrage ebenfalls eine Konstante in Höhe von $-\varphi$. Dies führt, wie weiter unten demonstriert werden wird, dazu dass der von den Unternehmen *gewünschte* Markup der Preise über die Grenzkosten ebenfalls eine Konstante sein wird, während der tatsächliche *durchschnittliche* Markup wegen Preisrigiditäten davon wird abweichen können.[34]

3.1.2 Das intertemporale Optimierungsproblem des Haushalts

Die aggregierte Konsum- und Investitionsnachfrage sowie die Nachfrage nach Realkasse werden aus den intertemporalen Bedingungen erster Ordnung des Haushalts-Optimierungsproblems abgeleitet. Der Haushalt sucht eine diskontierte Summe seiner Periodennutzen über eine unendliche Lebensdauer zu maximieren. Das Problem lautet

$$\max \mathcal{E}_0 \sum_{t=0}^{\infty} \beta^t U(C_t, M_{t-1}/P_t, L_t), \tag{3.10}$$

worin $\mathcal{E}_0$ der bedingte Erwartungswertoperator bezogen auf die Informationsmenge im Zeitpunkt 0 ist, und $0 < \beta < 1$ ein exogener subjektiver Diskontfaktor ist.

Die Maximierung dieses Funktionals findet statt durch Wahl des Konsums C_t, des Kapitalstocks K_t, des Arbeitsangebotes L_t und der Nominalkasse M_t. Eine Nebenbedingung dieses Problems ist die bereits bekannte Budgetrestriktion aus (3.6). Zum anderen muss die aggregierte Akkumulationsgleichung der Volkswirtschaft berücksichtigt werden; standardmässig wird angenommen, dass eine konstante Abschreibungsrate $\delta \in (0; 1)$ auf Realkapital vorliegt, so dass die Akkumulation gemäss

$$K_t = (1-\delta)K_{t-1} + I_t \tag{3.11}$$

erfolgt. Hierin ist der erste Term der nach Abzug der verschleissbedingten Abschreibungen verbleibende Teil des Kapitalstocks der Vorperiode, und I_t sind die Nettoinvestitionen im Sinne zusätzlicher Hinzufügungen von Outputgütern zum Kapitalstock. Der Grund, weshalb hier mit I_t ein anderes Symbol für Investitionen als das oben verwendete Ψ_t eingeführt wird liegt darin, dass Anpassungskosten bezüglich von Erweiterungen des Kapitalstocks angenommen werden sollen. Diese werden so modelliert, dass zur Hinzufügung von I_t Einheiten des Outputgutes zum Kapitalstock Ψ_t Einheiten des Gutes aufgewandt werden müssen, d.h. nicht mehr

[34] Die Unterscheidung zwischen gewünschtem und durchschnittlichen Markup scheint von King und Wolman (1996) zu stammen und wird unten in Abschnitt 3.2.2 näher erläutert.

für den Konsum zur Verfügung stehen; die Differenz ist ein reiner Verlust für die Volkswirtschaft, denn der Einfachheit halber wird angenommen, dass die für die Aufbringung der Anpassungskosten aufgewendeten Ressourcen keinem anderen Akteur in der Volkswirtschaft als Einkommen zufliessen. Es wird eine quadratische Anpassungskostenfunktion gewählt, derzufolge

$$\Psi_t = I_t \left[1 + \frac{\phi}{2} \left(\frac{I_t}{K_{t-1}} \right)^2 \right] \tag{3.12}$$

die Beziehung zwischen den beiden Variablen Ψ_t als den zu Investitionszwecken aufgewandten Ressourcen und I_t als den tatsächlichen Hinzufügungen zum Kapitalstock beschreibt.[35] Hierbei ist $\phi \geq 0$ ein Parameter, der die Höhe der Anpassungskosten beschreibt. Sofern ϕ strikt grösser als null ist, liegen daher Anpassungskosten vor, die null sind, wenn die Nettoinvestition I_t gleich null ist, und quadratisch mit dem Verhältnis der Nettoinvestitionen zum bereits bestehenden Kapitalstock wachsen. Die Anpassungskosten sind daher konvex in der Investitionsrate, was die Annahme impliziert, dass die Vergrösserung des Kapitalbestandes durch Investition zunehmend kostspieliger wird, je höher der Anteil der neuen Investitionen am bestehenden Kapitalstock ist (vgl. Blanchard und Fischer, 1989).

Die Berücksichtigung von Anpassungskosten bezüglich Erweiterungen des Kapitalstocks hat zwei Gründe: zum einen weist die empirische Forschung zu Investitionen darauf hin, dass Anpassungskosten Bestandteil einer realistischen Formulierung sein sollten; vgl. etwa Chirinko (1993). Zum anderen werden die Ergebnisse, wie unten gezeigt wird, in starkem Masse von der An- oder Abwesenheit von Anpassungskosten beeinflusst; wie später gezeigt werden wird, steigt das Erklärungspotential des Modells bezüglich wichtiger konjunktureller Beobachtungstatsachen bei Berücksichtigung von Anpassungskosten stark an. Man beachte ferner, dass die Zuordnung von Anpassungskosten als Restriktion im Entscheidungskalkül der Haushalte lediglich der bequemeren Darstellungsweise dient; die Ergebnisse sind identisch mit dem in der Literatur zu Tobin's q regelmässig dargestellten Fall, in dem die Unternehmen den Kapitalstock besitzen und daher die Anpassungskosten als Einschränkung ihres Entscheidungskalküls wahrnehmen.[36]

[35] Diese Formulierung der Anpassungskosten ist identisch mit derjenigen in Kim (1996).

[36] Die Äquivalenz beider Formulierungen gilt, solange Haushalte und Unternehmen dieselben Preise für Investitionsgüter zu zahlen haben, was hier unterstellt wird; vgl. Kimball (1995).

Sei $\mathcal{L}$ die Lagrangefunktion dieses Problems, die gegeben ist durch

$$\begin{aligned}\mathcal{L} &= \mathcal{E}_0 \sum_{t=0}^{\infty} \beta^t \Bigg\{ U(C_t, M_{t-1}/P_t, L_t) \\ &\quad +\Lambda_t \Bigg[W_t L_t + R_t K_{t-1} + M_{t-1} + \Pi_t + T_t - P_t C_t \\ &\quad -P_t(K_{t+1} - (1-\delta)K_t) \left[1 + \frac{\phi}{2} \left([K_{t+1} - (1-\delta)K_t]/K_t \right)^2 \right] \\ &\quad -M_t \Bigg] \Bigg\}\end{aligned} \tag{3.13}$$

mit dem Lagrangemultiplikator Λ_t. Die Bedingungen erster Ordnung lauten:

$$\begin{aligned}\frac{\partial \mathcal{L}}{\partial C_t} &: \Lambda_t P_t = \frac{\gamma}{C_t} \\ \frac{\partial \mathcal{L}}{\partial L_t} &: \Lambda_t P_t = \frac{\nu'(L_t)}{W_t/P_t} \\ \frac{\partial \mathcal{L}}{\partial M_t} &: \Lambda_t P_t = \beta \mathcal{E}_t \left\{ \left[\frac{(1-\gamma)}{M_t/P_t} + \Lambda_{t+1} P_t \right] \right\} \\ \frac{\partial \mathcal{L}}{\partial K_t} &: \Lambda_t P_t = \frac{\beta}{H_t} \mathcal{E}_t \left\{ \Lambda_{t+1} P_{t+1} \left[\frac{R_{t+1}}{P_{t+1}} + (1-\delta) H_{t+1} + \phi \left(\frac{I_{t+1}}{K_t} \right)^3 \right] \right\} \\ &\quad \text{mit } H_t \equiv \left[1 + \frac{3\phi}{2} \left(\frac{I_t}{K_{t-1}} \right)^2 \right],\end{aligned} \tag{3.14}$$

zusammen mit der Budgetrestriktion (3.6), der Anpassungskostenfunktion für die Investition (3.12) und der Akkumulationsgleichung (3.11) und einer No-Ponzi-Game-Bedingung, die sicherstellt, dass der Haushalt sich nicht unendlich hoch verschuldet; vgl. Blanchard und Fischer (1989). Die Variable $\pi_t := P_t/P_{t-1}$ ist die Bruttoinflationsrate.

3.2 Unternehmen

Es gibt N Unternehmen in der Volkswirtschaft, wobei für die Zwecke dieses Abschnitts N als eine gegebene, feste Zahl betrachtet wird. Jedes einzelne Unternehmen stellt genau eine differenzierte Variante des Outputgutes Y her. Da die Varianten in den Augen des repräsentativen Haushalts als Konsumenten nicht perfekt substituierbar sind, hat jedes Unternehmen einen gewissen Preissetzungsspielraum; gleichzeitig wird angenommen, dass jedes Unternehmen klein relativ zum Gesamtmarkt, also hier relativ zur aggregierten Volkswirtschaft ist, so dass strategische

Interaktionen zwischen den Firmen nicht beachtet zu werden brauchen. Bei der Wahl seines Preises hält jedes Unternehmen daher die Preise aller Konkurrenten für gegeben. Die Marktform ist daher die der monopolistischen Konkurrenz. Zu dem Preis, das ein Unternehmen in gewinnmaximierender Absicht setzt, ist es bereit, sämtliche Nachfrage zu befriedigen; dies muss auch im Falle von Preisrigidität angenommen werden, d.h. für solche Unternehmen, die eine Zeit lang keine Gelegenheit hatten, ihren Preis an veränderte Bedingungen anzupassen.

3.2.1 Das intratemporale Optimierungsproblem der Unternehmen

Es gibt N Unternehmen, von denen jedes in monopolistischer Konkurrenz genau eine Variante des Outputgutes Y herstellt. Die i-te Firma verfügt über die Technologie

$$\begin{aligned} Y_{it} &= Z_t F(B(A_t L_{it}, K_{i,t-1}), E_{i\cdot,t}) - \omega_t, \\ &= \omega_t > 0, \quad Z_t F(.) > \omega_t, \end{aligned} \tag{3.15}$$

worin die Funktion $F(.)$ linear homogen in ihren beiden Argumenten B und E ist, und die Funktion $B(.)$ linear homogen in ihren Argumenten L_{it} und $K_{i,t-1}$ ist. $B(.)$ ist eine Subfunktion, die die primären Faktorinputs effiziente Arbeit $A_t L_{it}$ und Kapital $K_{i,t-1}$ aggregiert, und die daher als Wertschöpfungsfunktion interpretiert werden kann. Schwach separabel von dieser Wertschöpfungsfunktion gehen intermediäre Inputs $E_{i\cdot,t}$ in die Produktionsfunktion ein.[37] Die Variable ω_t repräsentiert Fixkosten, die hier so modelliert sind, dass ein Teil der primären Faktoreinsätze innerhalb der Firma selbst verbraucht wird, um den Produktionsprozess in Gang zu halten, ohne dass die dafür aufgewendeten Ressourcen anderen Akteuren als Einkommen zuflössen; die Fixkosten sind daher einfach verlorener Output. Damit in einer wachsenden Umgebung die Fixkosten nicht asymptotisch vernachlässigbar werden, muss angenommen werden, dass sie mit der langfristigen steady state-Wachstumsrate oder Trendwachstumsrate des Outputs wachsen (vgl. Rotemberg und Woodford, 1995). Diese Trendwachstumsrate wird bestimmt durch die Variable A_t, die den Trend des arbeitsvermehrenden technischen Fortschritts repräsentiert, von dem angenommen wird, er entwickle sich mit einer konstanten Wachstumsrate $g_A - 1$, so dass

$$A_t = A_0 g_A^t \tag{3.16}$$

mit einem gegebenen Anfangswert A_0 ist. Da im steady state der Output mit der Rate g_A wachsen wird, muss folglich auch für $\omega_t = \omega_0 g_A^t$ gelten.

[37] Die Notation im Fussindex der intermediären Inputs wird sogleich erläutert werden.

Die Variable Z_t ist dagegen ein temporärer, stationärer Technologieschock, von dem angenommen wird, er verhalte sich gemäss einem autoregressiven Prozess erster Ordnung

$$\ln Z_t = \rho_Z \ln Z_{t-1} + (1 - \rho_Z) \ln Z + \epsilon_t, \tag{3.17}$$

worin $|\rho_Z| < 1$ der autoregressive Parameter und die Konstante Z der langfristige nichtstochastische Mittelwert des Prozesses ist; ohne Beschränkung der Allgemeinheit wird dieser Mittelwert auf eins normiert. Der Störprozess (die Innovation) ϵ_t sei unabhängig identisch normalverteilt mit Mittelwert Null und konstanter Varianz, so dass $\mathcal{E}_t \epsilon_{t+1} = 0$ ist. Beide Technologievariablen, der Trend A_t und der Zyklus Z_t, sind für alle Firmen identisch und daher nicht mit einem Firmenindex gekennzeichnet.

Die entscheidende Annahme ist, dass jedes Outputgut sowohl als Endverbrauchsgut dienen kann, d.h. für die Zwecke des Konsums oder der Investition verwendet werden kann, als auch als intermediärer Input in der Produktion eingesetzt werden kann. Diese Input-Output-Struktur wurde – in statischen Modellen – von Basu (1995) eingeführt und von Fatas (1997) verwendet. Ich übernehme sie hier, um sie in das dynamische Modell mit Preisrigiditäten einzufügen. Intermediäre Inputs werden hier (ausser mit dem Zeitindex) mit einem doppelten tiefgestellten Index versehen, deren erster die Firma bezeichnet, die das Gut als Input einsetzt, während der zweite die Firma der Herkunft des Gutes bezeichnet; da jedes Unternehmen genau ein Produkt herstellt, ist der zweite Index also der Index der Gütervariante. Ein Punkt im Index deutet an, dass es sich bei der betreffenden Variablen um eine Summe über alle Elemente der Indexmenge des betreffenden Index handelt. Mit dieser Notation bezeichnet folglich die Variable $E_{i\cdot,t}$ in der Produktionsfunktion die gesamte Menge an Outputgütern, die von der i-ten Firma in ihrem Produktionsprozess eingesetzt wird, und die von allen Firmen in der Volkswirtschaft produziert wurde.

Diese Menge setzt sich wiederum zusammen aus den N einzelnen Outputgütern, und zwar mit demselben CES-Aggregator, der oben schon den aggregierten Konsum und die aggregierten Investitionen definierte. Sei E_{ijt} also die von Firma i als Input eingesetzte Menge des Outputgutes j, welches seinerseits von Firma j produziert wurde. Firma i setzt also die aggregierte Menge $E_{i\cdot,t}$ ein, die gegeben ist durch

$$E_{i\cdot,t} = N^{\frac{1}{1-\varphi}} \left[\sum_{j=1}^{N} E_{ijt}^{\frac{\varphi-1}{\varphi}} \right]^{\frac{\varphi}{\varphi-1}}. \tag{3.18}$$

Die Firma i vollzieht ein zweistufiges Kostenminimierungskalkül: zunächst wird die optimale Zusammensetzung des Inputaggregates $E_{i\cdot,t}$ aus seinen Komponenten E_{ijt}

bestimmt, wobei die Höhe des gesamten Aggregates in diesem Schritt als gegeben angenommen wird.[38] Als Lösung des Problems

$$\begin{aligned} &\min_{\{E_{ijt}\}} \sum_{j=1}^{N} P_{jt} E_{ijt} \\ \text{u.d.R.} \quad &E_{i\cdot,t} = N^{\frac{1}{1-\varphi}} \left[\sum_{j=1}^{N} E_{ijt}^{\frac{\varphi-1}{\varphi}} \right]^{\frac{\varphi}{\varphi-1}} . \end{aligned} \tag{3.19}$$

ergibt sich die übliche Dixit-Stiglitz-Form der Nachfragefunktion der Firma i nach Zwischengut j als

$$E_{ijt}^{d} = \left(\frac{P_{jt}}{P_t} \right)^{-\varphi} \frac{E_{i\cdot,t}}{N}. \tag{3.20}$$

Die Nachfrage nach Gut j in der Verwendung als Zwischengut, $E_{\cdot j,t}$, ergibt sich als die Summe der Nachfragen aller Firmen als

$$\begin{aligned} E_{\cdot j,t} &= \sum_{i=1}^{N} E_{ijt} \\ &= \left(\frac{P_{jt}}{P_t} \right)^{-\varphi} \left[\sum_{i=1}^{N} \frac{E_{i\cdot,t}}{N} \right] \\ &= \left(\frac{P_{jt}}{P_t} \right)^{-\varphi} \frac{E_t}{N}, \end{aligned} \tag{3.21}$$

wobei die letzte Gleichung den aggregierten intermediären Input definiert,

$$E_t := \sum_{i=1}^{N} E_{i\cdot,t} = \sum_{j=1}^{N} E_{\cdot j,t}. \tag{3.22}$$

Damit ist es möglich, die gesamte Nachfrage nach Gut i zu bestimmen, die sich zusammensetzt aus der Nachfrage der Haushalte nach Gut i zur Verwendung als Konsumgut oder Investitionsgut und der Nachfrage aller Unternehmen nach Gut i zur Verwendung als intermediärer Input in der Produktion. Wegen der jeweils in allen Verwendungsarten als identisch angenommenen Substitutionselastizität des

[38] Die Zulässigkeit dieser zweistufigen Budgetierung folgt wiederum aus der schwachen Separabilität des Aggregators; vgl. Varian (1992), S. 150 ff.

jeweiligen Aggregators ergibt sich durch Addition von (3.7), (3.8) und (3.21) der einfache Ausdruck

$$\begin{aligned} Y_{it}^d &= C_{it}^d + \Psi_{it}^d + E_{\cdot i,t} \\ &= \left(\frac{P_{it}}{P_t}\right)^{-\varphi} \left[\frac{C_t + \Psi_t + \sum_{j=1}^{N} E_{j\cdot,t}}{N}\right] \\ &= \left(\frac{P_{it}}{P_t}\right)^{-\varphi} \left[\frac{C_t + \Psi_t + E_t}{N}\right]. \end{aligned} \tag{3.23}$$

Dies ist die Nachfragekurve, der sich die i-te Firma bei der Wahl ihres Absatzpreises gegenübersieht.

In einem zweiten Schritt bestimmt die i-te Firma die aggregierten Mengen ihrer Inputs Arbeit, Kapital, und Zwischengüter, wobei alle nominalen Faktorpreise als gegeben hingenommen werden; da der Faktorpreis des Aggregates aller Zwischengüter gleich dem aggregierten Preisniveau P_t ist, muss also auch der Preisindex als gegeben hingenommen werden. Kostenminimierung ergibt die üblichen Bedingungen erster Ordnung

$$\begin{aligned} 0 &= W_t - \lambda_{it} Z_t F_1 B_1 A_t \\ 0 &= R_t - \lambda_{it} Z_t F_1 B_2 \\ 0 &= P_t - \lambda_{it} Z_t F_2 \\ 0 &= Y_{it} - Z_t F(B(A_t L_{it}, K_{i,t-1}), E_{i\cdot,t}) - \omega_t \end{aligned} \tag{3.24}$$

worin λ_{it} der Lagrangemultiplikator der Produktionsrestriktion ist, und ein tiefgestellter Index an den Funktionssymbolen F bzw. B die erste partielle Ableitung der jeweiligen Funktion nach ihrem im Index aufgeführten Argument bezeichnet. Aufgrund des Envelopetheorems kann λ_{it} bei Gewinnmaximierung als die Grenzkosten MC_{it} an der Stelle des Optimums interpretiert werden (vgl. Varian, 1992, S. 76).

Die Produktionsfunktion (3.15) wurde nicht parametrisiert, sondern nur in allgemeiner Form gegeben. Der Grund ist, dass die Funktion in der approximativen Lösung des Modells nur in linearisierter Form benötigt wird. Lokal, d.h. an der Stelle des steady state, müssen aufgrund der separablen Struktur der Funktion daher nur zwei Konstanten vorgegeben werden, um die Substitutionseigenschaften der Faktoren in (3.15) vollständig beschreiben, nämlich σ als lokale Substitutionselastizität zwischen primären und intermediären Inputs in der Funktion $F(.)$, und σ_B als lokale Substitutionselastizität zwischen effizienter Arbeit und Kapital in der Funktion $B(.)$. Mit anderen Worten wird die Produktionsfunktion lokal als CES-Funktion approximiert (siehe die linearisierten Modellgleichungen im Anhang zu diesem Kapitel).

Auch die Kostenfunktion muss daher nicht vollständig vorgegeben werden. Es ist aber für spätere Zwecke nützlich, die Beziehung zwischen Output und Grenzkosten zu klären. Es lässt sich analog zu Kapitel 2 zeigen, dass die Grenzkosten MC_{it} bei der gewählten Produktionsfunktion nicht vom Output abhängen. Linearisiert man die Bedingungen in (3.24), so ergibt sich für Trendabweichungen der Grenzkosten:

$$\widehat{MC}_{it} = -\widehat{Z}_t + \frac{\mu}{\rho}[s_L\widehat{W}_t + s_K\widehat{R}_t + s_E\widehat{P}_t]. \tag{3.25}$$

Da dieser Ausdruck nur von aggregierten Faktorpreisen und dem transitorischen Technologieschock abhängt, nicht aber vom Output der Firma, sind die Grenzkosten hier offenbar konstant in der Outputmenge. Aus diesem Grunde sind die Grenzkosten der i-ten Firma auch unabhängig von allen Charakteristika der i-ten Firma, und der Firmenindex kann folglich fallengelassen werden; im folgenden kann $MC_t = MC_{it}$, $\forall i$ daher als aggregierte und individuelle Grenzkosten gleichermassen verstanden werden. Diese Identität der Grenzkosten aller Firmen, die daraus entsteht, dass alle Firmen dieselben, als gegeben hinzunehmenden Faktorpreise gewärtigen müssen, erweist sich als überaus nützlich für das sogleich zu behandelnde dynamische Preissetzungsproblem.

Während also die Grenzkosten im Output konstant verlaufen, sind andererseits die Durchschnittskosten $AC_{it} := [W_tL_{it} + R_tK_{i,t-1} + P_tE_{i\cdot,t}]/Y_{it}$ im Output fallend, was gesehen werden kann durch die lineare Approximation

$$\widehat{AC}_{it} = -\widehat{Z}_t - \frac{\mu-1}{\mu}\widehat{Y}_{it} + (s_L\widehat{W}_t + s_K\widehat{R}_t + s_E\widehat{P}_t). \tag{3.26}$$

Wegen $\mu > 1$ sinken die Durchschnittskosten bei steigendem Output eindeutig, was eine Folge der Fixkosten in der Produktionsfunktion ist. Folglich koexistieren konstante Grenzkosten und sinkende Durchschnittskosten, so dass zunehmende Skalenerträge vorliegen. Diese zunehmenden Skalenerträge werden hier genutzt, um reine Profite im steady state auszuschliessen, was erreicht wird, indem im steady state der Markup μ gleich der Skalenelastizität ρ parametrisiert wird.

3.2.2 Das intertemporale Optimierungsproblem der Unternehmen

Das i-te Unternehmen wählt seinen Absatzpreis, um eine diskontierte Summe der erwarteten Gewinne der einzelnen Perioden über einen unendlichen Zeithorizont zu maximieren. Dabei nimmt es die Nachfragefunktion nach seinem Produkt und die Preise aller Konkurrenzprodukte als gegeben hin.

Das Problem des Unternehmens ist dynamisch aufgrund der Unterstellung einer nominalen Preisrigidität. Die Modellierung der nominalen Rigidität beruht auf der Pionierarbeit von Calvo (1983), dessen Ansatz in jüngster Zeit von Kimball (1995), King und Wolman (1996), Yun (1996), Kiley (1997), Jeanne (1998) und Rotemberg und Woodford (1999) verwendet wurde. Die Darstellung hier folgt im wesentlichen derjenigen in Rotemberg und Woodford (1999). In jeder Periode existiert eine exogene und konstante Wahrscheinlichkeit α, dass ein Unternehmen seinen Preis für eine Periode lang nicht frei wählen darf, sondern seinen in der Vorperiode geforderten Preis nur um die durchschnittliche steady state-Inflationsrate fortschreiben darf, die durch $\pi - 1 = \tilde{P}_t / \tilde{P}_{t-1} - 1$ gegeben ist (eine Tilde über einer Variablen weist hier darauf hin, dass die Variable an der Stelle des steady state betrachtet wird). Die Wahrscheinlichkeit, dass der Preis bis zur $t+h$-ten Periode nicht mehr re-optimiert werden darf, sondern nur mechanisch um die Inflationsrate erhöht wird, ist daher α^h.

Der Parameter α ist daher ein Index für das Ausmass der nominalen Preisrigidität in der betreffenden Volkswirtschaft. Eine möglicherweise anschaulichere Interpretation kann gegeben werden durch die Beziehung von α zu der durchschnittlichen erwarteten Dauer zwischen zwei Preisänderungen, genannt τ: diese ist gegeben durch $\tau = \alpha/(1-\alpha)$ (vgl. King und Wolman, 1996, oder Jeanne, 1998). Bei $\alpha = 0.5$ werden Preise im Durchschnitt einmal pro Periode angepasst, während bei $\alpha = 0.8$ im Durchschnitt alle vier Perioden der Preis geändert wird. Für ein Modell, das parametrisiert werden soll, um quartalsweise Fluktuationen abzubilden, korrespondieren diese Parameterwerte mit einer Anpassung pro Quartal bzw. einer Anpassung pro Jahr. Im Hinblick auf die empirische Evidenz in Taylor (1999) sollte α daher nicht grösser als 0.8 gewählt werden.

Sei X_t der Preis, den ein Unternehmen, dass seinen Preis in Periode t frei optimieren darf, setzt. Das Problem der i-ten Firma lautet

$$\max_{\{X_t\}} \quad \mathcal{E}_t \sum_{h=0}^{\infty} \alpha^h f_{t,t+h} \frac{\Pi_{i,t+h}(X_t)}{P_{t+h}}, \tag{3.27}$$

worin der nominale Periodengewinn Π gegeben ist durch

$$\begin{aligned} \Pi_{i,t+h}(X_t) &:= P_{i,t+h}Y^d_{i,t+h} - \mathcal{K}(W_{t+h}/A_{t+h}, R_{t+h}, P_{t+h}, Y_{i,t+h}, Z_{t+h}) \\ &= \pi^h X_t Y^d_{i,t+h} - g(W_{t+h}/A_{t+h}, R_{t+h}, P_{t+h})/Z_{t+h}(Y^d_{i,t+h} - \omega_{t+h}) \end{aligned} \tag{3.28}$$

wobei die Notation $P_{i,t+h}$ hier so zu verstehen ist, dass damit derjenige Preis gemeint ist, der von dem i-ten Unternehmen in Periode $t+h$ gefordert werden kann unter der Bedingung, dass in Periode t zum letzten Mal die Möglichkeit einer Neuoptimierung des Preises gegeben war. Die Kostenfunktion des i-ten Unternehmens wird hierin mit $\mathcal{K}(.)$ bezeichnet, und die zweite Gleichsetzung macht Gebrauch von der in analogem Zusammenhang schon in Kapitel 2 demonstrierten Tatsache, dass, aufgrund der angenommenen Linearhomogenität der Funktion $F(.)$ in der Produktionsfunktion (3.15) und der Präsenz von Fixkosten, die Faktorpreise separabel von dem Output in die Kostenfunktion eingehen müssen; die Funktion $g(.)$ hängt daher nur von den aggregierten nominalen Faktorpreisen ab, und ist identisch mit den Grenzkosten,

$$MC_{i,t+h} = MC_{t+h} = g(W_{t+h}/A_{t+h}, R_{t+h}, P_{t+h})/Z_{t+h}. \tag{3.29}$$

Der Diskontfaktor $f_{t,t+h}$, der unsichere Zahlungsströme zwischen den Perioden t und $t+h$ vergleichbar macht derjenige ist, den der repräsentative Haushalt als Eigner der i-ten Firma anwenden würde, nämlich

$$f_{t,t+h} = \frac{\beta^h U_1(C_{t+h}, \ldots)}{U_1(C_t, \ldots)} \tag{3.30}$$

(vgl. Blanchard und Fischer, 1989, S. 292). Die Nebenbedingung für dieses Optimierungsproblem ist die Nachfragefunktion nach dem i-ten Produkt. Aus (3.23) ergibt sich

$$Y^d_{i,t+h} = \left(\frac{P_{i,t+h}}{P_{t+h}}\right)^{-\varphi} \frac{Y_{t+h}}{N} \tag{3.31}$$

worin der aggregierte Output Y_{t+h} definiert ist als

$$Y_{t+h} := C_{t+h} + \Psi_{t+h} + E_{t+h}; \tag{3.32}$$

Gleichung (3.32) ist die aggregierte Ressourcenrestriktion der Volkswirtschaft. Für ein Unternehmen, dass in Periode t seinen Preis anpassen darf (auf das Niveau X_t), dann aber mit einer Wahrscheinlichkeit von α^h bis zur $t+h$-ten Periode seinen Preis nur um die steady state-Inflationsrate fortschreiben darf, ist die Nachfragerestriktion für die $t+h$-te Periode gegeben durch

$$Y_{i,t+h}^d = \left(\frac{\pi^h X_t}{P_{t+h}}\right)^{-\varphi} \frac{Y_{t+h}}{N}. \tag{3.33}$$

Das i-te Unternehmen wählt X_t, um (3.27) unter der Nebenbedingung (3.33) zu maximieren. Die Bedingung erster Ordnung für dieses Problem lautet

$$\begin{aligned} X_t &= \frac{\varphi}{\varphi-1} \frac{\mathcal{E}_t \sum_{h=0}^{\infty} \alpha^h f_{t,t+h} Y_{i,t+h}^d MC_{t+h}/P_{t+h}}{\mathcal{E}_t \sum_{h=0}^{\infty} \alpha^h f_{t,t+h} Y_{i,t+h}^d / P_{t+h}} \\ &= \frac{\varphi}{\varphi-1} \frac{\mathcal{E}_t \sum_{h=0}^{\infty} \alpha^h \pi^{-h\varphi} f_{t,t+h} P_{t+h}^{\varphi-1} Y_{t+h}/N MC_{t+h}}{\mathcal{E}_t \sum_{h=0}^{\infty} \alpha^h \pi^{-h(\varphi-1)} f_{t,t+h} P_{t+h}^{\varphi-1} Y_{t+h}/N} \end{aligned} \tag{3.34}$$

Hieraus wird die Rolle der nominalen Rigidität klar, die sich in $\alpha > 0$ ausdrückt. Wäre $\alpha = 0$, läge keine Preisrigidität vor, und der gewünschte Preis X_t wäre ein konstanter Aufschlag auf die Grenzkosten,

$$\alpha = 0 \Rightarrow X_t = \frac{\varphi}{\varphi-1} MC_t. \tag{3.35}$$

Die Preissetzungsregel (3.35) ist das Resultat in den statischen Modellen monopolistischer Konkurrenz von Dixit und Stiglitz (1977) und deren makroökonomischer Erweiterung von Blanchard und Kiyotaki (1987): der Preis-Grenzkostenmarkup $\mu = X_t/MC_t = \varphi/(\varphi-1)$ ist hier eine Konstante, weil die Substitutionselastizität im Konsum zwischen je zwei Gütervarianten konstant ist, wodurch wiederum die Preiselastizität der Nachfrage konstant ist.

Wird jedoch eine Preisrigidität berücksichtigt, so wird das Problem dynamisch und die Preissetzungsregel (3.34) schreibt vor, dass der gewünschte Preis als ein Markup auf die unendliche Summe zukünftig erwarteter Grenzkosten gebildet wird, wie sogleich in log-linearer Approximation zu zeigen sein wird. Dabei ist der Quotient aus gesetztem Preis und kontemporären Grenzkosten, also der tatsächliche Markup, zeitvariabel, während der gewünschte Markup, d.h. der bei Abwesenheit von Preisrigidität von allen Unternehmen realisiert würde, nach wie vor eine Konstante in Höhe von μ ist. Darüberhinaus ist der durchschnittliche Markup in der aggregierten Volkswirtschaft, definiert als Quotient aus dem aggregierten Preisniveau, in das Preise anpassender und nicht-anpassender Unternehmen eingehen, und den kontemporären Grenzkosten, ebenfalls zeitvariabel. Die Unterscheidung zwischen durchschnittlichem und gewünschtem Markup wird insbesondere von Kimball (1995), King und

Wolman (1996) und Goodfriend und King (1997) betont. Im folgenden wird, sofern nichts ausdrücklich anderes gesagt wird, unter 'Markup' generell der durchschnittliche Markup gemeint sein.

Als Folge der Spezifikation, dass die Grenzkosten MC_t lediglich eine Funktion aggregierter, für das einzelne Unternehmen gegebener Variablen sind, ergibt sich als Bedingung erster Ordnung also ein von dem individuellen Firmenindex i unabhängiger Ausdruck, folglich eine für alle einzelnen Unternehmen, sofern der Zufall sie zur Reoptimierung ihres Absatzpreises auffordert, identische Preissetzungsregel. Alle Unternehmen, die überhaupt ihren Preis ändern, werden ihn also auf dasselbe Niveau ändern. Diese Symmetrie ermöglicht es, auf einfache Weise das aggregierte Preisniveau der Volkswirtschaft zu bestimmen. Gegeben den gewünschten Preis der anpassenden Unternehmen X_t und das aggregierte Preisniveau der Vorperiode P_{t-1} lässt sich aus (3.9) das aggregierte Preisniveau der Periode t definieren. Da in jeder Periode $\alpha \cdot 100$ Prozent aller Unternehmen gezwungen sind, ihren Preis beizubehalten, der bei einer grossen Zahl von Unternehmen durch den um die steady state-Inflationsrate fortgeschriebenen aggregierten Preisindex der Vorperiode, πP_{t-1}, ausgedrückt werden kann, während der Bruchteil $(1-\alpha) \cdot 100$ Prozent der Unternehmen ihren neu optimierten Preis X_t wählen dürfen, resultiert

$$P_t = \left[(1-\alpha)X_t^{1-\varphi} + \alpha(\pi P_{t-1})^{1-\varphi}\right]^{\frac{1}{1-\varphi}} \tag{3.36}$$

(vgl. Yun, 1996). Damit wird es möglich, eine Gleichung für die aggregierte Preisanpassung, also für die Inflationsrate, zumindest in linearisierter Form herzuleiten.

Die Linearisierung[39] von (3.34) um einen steady state, in dem alle nominalen Variablen mit einer gegebenen durchschnittlichen Inflationsrate wachsen (nämlich der steady state-Rate des nominalen Geldangebotswachstums) und alle realen Variablen mit der Rate des trendmässigen technischen Fortschritts g_A wachsen, während der Diskontfaktor mit der Rate der Zeitpräferenz β wächst, ergibt:

$$\widehat{X}_t = (1-\alpha\beta g_A)\mathcal{E}_t \sum_{h=0}^{\infty} (\alpha\beta g_A)^h \widehat{MC}_{t+h}. \tag{3.37}$$

Die Preisänderung, die ein anpassendes Unternehmen vornehmen wird, kann also als unendliche Summe erwarteter Änderungen der Grenzkosten aufgefasst werden; im Falle vollständiger Preisflexibilität, d.h. bei $\alpha = 0$, ergäbe sich die simple Regel, dass

[39] Das folgende nach Rotemberg und Woodford (1999).

der Preis jeweils um die aktuelle Grenzkostenänderung angepasst würde. Dies entspricht der bereits oben genannten Modelleigenschaft, dass der *gewünschte* Markup, der bei Preisflexibilität permanent von allen Unternehmen realisiert würde, eine Konstante ist, die ausschliesslich von der Preiselastizität der Nachfrage bestimmt wird.

Eine Geldmengenerhöhung beispielsweise führt zu Erhöhungen der aktuellen und zukünftig erwarteten Grenzkosten. Da das Modell langfristige Neutralität des Geldes beinhaltet, nicht aber kurzfristige, und der Markup überdies langfristig zu der durch die exogene Nachfrageelastizität gegebenen Konstanten zurückkehren muss, werden nach Abschluss aller Anpassungsprozesse alle Preise und die Grenzkosten um das Ausmass der Geldmengenerhöhung gestiegen sein. Eine Firma, die ihren Preis anfänglich nicht anpassen kann, muss vorübergehend eine Senkung ihres tatsächlichen Markups hinnehmen, wenn ihre nominalen Grenzkosten steigen.

Das aggregierte Preisniveau war oben in (3.36) gegeben worden; die Linearisierung ergibt

$$\widehat{P}_t = (1-\alpha)\widehat{X}_t + \alpha\widehat{P}_{t-1}. \tag{3.38}$$

Durch Quasi-Differenzierung lässt sich aus (3.37) ableiten:

$$\widehat{X}_t - \alpha\beta g_A \mathcal{E}_t \widehat{X}_{t+1} = (1-\alpha\beta g_A)\widehat{MC}_t. \tag{3.39}$$

Aus der Definition der Bruttoinflationsrate, $\pi_t = P_t/P_{t-1} \Rightarrow \widehat{\pi}_t = \widehat{P}_t - \widehat{P}_{t-1}$ folgt durch Einsetzen des Preisniveaus aus (3.38)

$$\widehat{\pi}_t = \frac{1-\alpha}{\alpha}(\widehat{X}_t - \widehat{P}_t). \tag{3.40}$$

Subtrahiert man nun $\widehat{P}_t$ von (3.39), so erhält man

$$\widehat{X}_t - \widehat{P}_t = (1-\alpha\beta g_A)(\widehat{MC}_t - \widehat{P}_t) + \alpha\beta g_A \mathcal{E}_t(\widehat{X}_{t+1} - \widehat{P}_{t+1}) + \alpha\beta g_A \mathcal{E}_t \widehat{\pi}_{t+1}, \tag{3.41}$$

so dass durch Einsetzen von (3.40) in diese Gleichung schliesslich resultiert:

$$\widehat{\pi}_t = \beta g_A \mathcal{E}_t \widehat{\pi}_{t+1} + \frac{(1-\alpha)(1-\alpha\beta g_A)}{\alpha}\widehat{mc}_t. \tag{3.42}$$

Dies ist die Preisgleichung des Calvo-Modells, geschrieben als Gleichung für die Bruttoinflationsrate π_t. Hierin stellen $mc_t := MC_t/P_t$ die *realen* Grenzkosten dar, also die Inverse des tatsächlichen durchschnittlichen Markups in der Volkswirtschaft,

$$mc_t = \frac{1}{\mu_t}. \tag{3.43}$$

Der durchschnittliche Markup wird also definiert mittels des aggregierten Preisniveaus, während individuelle Preise einzelner Unternehmen wegen der Preisrigidität davon abweichen können. Gleichung (3.42) gibt, jeweils in Trendabweichungen ausgedrückt, die Inflationsrate als Funktion der zukünftig erwarteten Inflationsrate und der realen Grenzkosten an. Letztere werden regelmässig steigen, wenn Output und Beschäftigung über ihren langfristigen Trendwerten liegen, da die dann höhere Faktornachfrage zu steigenden Faktorpreisen führt, was wiederum die nominalen Grenzkosten erhöht. Aufgrund der unvollständigen Preisflexibilität übersetzen sich nominale in reale Steigerungen der Grenzkosten. Damit existiert eine reduzierte Form, in der die Inflation positiv von für die Zukunft erwarteter Inflation und dem Output abhängt, was eine gewisse Ähnlichkeit mit der als Phillips-Kurve bekannten traditionellen Inflationsgleichung zeigt. Diese Ähnlichkeit wurde von Roberts (1995) genannt, der gleichzeitig den entscheidenden Unterschied zwischen (3.42) und älteren Formulierungen einer Phillips-Kurve aufzeigt, nämlich dass hier die Inflation nicht von der in der Vorperiode erwarteten Inflation, sondern von der für die Zukunft erwarteten Inflation abhängt. Roberts (1995) nennt die Spezifikation in (3.42) aufgrund dieses Unterschieds in der Erwartungsstruktur 'New Keynesian Phillips curve'. Das neue daran ist die vorausschauende Erwartungsstruktur in dieser Gleichung, die eine Folge der unterstellten Preisrigidität ist: da ein heute seinen Preis anpassendes Unternehmen damit rechnen muss, in kommenden Perioden seinen Preis nicht anpassen zu dürfen, spielt die morgige Inflation für die heutige Preisentscheidung eine wichtige Rolle. Roberts (1995) und Galí und Gertler (1999) liefern empirische Evidenz für eine solche Spezifikation.

Gleichung (3.42) liefert, wie Rotemberg und Woodford (1999) betonen, das Verbindungsglied zwischen den Wirkungen von Geld und den realen Modellvariablen. Das kann am leichtesten gesehen werden, indem die realen Grenzkosten in (3.42) durch den Markup ersetzt werden, $\widehat{mc}_t = -\widehat{\mu}_t$, nachdem sodann aufgelöst wird um

$$\widehat{\mu}_t = \frac{\alpha}{(1-\alpha)(1-\alpha\beta g_A)}[-\widehat{\pi}_t + \beta g_A \mathcal{E}_t \widehat{\pi}_{t+1}] \tag{3.44}$$

zu erhalten. Offensichtlich ist in diesem Modell der durchschnittliche Markup nur aufgrund von Preisrigidität überhaupt variabel, denn bei $\alpha = 0$, d.h. bei vollständiger Preisflexibilität, wäre $\widehat{\mu}_t = 0$. Für $\alpha > 0$ jedoch ist der Markup negativ mit der kontemporären und positiv mit der erwarteten zukünftigen Inflation assoziiert. Eine Geldmengenerhöhung etwa durch expansive Geldpolitik steigert die Preise und erhöht damit die Inflationsrate. Der kontemporär negative Effekt auf den Markup wurde schon erläutert: da einige Unternehmen ihren Preis nicht sofort anpassen können, die Grenzkosten aufgrund des Kostendrucks von den Faktormärkten aber steigen werden, sinkt der durchschnittliche Markup. Der Markup ist aber positiv mit der zukünftig erwarteten Inflation verbunden, denn ein Unternehmen, dass in einer gegebenen Periode seinen Preis anpassen darf, wird ihn um so höher setzen, je höher die erwartete Zukunftsinflation ist, weil es in der Zukunft mit einer positiven Wahrscheinlichkeit an weiteren Anpassungen gehindert sein wird.

Der senkende Effekt kontemporärer Inflation auf den Markup führt in diesem Modell zu den kurzfristig realen Effekten nominalen Geldes. Ein sinkender Markup führt zu vermehrter Faktornachfrage bei jedem Niveau realer Faktorpreise, was eine Folge der Annahme ist, auch preisrestringierte Unternehmen wären zum einmal gesetzten Preis bereit, die Nachfrage zu bedienen. Der steigernde Effekt erwarteter zukünftiger Inflation auf den Markup liefert dann den Grund, warum die realen Effekte nur kurzfristiger Natur sind. Aufgrund der unterstellten Preisrigidität hat aber auch vollständig antizipierte Geldpolitik reale Wirkungen; diese Konsequenz ist es, die, wie Roberts (1995) hervorhebt, die 'New Keynesian Phillips curve' von älteren neuklassischen Formulierungen (vgl. Lucas, 1973), in denen nur nichtantizipierte Geldpolitik reale Wirkungen haben kann, unterscheidet.

Schliesslich lässt sich die aggregierte Produktionsfunktion aus (3.15) ermitteln, indem Output und Faktornutzung eines durchschnittlichen Unternehmens betrachtet werden, das mit $\bar{L} = L/N$ Einheiten Arbeit, $\bar{K} = K/N$ Einheiten Kapital und $\bar{E} = E/N$ Einheiten intermediärer Inputs den N-ten Teil des Outputs $\bar{Y} = Y/N$ produziert. Aufgrund der angenommenen Homogenitätseigenschaften der Produktionsfunktion folgt dann für den aggregierten Output

$$Y_t := \sum_{i=1}^{N} \frac{Y_{it}}{N} = \sum_{i=1}^{N} \bar{Y}_t = Z_t F(B(A_t L_t, K_{t-1}), E_t) - N\omega_t. \tag{3.45}$$

3.3 Staat

Der Staatssektor dient in diesem Modell lediglich zur Verteilung der Geldmenge. Die nominale Geldmenge M_t wird exogen durch den Staat kontrolliert und als lump sum-Transfer an die Haushalte verteilt, so dass

$$T_t = M_t - M_{t-1} \tag{3.46}$$

ist. Die nominale Geldmenge wächst mit der Rate $g_t - 1$,

$$M_t = g_t M_{t-1}, \tag{3.47}$$

wobei die Wachstumsrate zyklischen Schwankungen unterliegt, von denen angenommen wird, sie liessen sich durch einen autoregressiven Prozess erster Ordnung modellieren, in dem

$$\ln g_t = \rho_M \ln g_{t-1} + (1 - \rho_M) \ln g + \eta_t, \tag{3.48}$$

worin g der langfristige nichtstochastische Mittelwert des Prozesses ist, und η_t der Störprozess als stochastischer Prozess unabhängig und identisch normalverteilter Zufallsvariablen mit Mittelwert Null und konstanter Varianz, so dass $\mathcal{E}_t \eta_{t+1} = 0$ ist. Für den autoregressiven Parameter gelte $|\rho_M| < 1$. In Abwesenheit von Schocks, d.h. im steady state, wird die nominale Geldmange folglich mit der Rate $g - 1$ wachsen.

3.4 Gleichgewicht

Ein Gleichgewicht in der beschriebenen Volkswirtschaft ist definiert als eine Menge von Folgen für die endogenen Variablen, so dass

1. die Haushalte ihre Nutzenfunktion, gegeben die Folge der Güter- und Faktorpreise, maximieren;

2. die Unternehmen ihren Gewinn, gegeben die Folge der Güter- und Faktorpreise maximieren;

3. der Staat exogene Transferausgaben in Höhe der zusätzlichen Geldschöpfung verteilt;

4. gegeben die Güter- und Faktorpreise Angebot und Nachfrage auf allen Märkten gleich sind.

Im einem nichtstochastischen steady state sind der Arbeitseinsatz, der Kapitalnutzungspreis, und die realen Grenzkosten konstant, während alle anderen realen Variablen mit der Rate des arbeitsvermehrenden technischen Fortschritts wachsen. Wie in King et al. (1988), wird das Modell zur Stationarität überführt, indem es mittels der nachfolgend definierten Variablen reformuliert wird;

$$\begin{aligned}
w_t &= \frac{W_t}{A_t P_t} \quad r_t = \frac{R_t}{P_t} \quad mc_t = \frac{MC_t}{P_t} \quad m_t = \frac{M_t}{A_t P_t} \\
k_t &= \frac{K_t}{A_{t+1}} \quad \pi_t = \frac{P_t}{P_{t-1}} \quad y_t = \frac{Y_t}{A_t} \quad b_t = \frac{B_t}{A_t} \\
c_t &= \frac{C_t}{A_t} \quad i_t = \frac{I_t}{A_t} \quad \psi_t = \frac{\Psi_t}{A_t} \quad e_t = \frac{E_t}{A_t}.
\end{aligned} \tag{3.49}$$

Das Gleichgewicht ist charakterisiert durch die Bedingungen erster Ordnung des Haushalts (3.14), die Definition der Anpassungskostenfunktion (3.12), die Akkumulationsgleichung (3.11), die aggregierte Ressourcenrestriktion (3.32), die Bedingungen erster Ordnung für die Unternehmen (3.24) und (3.34), wobei erstere in der aggregierten Form verwendet werden, die Gleichung für das Preisniveau (3.36), das Bewegungsgesetz für die Geldmenge (3.47), und die Geldangebotsregel (3.48).

Das Resultat ist ein System aus nichtlinearen Differenzengleichungen, dass im Anhang zu diesem Kapitel wiedergegeben ist. Da das System nicht analytisch lösbar ist, wird es um den steady state linear approximiert, und das resultierende approximative linearisierte Differenzengleichungssystem wird mit der Methode der unbestimmten Koeffizienten gelöst, indem der Algorithmus in Uhlig (1999) angewandt wird. Im Anhang ist das linearisierte System ebenfalls abgedruckt.

3.5 Parameterwahl

Um eine konkrete Lösung des linearisierten Systems zu erhalten, müssen die Parameterwerte vorgegeben werden. In der Real Business Cycle-Literatur wird diese Übung typischerweise als Kalibrierung aufgefasst in dem Sinne, dass aus den beobachtbaren durchschnittlichen oder langfristigen Relationen der empirischen Gegenstücke aller Modellvariablen auf die Beziehungen zwischen den Variablen im steady state und auf die unbeobachtbaren 'tiefen' Parameter geschlossen wird (vgl. Kydland und Prescott, 1982). Hier dagegen wird ein solcher Anspruch nicht erhoben; stattdessen werden Parameter wie die Zeitpräferenzrate oder die Preisanpassungswahrscheinlichkeit als grundsätzlich unbeobachtbar hingenommen, und für die Modellsimulation werden lediglich plausible Werte unterstellt. Die Parameter, die beobachtbare empirische Gegenstücke besitzen, werden aus Durchschnitten über Zeitreihenbeobachtungen im Datensatz D1, d.h. der aggregierten Privatwirtschaft in Westdeutschland zwischen 1970 und 1994, ermittelt (siehe oben Abschnitt 2.2.2 für die genaue Datenbeschreibung).

Zunächst muss die bisher nicht näher angegebene Funktion $\nu(L_t)$, also der Nutzenverlust durch Arbeit und mithin das Arbeitsangebot spezifiziert werden. Die Theorie des Arbeitsangebotes soll hier nicht im Mittelpunkt des Interesses stehen; allerdings sind natürlich die Ergebnisse eines jeden Konjunkturmodells sensitiv gegenüber Annahmen über das Verhalten des Arbeitsangebotes. Der Konflikt, der bei diesem Modellbaustein typischerweise auftaucht, besteht zwischen der mikroökonomisch wohl als empirisch klein aufzufassenden intertemporalen Substitutionselastizität der Freizeit (vgl. z.B. Pencavel, 1986) und der Tatsache, dass sowohl monetäre Modelle mit Preisrigidität als auch rein reale Modell mit angebotsseitigen Schocks ein lohnelastisches Arbeitsangebot zu benötigen scheinen, um plausible Ergebnisse zu erzeugen (vgl. Blanchard und Kiyotaki, 1987, Hansen, 1985). Eine transitorische Reallohnsteigerung wird aber eine um so höhere Steigerung der gewünschten Beschäftigung auslösen, je höher die intertemporale Substitutionselastizität der Freizeit ist (vgl. z.B. Blanchard und Fischer, 1989).

Hier werden, um nicht durch eine Festlegung auf einem nicht im Zentrum des Interesses stehenden Bereich die Ergebnisse zu präjudizieren, verschiedene Spezifikationen verwendet und miteinander verglichen. Die erste Variante, die im weiteren L1 genannt werden wird, besteht in der Annahme eines kompetitiven individuellen Arbeitsangebotes mit einer Spezifikation für die Funktion $\nu(L_t)$ als

$$\nu(L_t) = (1 + 1/\xi)^{-1} L_t^{1+1/\xi}, \tag{3.50}$$

worin $\xi > 0$ die konstante intertemporale Substitutionselastizität ist. In der Modellevaluierung wird ein Wert von $\xi = 1$ verwendet. Dies ist die Höhe, die z.B. auch Bergin and Feenstra (1998) benutzen. Empirisch scheint dieser Wert etwa an der Obergrenze des Plausiblen zu liegen; Mulligan (1998) findet allerdings etwas höhere Werte.

Die zweite Spezifikation, die hier als L2 bezeichnet wird, besteht darin, dass $1/\xi = 0$ gesetzt wird. Dies entspricht dem 'indivisible labor'-Modell von Hansen (1985), das in der RBC-Literatur viel verwendet wird (vgl. z.B. Heer und Linnemann, 1998, und die dort zitierte Literatur). Gerechtfertigt werden kann diese Spezifikation durch folgende Struktur: alle Haushalte dürfen entweder nur eine bestimmte, fest vorgegebene Zeit oder gar nicht arbeiten, d.h. Arbeit ist unteilbar. Wenn nun eine Zufallsauswahl bestimmt, welcher Haushalt arbeitet und welcher nicht, und zusätzlich die Haushalte sich gegenseitig vollständig versichern gegen das Einkommensrisiko der Nichtbeschäftigung, dann kann, wie Hansen (1985) zeigt, die Funktion $\nu(L_t)$ in der Nutzenfunktion des repräsentativen Haushalts durch einen linearen Term angegeben werden. Mithin ist ist die aggregierte intertemporals Substitutionselastizität ξ unendlich hoch; dies gilt unabhängig von der individuellen Substitutionselastizität der einzelnen Haushalte.[40]

Während L1 und L2 jeweils unterschiedliche Parametrisierungen eines vollständig kompetitiven Arbeitsangebotes darstellen, liegt es nahe, als weitere Alternative realistischerweise auch unvollständige Konkurrenz auf dem Arbeitsmarkt zuzulassen. Für die Spezifikation L3 wird daher hier auf einen Vorschlag von Jeanne (1998) zurückgegriffen, der darauf hinweist, dass die meisten Modelle unvollständiger Konkurrenz auf dem Arbeitsmarkt, wie etwa Lohnverhandlungsmodelle zwischen Unternehmen und Gewerkschaften, oder Effizienzlohnmodelle, eine gemeinsame reduzierte Form für die Lohnsetzungsfunktion aufweisen.[41] Z.B. ist in einem typischen Modell mit Gewerkschaften der geforderte Reallohn eine steigende Funktion des Outputs; in einem typischen Effizienzlohnmodell ist der anreizkompatible Reallohn ebenfalls steigend im Output (vgl. z.B. Romer, 1996). Die empirische Literatur hat überzeugende Evidenz für das Vorliegen einer solchen Beziehung zwischen Reallohn und Output (oder, äquivalent, Beschäftigung) geliefert, die als 'Reallohnkurve' bezeichnet wird ('wage setting curve', vgl. Layard et al., 1991, Lindbeck, 1992, 1998).

Daher liegt es nahe, ohne auf die Details des zugrundeliegenden Arbeitsmarktmodelles eingehen zu müssen, die reduzierte Form eines solchen Modells durch eine einfache Reallohnkurve zu repräsentieren. Dies wird hier als Modellvariante L3 bezeichnet. Da das Modell ohnehin nur in einer linearisierten Version verwendet wird, reicht auch eine lineare oder linearisierte Beziehung als Approximation an diese Reallohnkurve aus, die, Jeanne (1998) folgend, mit

$$\widehat{w}_t = \vartheta^{-1}\widehat{y}_t \tag{3.51}$$

spezifiziert wird, wobei $\vartheta > 1$ als der Grad der 'Reallohnrigidität' angesehen werden kann, da ein hohes ϑ eine schwache Reaktion des Reallohnes auf Änderungen der

[40] Diese Spezifikation wird in einem monetären Modell mit Preisrigidität auch von Hairault und Portier (1993) verwendet.

[41] Vgl. für einen Überblick über nichtkompetitive Arbeitsmarktmodelle Blanchard und Fischer (1989), Layard et al. (1991), Romer (1996).

ökonomischen Bedingungen, die im Output zusammengefasst sind, anzeigt. Gleichung (3.51) hat gewisse Ähnlichkeiten mit einer 'Reallohn-Phillips-Kurve', wenn man davon absieht, dass es hier allerdings um eine Beziehung zwischen Trendabweichungen geht, und nicht um eine Beziehung zwischen der Lohnwachstumsrate und dem Output.[42] Auf nicht näher ausgeführte Weise führen hier Änderungen des realen Outputs, die jeweils mit unterschiedlichen Beschäftigungsgraden assoziiert sind, zu Änderungen des arbeitsangebotsseitig geforderten Reallohnes; ändert sich der Output nicht, ist er auf seinem 'natürlichen' Niveau, von dem auch der Reallohn dann keine Ursache hat, abzuweichen (Trendwachstum ist natürlich berücksichtigt, hat aber keine Bedeutung für Schwankungen). Auf diese Weise ist ein möglicherweise nichtkompetitives Arbeitsangebot in einfacher Form berücksichtigt; in Spezifikation L3 wird also die Funktion $\nu(L_t)$ auf null gesetzt, und stattdessen in der linearisierten Modellversion durch (3.51) ersetzt. Für den Parameter der Reallohnrigidität wird der Mittelwert derjenigen Werte gewählt, die Jeanne (1998) als den plausiblen Bereich ansieht, was in $\vartheta = 10$ resultiert.

Die restlichen Daten müssen aus empirischen Beobachtungen gefunden werden. Da das Modell eine quartalsweise Interpretation haben soll, die verfügbaren Datensätze, die auf dem Bruttooutput-Konzept basieren, aber nur jährliche Daten enthalten, wie der hier verwendete Datensatz D1, muss in Einzelfällen ein aus jährlichen Daten gewonnener Parameter auf eine Quartalsbasis umgerechnet werden. Viele der im folgenden aufgeführten Parameterwerte werden dem mit der jüngeren konjunkturtheoretischen Literatur vertrauten Betrachter merkwürdig erscheinen; dies liegt ausschliesslich daran, dass das Bruttooutputkonzept herangezogen wurde, was bei Berücksichtigung intermediärer Produktion zwingend erforderlich ist, während alle existierenden quantitativen Studien auf das Wertschöpfungskonzept zurückgreifen, da intermediäre Produktion nicht berücksichtigt wird.[43] Da, im Durchschnitt von D1, der Bruttooutput beinahe dreimal so gross ist, wie die Wertschöpfung, ist der Unterschied in den hier vorgebrachten Parametern zu den aus der Literatur bekannten leicht erklärlich.

Der Markup ist im steady state, d.h. wenn keine stochastische Störung aufgetreten ist, eine Konstante; aufgrund der Untersuchungen in Abschnitt 2.2 wird der Wert $\mu = 1.2$ (was hier $\varphi = 6$ impliziert) herangezogen. Da im steady state keine reinen

[42] Der ursprüngliche Phillipskurven-Zusammenhang bezieht sich ausserdem natürlich auf das Verhältnis von Beschäftigung und der Änderungsrate von *nominalen*, nicht realen Löhnen; vgl. Phillips (1958). Eine Reallohn-Phillipskurve wird z.B. auch in Hahn und Solow (1995) verwendet.

[43] Die Ausnahme ist Bergin und Feenstra (1998), die aber nur ein rudimentäres Modell intermediärer Produktion liefern, dessen Parametrisierung ad hoc vorgenommen wird.

Profite vorliegen sollen, wird die Skalenelastizität an der Stelle des steady state, auf ebendiesen Wert festgelegt, $\rho = 1.2$. Die beiden Substitutionselastizitäten in der Produktion, nämlich zwischen primären und intermediären Inputs, σ, und zwischen Kapital und effizienter Arbeit, σ_B, werden wieder mit $\sigma = 0.4$ und $\sigma_V = 1$ angenommen, um in grober Übereinstimmung mit der Evidenz in Bruno and Sachs (1985) und Rotemberg and Woodford (1996) sowie mit der bevorzugten Spezfikation in Abschnitt 2.4 zu stehen. Die Ergebnisse erweisen sich allerdings als äusserst robust in bezug auf Änderungen dieser Werte.

Bei monopolistischer Konkurrenz ist die Outputelastizität eines Produktionsfaktors gleich dem Produkt aus dem Markup und dem Einkommensanteil dieses Faktors. Es werden im steady state konstante Einkommensanteile angenommen, die als zeitliche Durchschnitte aus dem Datensatz D1 berechnet werden; zur Ermittlung der Lohnquote s_L wird wieder ein dem durchschnittlichen Lohneinkommen entsprechendes Arbeitseinkommen der Selbständigen unterstellt (vgl. ausführlicher auf Seite 19). Auf diese Weise können $s_L = 0.2334$ und $s_E = 0.6673$ ermittelt werden; da im steady state $\mu = \rho$ gilt, existieren keine reinen Profite und der Kapitalanteil kann residual als $s_K = 1 - s_L - s_E = 0.0993$ gefunden werden.

Der Diskontfaktor β ist nicht direkt beobachtbar; es wird hier kein Versuch gemacht, ihn durch Kalibrierung indirekt zu ermitteln, sondern er wird auf den für quartalsweise zu interpretierende Modelle typischen Wert $\beta = 0.996$ gesetzt. Für die konstante Abschreibungsrate δ wird der Stichprobendurchschnitt aus dem Verhältnis der nominalen Abschreibungen zu Wiederbeschaffungskosten zum Bruttoanlagevermögen zu Wiederbeschaffungspreisen, berechnet am Jahresanfang, herangezogen; der resultierende jährliche Wert wird durch vier dividiert um den Quartalswert $\delta = 0.0118$ zu erhalten. Die Wachstumsrate des arbeitsvermehrenden technischen Fortschritts ist im steady state gleich derjenigen des Outputs; daher kann die Konstante g_A approximiert werden als Trendwachstumsrate des Bruttooutputs im Stichprobenzeitraum. Ein jährlicher Wert wird erhalten, indem der natürliche Logarithmus des Bruttooutputs auf eine Konstante und einen linearen Zeittrend regressiert wird; die vierte Wurzel des Kleinste-Quadrate-Koeffizienten des Zeittrends ist das gesuchte $g_A = 1.0059$ als Quartalswert. Der implizierte Realzinssatz ist daher ungefähr ein Prozent pro Quartal, was empirisch realistisch ist. Eine ähnliche Vorgehensweise liefert den Parameter der durchschnittlichen oder steady state-Inflationsrate von quartalsweise $\pi = 1.0080$.

Darüberhinaus werden noch die Verhältnisse von Konsum, Investition und Vorleistungen zum Bruttooutput im steady state benötigt, C/Y, Ψ/Y, und E/Y, ebenso wie der Anpassungskostenparameter ϕ. Der Wert für E/Y ist einfach zu finden, da er in diesem Modell, da es keine Preisdiskriminierung gibt und daher im Gleichgewicht der intermediäre Inputpreis gleich dem Outputpreisniveau sein muss, gleich dem oben schon spezifizierten Vorleistungsanteil am Einkommen ist, $E/Y = s_E$. Die Investitionen einschliesslich der Anpassungskosten, Ψ, sind unbeobachtbar, werden aber wie folgt indirekt ermittelt. Zunächst wird die durchschnittliche jährliche Kapitalproduktivität umgerechnet auf Quartale, was $Y/K = 1.0794/4 = 0.2698$ als Inverse des steady state-Kapitalkoeffizienten liefert. Der Anpassungskostenparameter wird nicht geschätzt, sondern auf einen solchen Wert gesetzt, der gewährleistet, dass das Verhältnis der Standardabweichungen von Investitionen und Output in der favorisierten Modellvariante etwa zweieinhalb beträgt, was empirisch ungefähr realistisch ist. Dies ist approximativ bei einem Wert von $\phi = 300$ der Fall. Auf diese Weise wird ausgeschlossen, dass die Anpassungskosten zu einer im Verhältnis zum Output zu wenig schwankenden Investitionsnachfrage führen, was unten von Wichtigkeit sein wird. Der steady state-Wert der Hilfsvariable H wird dann gefunden als $H = 1 + 1.5\phi\theta^2 = 1.1401$, mit der Definition $\theta \equiv g_A - (1 - \delta)$, woraus der Investitionsanteil $\Psi/Y = [\theta/(Y/K)](1 + 0.5\phi\theta^2) = 0.0685$ ermittelt werden kann und daher, residual, $C/Y = 0.2647$ sein muss. Daraus folgt, dass $I/Y = 0.0654$ ist, so dass im Durchschnitt 0.31 Prozent des Bruttooutputs für die Anpassungskosten des Kapitalstocks verloren gehen. Die implizierte Brutto-Mietrate für Realkapital ist damit $r = (g_A H)/\beta - (1 - \delta)H - \phi\theta^3 = 0.0231$ pro Quartal.

Die noch verbleibenden Parameter sind jene der exogenen Schockprozesse, also die Autokorrelationskoeffizienten des Geldangebots- und des Technologieschocks, ρ_M bzw. ρ_Z, und die Varianzen der Schockprozesse, $Var(\eta_t)$ bzw. $Var(\epsilon_t)$. und der Parameter der nominalen Preisrigidität, α. Die Autokorrelationen werden auf null gesetzt, d.h. es werden lediglich *unkorrelierte* Schocks betrachtet. Ziel dieser Vorgehensweise ist es, die Persistenzeigenschaften klarer beurteilen zu können, denn die endogene Persistenzeigenschaften eines Modells bemessen sich nach seiner Fähigkeit, aus unkorrelierten Schocks als Input persistente, d.h. autokorrelierte Abweichungen als Output zu generieren.

Für den Parameter α, also das Ausmass nominaler Preisrigidität, werden zwei polare Fälle betrachtet. Im einen Fall wird $\alpha = 0$ gesetzt, was ein Modell ohne jede Preisrigidität impliziert. Im anderen wird, Jeanne (1998) und King und Wolman (1996) folgend, $\alpha = 0.75$ gesetzt. Dieser Wert impliziert, dass ein Viertel aller Unternehmen in jeder Periode seinen Preis anpassen darf, während drei Viertel dies nicht dürfen. Dies impliziert, dass die durchschnittliche Dauer zwischen zwei Preisanpassungen $\tau = \alpha/(1 - \alpha) = 3$ Quartale beträgt, so dass jede Firma im Durchschnitt einmal in jedem Jahr ihren Preis anpasst (vgl. Jeanne, 1998); ein solcher Wert scheint auch im Hinblick auf die in Taylor (1999) zusammengefasste empirische Evidenz, die aber notgedrungen unpräzise und teilweise inkompatibel ist, in etwa plausibel zu sein.[44] Im übrigen wird der Effekt des Parameters α durch eine Sensitivitätsanalyse abgeschätzt werden.

Die folgende Tabelle gibt einen Überblick über die verwendeten Parameter. Es sei nochmals darauf hingewiesen, dass die teilweise ungewohnte Grössenordnung mancher Werte auf die hier notwendige Verwendung des Bruttooutputkonzepts zurückzuführen ist, während Werte für eine am Sozialproduktskonzept orientierte Parametrisierung anders auszusehen hätten.

Tabelle 3.1: Parameterwahl

β	σ	σ_V	g_A	π	$\mu = \rho$	δ	s_L
0.996	0.4	1.0	1.0059	1.0080	1.2	0.0118	0.2334
s_K	s_E	y/k	ϕ	ψ/y	i/y	c/y	e/y
0.0993	0.6673	0.2698	300.00	0.0685	0.0654	0.2647	0.6673

3.6 Ergebnisse

Der Zweck des Modells ist die Untersuchung, welche Effekte verschiedenartige Schocks auf die endogenen Modellvariablen unter Variation der zentralen Annahmen haben. Daraus wird deutlich werden, welche Beziehungen zwischen den einzelnen Modellcharakteristika und Vermutungen über die dominante Ursache von Schwankungen besteht; kontrastiert werden hier die Real-Business-Cycle Sichtweise, derzufolge transitorische Fluktuationen der totalen Faktorproduktivität, kurz Technologieschocks, der wesentliche Zyklusverursacher sind, versus einer Sichtweise, derzufolge nominale Nachfrageschocks, hier abgebildet durch Geldangebotsvariationen, in Verbindung mit Preisrigidität die Hauptursache von Schwankungen sind. Zur Evaluierung der Implikationen der jeweiligen Sichtweise lohnt sich die Betrachtung u.a. der Reaktion des durchschnittlichen Markups, also der Inverse der realen Grenzkosten, der Beschäftigung und der Arbeitsproduktivität bei verschiedenen Annahmen über den Grad der unterstellten Preisrigidität. Da ein zentrales Argument sein wird,

[44] Taylor (1999) schreibt, dass 'it would be inaccurate and misleading to build a model in which the average frequency of price or wage adjustment is longer than one year.'

dass die Annahme intermediärer Produktion in dem hier vorgestellten Modell eine entscheidende Rolle spielt, liegt es ausserdem nahe, das Modell mit intermediärer Produktion einem Vergleichsmodell ohne intermediäre Produktion gegenüberzustellen; letztere Spezifikation ist insofern traditioneller, als sie den Modellen in Kimball (1995), Kim (1996), Yun (1996), King und Wolman (1996) und Jeanne (1998) in wesentlichen Punkten entspricht.

Um das Modell ohne intermediäre Produktion zu formulieren, genügt es nicht, den Vorleistungsanteil auf $s_E = 0$ zu setzen. Zusätzlich müssen selbstverständlich die beiden anderen Faktoranteile proportional erhöht werden, was in $s'_L := s_L/(1-s_E) = 0.7019$ und daher $s'_K := s_K/(1-s_E) = 0.2981$ resultiert.[45] Ausserdem muss der Kapitalkoeffizient angepasst werden, denn bezogen auf den Wertschöpfungsoutput ist er sicherlich um ein Vielfaches höher, als bezogen auf den Bruttooutput. Empirisch findet man den Durchschnittswert der Kapitalproduktivität als mittleren Quotienten aus realer Bruttowertschöpfung, genannt B, und realem Bruttoanlagevermögen im Datensatz D1, umgerechnet auf Quartalsbasis als $B/K = (1/2.6625)/4 = 0.0939$. Die Parameterwerte für θ und ϕ werden unverändert übernommen, was dann Werte für die steady state-Verhältnisse von Investition und Konsum am Wertschöpfungsoutput in Höhe von $\Psi/B = 0.1955$ und $C/B = 0.8045$ impliziert. Alle anderen Parameterwerte werden vom Modell mit intermediärer Produktion übernommen, um Vergleichbarkeit zu gewährleisten.

Allerdings dürfen bei einem Modellvergleich auch nur tatsächlich vergleichbare Grössen verglichen werden; aus diesem Grund wird für den Rest dieses Kapitels als 'Output' jeweils immer nur die Summe aus realem Konsum und realer Investition verstanden, d.h. es ist immer die letzte Güterverwendung, genannt V_t, gemeint mit $V_t = C_t + \Psi_t$, was in linearisierter Form $\widehat{v}_t = \frac{c/y}{1-s_E}\widehat{c}_t + \frac{\psi/y}{1-s_E}\widehat{\psi}_t$ impliziert; auf diesem für alle Modelltypen vergleichbaren Outputmass basiert jeweils die Darstellung in den folgenden Abschnitten. Natürlich gilt $\widehat{v}_t = \widehat{y}_t$ wenn und nur wenn $s_E = 0$ ist.

3.6.1 Modelleigenschaften

Ich diskutiere zunächst anhand von Graphiken mit Impuls-Antwortfunktionen die allgemeinen qualitativen Charakteristika des Modells, indem ich – jeweils für alle drei verschiedenen Spezifikationen des Arbeitsangebotes L1, L2 und L3 – die Reaktionen wichtiger endogener Modellvariablen jeweils separat auf einen einprozentigen unkorrelierten positiven Schock der Wachstumsrate des nominalen Geldangebotes

[45] Es ist $s'_L \equiv \frac{WL}{PB} = s_L\frac{Y}{B} = s_L(1-s_E)^{-1}$; für s'_K analog.

einerseits und auf einen ebensolchen transitorischen Technologieschock andererseits darstelle, und zwar jeweils getrennt für das Modell ohne intermediäre Produktion, das insofern das traditionelle Modell ist, und mit intermediärer Produktion. Daran schliesst sich eine Sensitivitätsanalyse an, die den Einfluss wichtiger Parameter für die verschiedenen Modelleigenschaften deutlich macht. Es werden also die Parameter $\rho_M = \rho_Z = 0$ gesetzt, und der Innovationsterm ϵ_t bzw. η_t wird in Periode 1 auf den Wert 0.01 gesetzt, und in allen anderen Perioden auf den Wert null. Im Falle des technologischen Terms Z_t bedeutet das eine vorübergehende unerwartete Ausweitung der Produktionsmöglichkeiten; für den Geldmengenschock bedeutet es eine vorübergehende unerwartete Erhöhung der Geldmengenwachstumsrate, also eine permanente Erhöhung des Niveaus der nominalen Geldmenge um ein Prozent.

Monetärer Schock bei Preisrigidität

Die folgende Abbildung 3.1 zeigt zunächst die Impuls-Antworten auf einen einprozentigen unkorrelierten Geldangebotsschock im Modell ohne intermediäre Güter, worauf die darauffolgende Abbildung 3.2 dasselbe Experiment im Modell mit intermediären Gütern vorstellt. In den Graphiken misst die horizontale Achse jeweils die Zeit in Quartalen, wobei der Schock in der Periode eins einsetzt. Die vertikale Achse misst jeweils die Reaktion der endogenen Variablen in Prozent. Dargestellt sind die Reaktionen des Outputs (im oben definierten Sinne als letzte Verwendung), der Investitionen i, des Kapitalstocks k, der Beschäftigung L, der durchschnittlichen Arbeitsproduktivität V/L, des Grenzprodukts der Arbeit, das als GPA abgekürzt wird (mit $GPA \equiv \mu \cdot w$), des Reallohnes w, des durchschnittlichen Markups $\mu = 1/mc$ und der Inflationsrate π, jeweils relativ zum Trend der betreffenden Variablen (im Falle des Markups relativ zum konstanten steady state-Markup). Man beachte, dass die Ordinatenwerte in jedem Fenster der Graphiken verschieden sind, so dass die Höhe der jeweiligen Impuls-Antwort nicht aufgrund des optischen Eindrucks verglichen werden kann.

Gemeinsam ist allen Spezifikationen zunächst die positive Reaktion von Output, Beschäftigung und (über die ansteigenden Investitionen) des Kapitalstocks; im Modell mit intermediärer Produktion steigt auch die Vorleistungsproduktion (nicht abgebildet). Der Grund für die expansive Wirkung des Geldangebotsschocks liegt klarerweise in der unterstellten Preisrigidität: bei vollständiger Preisflexibilität gälte die klassische Dichothomie, d.h. reale Variablen wären unbeeinflusst von monetären. Die Preisinflexibilität besteht hier darin, dass einige Unternehmen ihren Preis nach der Geldmengenerhöhung nicht unmittelbar anpassen können; da wegen der Annahme monopolistischer Konkurrenz ihre Preise im Ausgangszustand aber höher als die Grenzkosten waren, ist die Bedienung der zusätzlichen Nachfrage von seiten der Haushalte, denen die erhöhte Geldmenge als Transfer zukommt, für sie profitabel. Allerdings passen sich die Preise langsam an, da in jeder Periode nur ein Teil der Unternehmen preisrestringiert ist.

Abbildung 3.1: Impuls-Antworten auf einen unkorrelierten Geldangebotsschock bei Preisrigidität (Ordinatenwerte in Prozent), Modell ohne intermediäre Produktion, $\alpha = 0.75$, $\phi = 300$.

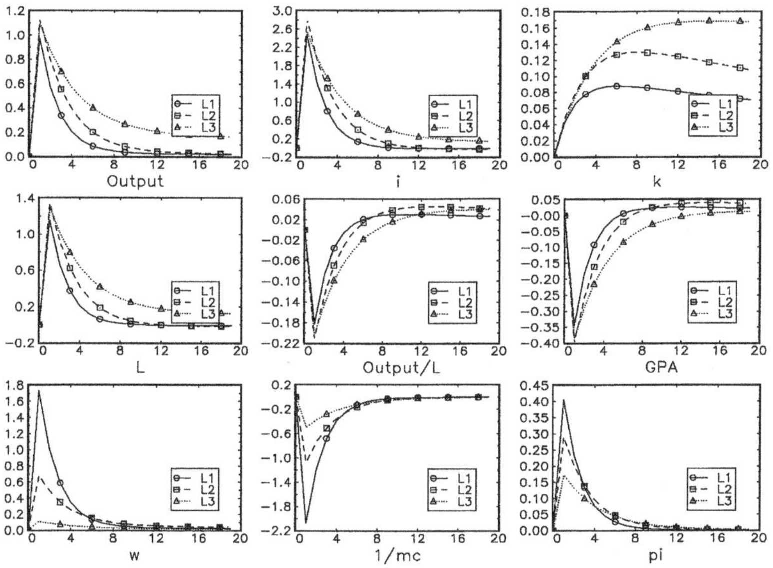

Die Bedienung der erhöhten Nachfrage erfordert den vermehrten Einsatz von Produktionsfaktoren; zunächst erhöht sich dadurch die Beschäftigung der variablen Faktoren: im ersten Modell ist dies nur die Arbeit, im zweiten zusätzlich die intermediären Inputs. Dies erfordert eine je nach Spezifikation des Arbeitsangebotes (L1, L2 bzw. L3) unterschiedlich starke Erhöhung des Reallohnes, um die Arbeitsanbieter zu einer Bereitstellung vermehrter Leistungen zu veranlassen. Wie die Graphik in der linken unteren Ecke von Abbildung 3.1 und 3.2 jeweils zeigt, ist bei einem individualistischen kompetitiven Arbeitsangebot mit der intertemporalen Substitutionselastizität $\xi = 1$, also im Falle L1, die Lohnreaktion am stärksten, während die beiden anderen Spezifikationen, also unteilbare Arbeit à la Hansen (1985) mit $1/\xi = 0$ (d.h. L2) und die Reallohnrigidität à la Jeanne (1998) (also L3) jeweils weit schwächere Lohnreaktionen erfordern.

Abbildung 3.2: Impuls-Antworten auf einen unkorrelierten Geldangebotsschock bei Preisrigidität (Ordinatenwerte in Prozent), Modell mit intermediärer Produktion, $\alpha = 0.75$, $\phi = 300$.

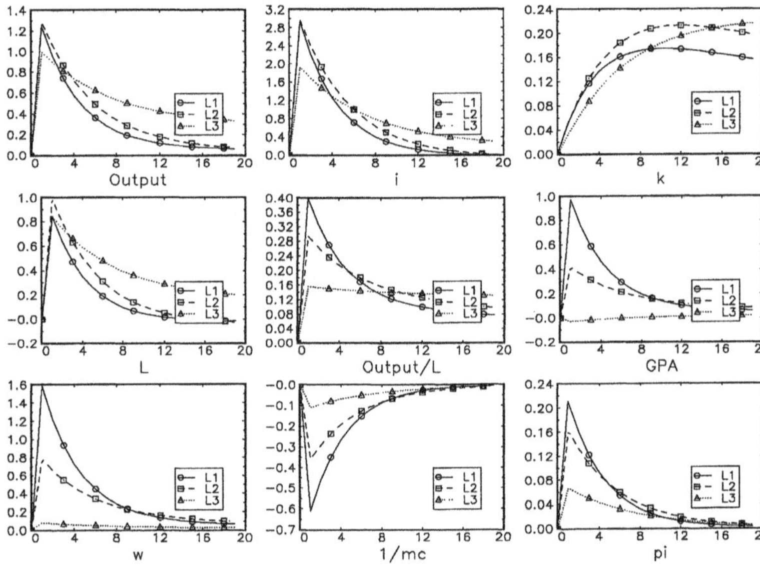

Die Höhe der Impulsantwort von Output und Beschäftigung ist in den verschiedenen Spezifikationen des Arbeitsangebotes jeweils fast gleich. Was sich stark unterscheidet, ist die Dauer der Reaktion, also die Persistenz. Diese kann an der Reaktion der Inflationsrate leicht abgelesen werden: da das Modell langfristig die klassische Dichothomie aufweist, muss die langfristige Preisanpassung genau ein Prozent betragen, da der Schock ein Prozent beträgt und, bezogen auf das Geldmengenniveau, permanent ist. Je stärker nun die Inflationsrate schon in der ersten Periode nach einem Schock reagiert, desto kürzer wird die Anpassungsfrist sein. Der Einfluss des Arbeitsangebotes auf die Höhe der Inflationsreaktion folgt aus der implizierten Reaktion des Lohnsatzes und damit der Grenzkosten. Aus diesem Grund steigt die Inflationsrate anfänglich am stärksten, wenn die intertemporale Substitutionselastizität der Freizeit relativ klein ist, wie in L1, d.h. wenn die zusätzliche Beschäftigung durch starke Lohnanreize hervorgelockt werden muss; ein gegebener temporärer Reallohnanstieg geht mit einer um so höheren Ausweitung des Arbeitsangebotes einher, je grösser die intertemporale Substitutionselastizität ist (vgl. z.B. Blanchard und Fischer, 1989). Hingegen steigt die anfängliche Inflationsrate am wenigsten, wenn eine Reallohnrigidität vorliegt, wie in L3, weil dann – definitionsgemäss – der Lohnsatz zum Verharren in der Nähe seines Ausgangsniveaus neigt.

In jedem Fall steigt bei erhöhter Beschäftigung das Grenzprodukt des Kapitals, was zusätzliche Investitionen und einen dadurch graduell steigenden Kapitalstock nach sich zieht. Der Aufbau neuen Kapitals wird durch die angenommenen Anpassungskosten, hier parametrisiert mit $\phi = 300$, abgebremst. Dies hat zur Folge, dass die Reaktion der endogenen Variablen zeitlich gestreckt wird, da die volle Anpassung nicht auf einmal, sondern nur graduell vorgenommen wird, und somit die Rückkehr des Modells zum Ausgangsgleichgewicht verzögert wird. Die überaus wichtige Rolle der Anpassungskosten wird unten in der Sensitivitätsanalyse noch genauer zu beleuchten sein.

In beiden Modellvarianten sinkt überdies der Markup und die Inflationsrate steigt an. Dies ist der zentrale Effekt der Preisrigidität: der monetäre Schock erhöht langfristig lediglich das Preisniveau. Die Anpassung vollzieht sich wegen der Preisrigidität, die einige Firmen an sofortiger Reaktion hindert, nur schrittweise. Der erhöhte Einsatz von Produktionsfaktoren erhöht deren Entlohnung, so dass die nominalen Grenzkosten steigen. Firmen, die frei sind in ihrer Preisgestaltung werden daraufhin unmittelbar ihre Preise im gleichen Ausmass anheben, da der gewünschte Markup eine Konstante ist als Folge der Dixit-Stiglitz-Präferenzen der Haushalte, die eine konstante Preiselastizität der Nachfrage implizieren, d.h. $\mu = \varphi/(\varphi - 1)$. Diejenigen Firmen aber, die in einer gegebenen Periode ihren Preis nicht anheben können, gewärtigen durch die steigenden nominalen Grenzkosten ein Absinken ihres Preis-Grenzkostenverhältnisses unter das von ihnen gewünschte Niveau. Aus dem Durchschnitt über anpassende und nichtanpassende Firmen ergibt sich im Aggregat ein sinkender durchschnittlicher Markup im Sinne eines sinkenden Quotienten aus dem aggregierten Preisniveau und den für alle Firmen identischen Grenzkosten.[46]

Die Unterschiede in der Reaktion des Markups über die verschiedenen Spezifikationen des Arbeitsangebotes L1, L2 und L3 erklären sich aus der schon erwähnten differentiellen Lohnreaktion dieser Modelltypen. Ein hoher realer Lohnanstieg (L1) wegen relativ unelastischen Arbeitsangebotes führt zu einem relativ höheren Grenzkostenanstieg, damit für nicht anpassende Unternehmen zu einem stärkeren Sinken des Markups, damit auch zu einem stärker reduzierten durchschnittlichen Markup. Die Markupreaktion ist jeweils, mit umgekehrtem Vorzeichen, spiegelbildlich der Lohnreaktion und der Inflationsreaktion.

Ausser diesen Gemeinsamkeiten weisen die Modelle mit und ohne intermediäre Güter, wie durch einen Vergleich zwischen Abbildung 3.1 und 3.2 deutlich wird, einige entscheidende Differenzen auf. Zwei qualitative Unterschiede fallen sofort ins Auge, nämlich das unterschiedliche Vorzeichen der Reaktionen von durchschnittlicher Arbeitsproduktivität und dem Grenzprodukt der Arbeit. Die Variation des Grenzproduktes unterscheidet sich um die Höhe der Markupvariation von derjenigen des Reallohns, d.h. genauer ist $\hat{w}_t = \widehat{GPA}_t - \hat{\mu}_t$. Im Modell ohne intermediäre Produktion sinken durchschnittliche und marginale Arbeitsproduktivität wegen der vermehrten Beschäftigung, da die Produktionsfunktion abnehmende Grenzerträge aufweist. Zwar steigt der Kapitalstock an, was ceteris paribus zu einer Erhöhung des Grenzproduktes der Arbeit führt, jedoch ist dieser Einfluss wegen der Prädeterminiertheit des Kapitalstocks zu langsam, als dass sie kurzfristig wirksam genug sein könnte, den Effekt abnehmender Grenzerträge zu kompensieren. Da die durchschnittliche Produktivität in linearer Approximation annähernd proportional zur Grenzproduktivität ist, muss aus dem gleichen Grund auch sie zurückgehen.

Anders ist dies im Falle intermediärer Produktion: wie aus Abbildung 3.2 hervorgeht, steigt hier die Arbeitsproduktivität sowohl durchschnittlich als auch marginal. Der Grund liegt darin, dass mit der Präsenz intermediärer Inputs ein zweiter variabler Produktionsfaktor vorhanden ist. Durch den monetären Impuls steigt die Nachfrage nach Arbeit und intermediären Produkten nach dem oben beschriebenen Mechanismus unmittelbar an; der vermehrte Vorleistungseinsatz hat dabei einen positiven Effekt auf das Grenzprodukt der Arbeit. Aus diesem Grund ist auch der Effekt auf den Kapitalstock stärker, als im Falle ohne intermediäre Güter. Anders, aber äquivalent ausgedrückt, ist die Summe der Outputelastizitäten der variablen Faktoren, also $\mu(s_L + s_E) = 1.0808$, grösser als diejenige im Falle ohne intermediäre Inputs, wo nur Arbeit variabel ist, so dass der vergleichbare Ausdruck nur $\mu s_L = 0.8423$ ist.

[46] Vgl. z.B. Goodfriend und King (1997).

Im Modell ohne intermediäre Inputs muss eine einprozentige Outputerhöhung daher anfänglich und in erster Approximation (d.h. unter Vernachlässigung des sehr geringen anfänglichen Effekts des Kapitalstocks) von einer Erhöhung des Arbeitsinputs um mehr als ein Prozent begleitet sein, weshalb die Durchschnittsproduktivität sinkt. Im Falle intermediärer Inputs reicht dagegen, eben weil die Vorleistungen einen Teil des zusätzlichen Outputs produzieren helfen, eine geringere Expansion der Beschäftigung aus, so dass die Produktivität steigen kann.

Die Tatsache, dass die Produktivität der Arbeit infolge eines monetären Nachfrageschocks steigen kann, hebt das Modell mit intermediärer Produktion deutlich von demjenigen ohne diese Eigenschaft ab. Das Ergebnis ist insofern reizvoll, als damit prozyklische Arbeitsproduktivität ohne jeden Rekurs auf technologische Schocks, wie sie in Real Business Cycle-Modellen unterstellt werden, abgeleitet werden kann. In einem traditionellen Modell, das nur Arbeit und Kapital als Inputs vorsieht, ist der Effekt abnehmender Grenzerträge regelmässig so stark, dass die Arbeitsproduktivität infolge eines monetären Schocks sinken muss, so dass dies vielfach als indirekte Evidenz für technologische Schocks als Zyklusverursacher gewertet wird. Hier wird ein Gegenbeispiel produziert, das prozyklische Arbeitsproduktivität allein als Folge von Geldmengenschwankungen erklärt.

Allerdings ist dieses Resultat nur ein Beispiel in dem Sinne, dass es von der Höhe der gewählten Parameter abhängig ist. Basu (1995), dessen statischer Modellrahmen hier in ein dynamisches Modell integriert worden ist, behauptet, dass 'the result of procyclical productivity ... would obtain in any model with intermediate goods and countercyclical markups' (vgl. Basu, 1995, S. 519). Diese Behauptung ist in dem allgemeineren Modell, das hier vorgestellt wird, nicht mehr richtig: wenn etwa der Anteil intermediärer Güter oder der Markup (damit die Skalenelastizität im steady state) soweit gesenkt werden, dass die Summe der Outputelastizitäten der variablen Faktoren deutlich kleiner als eins wird, muss auch in dem Modell mit intermediären Inputs die Arbeitsproduktivität infolge eines Geldmengenschocks sinken. Allerdings gilt das Resultat prozyklischer Arbeitsproduktivität für die hier für realistisch gehaltene Parametrisierung.[47]

[47] Rotemberg und Woodford (1995, 1999) argumentieren, dass der steady state-Markup in einem Modell ohne intermediäre Produktion einen höheren Wert annehmen sollte, da der Wertschöpfungsmarkup konzeptuell von dem Bruttooutputmarkup verschieden ist. Das Argument ist oben in Abschnitt 2.1 dargestellt worden; dort ist aber auch gezeigt worden, dass bei der hier verwendeten Produktionsfunktion, die von derjenigen der genannten Autoren leicht abweicht, und dem Verzicht auf reine Gewinne im steady state, d.h. bei $\rho = \mu$, der Wertschöpfungsmarkup identisch gleich eins ist. Daher wird hier keine Anpassung des Markups beim Vergleich der Modelle vorgenommen.

Im Modell mit intermediärer Produktion führt die steigende Produktivität dazu, dass eine gegebene Outputerhöhung mit relativ weniger zusätzlichem Arbeitsinput bewältigt werden kann. Der daher weniger starke Beschäftigungseffekt eines Geldmengenschocks impliziert damit auch einen weniger starken Reallohnanstieg über alle Spezifikationen des Arbeitsangebots hinweg. Infolgedessen steigen die Grenzkosten weniger stark an, und der Markup sinkt weniger stark. Wie ein Vergleich der Markup-Reaktion in Abbildungen 3.1 und 3.2 zeigt, sinkt der Markup im Modell mit intermediärer Produktion nur um etwa zwanzig bis dreissig Prozent des Ausmasses, das im Vergleichs-Modell ohne intermediäre Produkte zu beobachten ist. Dieser starke Unterschied liegt nicht allein in der Lohnreaktion, deren Differenz gar nicht sehr stark ist, sondern vor allem daran, dass der Vorleistungsanteil etwa zwei Drittel beträgt, so dass der grösste Teil der Grenzkosten von dem Preis der Vorleistungen abhängt. Da aber jedes Outputgut auch gleichzeitig als Inputgut benutzt wird, ist im Gleichgewicht der Inputpreis gleich dem Outputpreis, oder mit anderen Worten, der *reale* Vorleistungspreis ist notwendig gleich eins. Damit ist klar, dass die realen Grenzkosten im Modell mit intermediärer Produktion erheblich weniger steigen können, da ihre Hauptkomponente überhaupt nicht steigt. Ergo sinkt der Markup viel weniger stark ab. Das kann gesehen werden, wenn die oben in (3.25) gegebene linearisierte Gleichung für die Grenzkosten in realer Schreibweise wiedergegeben wird,

$$\widehat{mc}_t = -\widehat{Z}_t + \frac{\mu}{\rho}[s_L\widehat{w}_t + s_K\widehat{r}_t]. \tag{3.52}$$

Da im Aggregat der Vorleistungspreis gleich dem Endgüterpreis ist, hängen die realen Grenzkosten mc_t nur von den realen Entlohnungen der Faktoren Arbeit und Kapital ab. Zwar gilt Gleichung (3.52) für beide Modelle, mit dem Unterschied aber, dass im Modell ohne intermediäre Güter die Faktorquoten s'_L und s'_K verwendet werden müssen, die erheblich grösser sind als s_L und s_K. Für einen gegebenen Anstieg des Reallohnes und des realen Kapitalnutzungspreises ist daher im Modell mit intermediärer Produktion der Anstieg der realen Grenzkosten erheblich geringer; äquivalent hierzu ist die Aussage, dass der Markup weniger stark fällt.

Ein vollständig analoges Argument erklärt den erheblich schwächeren Inflationsanstieg in diesem Modell. Da, nach dem oben gesagten, ein schwächerer Inflationsanstieg mit einer zeitlich gestreckteren Reaktion der realen Variablen einhergehen muss, folgt aus diesem Argument auch die höhere endogene Persistenz des Modells mit intermediärer Produktion, wogleich im Rahmen der Sensitivitätsanalyse unten noch ausführlich einzugehen sein.

Technologischer Schock bei Preisrigidität

Zum Vergleich präsentiert die folgende Abbildung 3.3 die Impuls-Antworten auf einen einprozentigen unkorrelierten positiven Technologieschock im Modell ohne intermediäre Güter. Die Darstellung des Modells mit intermediären Gütern ist hier nicht notwendig, da alle auftretenden Reaktionen sich nicht qualitativ, sondern lediglich der Höhe nach unterscheiden; bezüglich technologischer Schocks wirkt intermediäre Produktion also nur als eine Art Multiplikator, ohne, dass die Berücksichtigung dieses Modellbausteins zusätzliche Erkenntnisse bringen könnte. Dies ist in deutlichem Gegensatz zu dem Verhalten des Modells unter Einwirkung monetärer Schocks.

Abbildung 3.3: Impuls-Antworten auf einen unkorrelierten Technologieschock bei Preisrigidität (Ordinatenwerte in Prozent), Modell ohne intermediäre Produktion, $\alpha = 0.75$, $\phi = 300$.

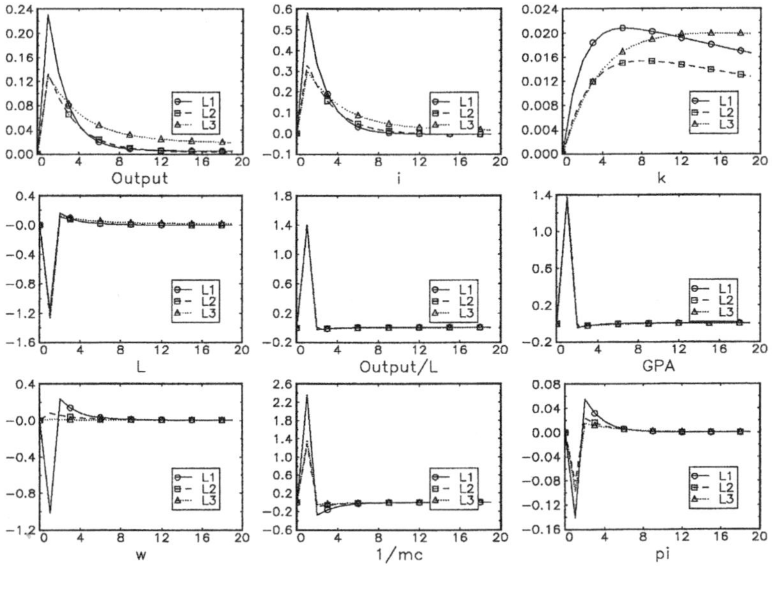

Die hier gezeigten Impulsantworten basieren, wie gesagt, auf *unkorrelierten* Technologieschocks, ebenso wie diejenigen im vorigen Abschnitt auf unkorrelierten monetären Schocks beruhten. In der Real Business Cycle-Literatur werden aber typischerweise die Reaktionen auf hochgradig autokorrelierte Technologieschocks untersucht. Dieser Praxis wird hier nicht gefolgt, und zwar aus zwei Gründen. Zum einen beruht die Rechtfertigung der Heranziehung autokorrelierter Schocks auf der gemessenen hohen Autokorrelation des Solow-Residuums (vgl. Solow, 1957), das als Mass für technologische exogene Schwankungen verwendet wird (vgl. z.B. Prescott, 1986).

Bei unvollständiger Konkurrenz und Preisrigidität ist aber jeweils das Solow-Residuum kein unverzerrtes Mass für technologische Entwicklungen (vgl. Hall, 1990), so dass dieses Argument hier nicht greift. Ausserdem, und dies ist der wichtigere Grund, ist die Erklärung persistenter, d.h. endogen autokorrelierter Schwankungen des Outputs und anderer Variablen eines der Hauptziele der Konjunkturtheorie. Eine Erklärung, die hochgradig autokorrelierte exogene Störungen benötigt, um autokorrelierte Outputschwankungen zu erzeugen, erklärt das Phänomen aber weniger, als dass sie es auf eine andere Ebene, nämlich die des Schocks verlagert. Cogley und Nason (1995) haben darauf hingewiesen, dass die internen Propagationsmechanismen in vielen RBC-Modellen ausserordentlich schwach sind. Die Fähigkeit, endogene Persistenz zu erzeugen, in dem Sinne, dass autokorrelierte oder eben persistente Reaktionen infolge unkorrelierter Schocks auftreten, wird hier aber als ein entscheidendes Kriterium für die Modellevaluation verstanden.

Abbildung 3.3 zeigt, dass unkorrelierte Technologieschocks bei Preisrigidität zwar den Output erhöhen, da sie direkt auf die Produktionsfunktion wirken. Allerdings sinkt dabei die Beschäftigung, was auf die Preisrigidität zurückzuführen ist: die erhöhte totale Faktorproduktivität führt zu erhöhtem Output, der bei Preisflexibilität durch sinkende Preise auf dem Markt abgesetzt würde; da aber nicht alle Preise voll flexibel sind, kann nicht das gewünschte Ausmass der Produktionsexpansion erreicht werden. Gleichzeitig steigt direkt aufgrund der technologischen Verbesserung das Grenzprodukt der Arbeit. Im Ergebnis führt die Kombination aus technologisch bedingt höherem Grenzprodukt und Absatzschranken aufgrund von Preisrigidität zu einer reduzierten Arbeitsnachfrage.

Dieses Resultat scheint auch kein Artefakt des Modells zu sein. Basu et al. (1998) berechnen aufwendiger geschätzte und um vielfältige empirische Probleme bereinigte Masse für die totale Faktorproduktivität, und kommen zu dem Ergebnis, dass Phasen temporär hohen Wachstums ihres Technologiemasses tendenziell mit Beschäftigungsrückgängen verbunden sind; sie interpretieren dieses Resultat einerseits als Evidenz für Modelle mit Preisrigidität, andererseits als Evidenz gegen die Theorie, dass Konjunkturschwankungen als Reflex der Anpassungen an Schwankungen in der Wachstumsrate der totalen Faktorproduktivität, einfacher gesagt als Folge von Technolgieschocks verstanden werden können.

Abbildung 3.3 zeigt noch eine weitere kontrafaktische Implikation. Da nicht alle Preise sofort reduziert werden können, aber die Grenzkosten unmittelbar sinken, steigt zwangsläufig der Markup an. Im Ergebnis resultieren hier also eine negative Korrelation zwischen Beschäftigung und Output, und eine positive zwischen Markup und Output, was in hinreichendem Gegensatz zur vorliegenden empirischen Evidenz steht. Aus denselben Gründen ist die Reaktion der Inflationsrate negativ, was hier für sich genommen nicht weiter bewertet werden soll, da die empirische Evidenz über das zyklische Verhalten von Inflationsraten zu widersprüchlichen Ergebnissen kommt (vgl. Ravn und Sola, 1995). Die anfängliche Markup-Reaktion muss in diesem Modell aber in jedem Fall das umgekehrte Vorzeichen haben, wie die Inflationsreaktion, wie oben gezeigt worden war.

Technologischer Schock bei Preisflexibilität

Allerdings postulieren RBC-Theorien für gewöhnlich, dass alle Preise flexibel sind. Um der Technologieschock-Hypothese also Gerechtigkeit entgegenzubringen, sei diese Annahme für einen Moment getroffen. Abbildung 3.4 zeigt die Impulsantworten auf einen einprozentigen unkorrelierten positiven Technologieschock bei $\alpha = 0$, d.h. vollständiger Preisflexibilität, im Modell ohne intermediäre Inputs (das Modell mit intermediären Inputs liefert unter technologischen Schocks als Zyklusverursacher wiederum keine qualitativ differierenden Resultate, weshalb es hier der Kürze halber nicht gezeigt ist). Das Abbildung 3.4 zugrundeliegende Modell unterscheidet sich von einem Standard-RBC-Modell folglich nur darin, dass unvollständige Konkurrenz zugelassen ist, allerdings mit einem konstanten Markup. Wie aus Hornstein (1993) oder Heer und Linnemann (1998) entnommen werden kann, macht diese Eigenschaft allein aber keine qualitative Differenz aus.

Die Abbildung 3.4 vermittelt folglich die üblichen Eigenschaften von RBC-Modellen. Durch die Annahme exogener technologischer Schwankungen bei Preisflexibilität kann problemlos die prozyklische Reaktion von Output, Beschäftigung, Reallohn und insbesondere Arbeitsproduktivität erklärt werden; letzteres gilt offensichtlich hier unabhängig von der Präsenz intermediärer Güter, die im Falle monetärer Schocks allein zu einem solchen Ergebnis führen konnten. Der wesentliche Einwand gegen die Vorstellung, der Konjunkturzyklus sei eine Folge von Technologieschocks in einer Welt vollständiger Preisflexibilität liegt zum einen darin, dass dies – zumindest in diesem Modell – einen konstanten Markup impliziert, da jedes Unternehmen jederzeit frei ist, seinen Preis auf Grenzkostenniveau (oder um einen konstanten Markup höher, jedenfalls aber proportional dazu) zu halten, während empirisch antizyklische Markups zu dominieren scheinen.

Abbildung 3.4: Impuls-Antworten auf einen unkorrelierten Technologieschock bei Preisflexibilität (Ordinatenwerte in Prozent), Modell ohne intermediäre Produktion, $\alpha = 0$, $\phi = 300$.

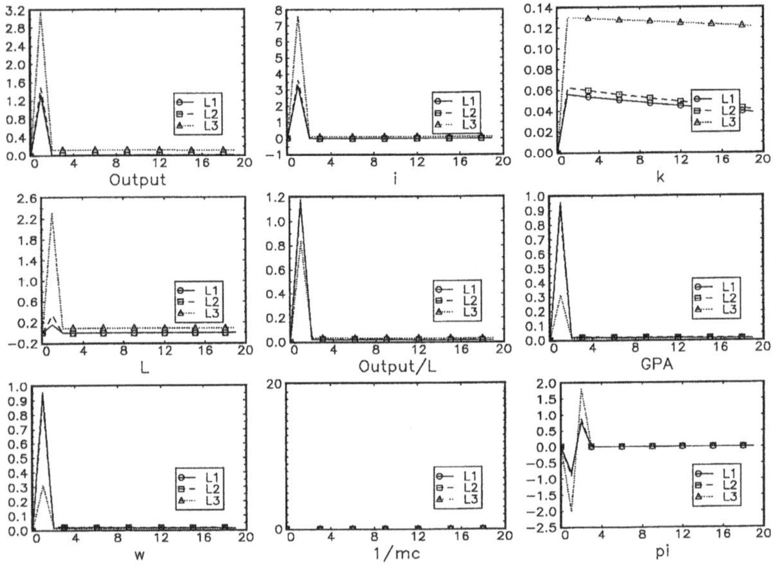

Dies ist allerdings ausschliesslich eine Folge der Tatsache, dass der gewünschte Markup in dem hier präsentierten Modell eine Konstante ist. Das folgende Kapitel 4 stellt demgegenüber ein Modell vor, in dem der gewünschte Markup selbst antizyklisch ist, so dass die Chance eines Modells mit flexiblen Preisen, dieses Phänomen nachzubilden, überhaupt gegeben ist. Der wichtigere Einwand besteht daher in der offensichtlichen Schwäche des Propagationsmechanismus in diesem Modell: da ein unkorrelierter Schock zugrundeliegt, kehren die endogenen Variablen (mit Ausnahme des Kapitalstocks) umgehend nach dem Schock wieder auf ihre Trendwerte zurück, so dass keinerlei persistente Outputreaktion erklärbar ist. Die im nächsten Unterabschnitt folgende Sensitivitätsanalyse geht den Ursachen endogener Persistenz in grösserem Detail nach.

3.6.2 Sensitivitätsanalyse

In diesem Abschnitt wird die Bedeutung zentraler Parameter, die nicht aus empirischen Beobachtungen entnommen sind, sondern lediglich aufgrund von Plausibilitätsannahmen gewählt wurden, näher untersucht. Die wichtigsten hiervon sind der Parameter des Ausmasses exogener Preisrigidität, α, und der Parameter der Anpassungskosten bezüglich des Kapitalstocks, ϕ. Die einzigen anderen Parameter, die nicht direkt aus empirischer Beobachtung folgen, sind der Diskontfaktor β, der auf einen in der Literatur üblichen Wert gesetzt wurde, um Vergleichbarkeit zu erzielen, und die Substitutionselastizitäten der Produktionsfunktion, σ und σ_B, die, wie Kontrollrechnungen zeigten, nur sehr schwache Auswirkungen auf die Ergebnisse haben und daher hier vernachlässigt werden können.

Leitmotiv der hier vorgenommenen Sensitivitätsanalyse ist die Frage, welche Parameterkonstellationen in der Lage sind, persistente Outputreaktionen zu erzeugen. Die Frage der Persistenz ist von eminenter Bedeutung für die Erklärung von Konjunkturzyklen. Empirisch scheinen Outputschwankungen hochgradig persistent zu sein. Chari et al. (1999) schätzen (für ihre US-amerikanischen Daten), dass nach einem Schock das reale Sozialprodukt etwa 10 Quartale benötigt, bis die Reaktion auf die Hälfte ihres anfänglichen, unmittelbar in der Schockperiode angenommenen Wertes zurückgefallen ist.[48] Diese so definierte und von Chari et al. (1999) sogenannte 'Halbwertzeit' (im engl. Orginal 'half-life') des Outputs ist ein sinnvolles Mass für Persistenz, das hier übernommen wird. Zwischen den diskreten Zeitpunkten des Modells wird linear interpoliert, so dass die gemessene Halbwertzeit stetig ist. Ein erfolgreiches Konjunkturmodell sollte also in der Lage sein, eine Halbwertzeit der Outputreaktion in der Nähe des empirisch plausiblen Wertes aufzuweisen.

Cogley und Nason (1995) haben nachgewiesen, dass RBC-Modelle mit flexiblen Preisen regelmässig keine robusten endogenen Propagationsmechanismen besitzen, so dass die Wirkung exogener Schocks rasch verpufft, es sei denn, die Schocks selbst seien hochgradig autokorreliert und mithin persistent, was aber eine Erklärung des Resultates durch seine Voraussetzung wäre.[49] Deshalb werden Technologieschocks

[48] Analoge Schätzungen ergeben vergleichbare Werte für deutsche Daten.

[49] Dieses Resultat gilt nur eingeschränkt in Hinblick auf Modelle, die Anpassungskosten bezüglich des Faktors Arbeit zulassen, vgl. Cogley und Nason (1995), die hier allerdings nicht betrachtet werden.

und vollständig flexible Preise hier nicht mehr weiter beachtet, sondern die Sensitivitätsanalyse befasst sich ausschliesslich mit den Wirkungen monetärer Störungen im Modell mit Preisrigidität.

Der Hauptpunkt der Arbeit von Chari et al. (1999) ist die Behauptung, Modelle mit nominaler Preisrigidität und ausschliesslich monetären Schocks seien ebenfalls keine geeignete Konjunkturerklärung, weil die implizierte Halbwertzeit des Outputs in solchen Modellen weit unter der empirisch plausiblen Marke liege; vielmehr finden die Autoren in ihren Modellen, dass der Output ungefähr nur so lange von seinem Trendwert abweichen kann, wie noch exogen einige Preise fixiert sind. Es liege also in solchen Modellen keine endogene Persistenz vor, im Sinne realer Wirkungen von Geldmengenschocks, die zeitlich nennenswert ausgedehnter sind als die Dauer der angenommenen Preisstarrheiten.

Dieses Ergebnis hat potentiell weitreichende Konsequenzen, denn, so die etwa in Taylor (1999) ausgedrückte herrschende Meinung, die Dauer, während derer Preise nominal starr sind, ist empirisch eher kurz. Folglich ergibt sich die Konstellation, dass eine eher als kurz anzusehende Dauer exogener nominaler Rigidität über irgendeinen Mechanismus langandauernde Abweichungen des Outputs von seinem Trend erklären müsste. Sofern also monetäre Modelle mit einem geringen Ausmass exogener Preisrigidität nicht in der Lage sein sollten, lang andauernde bzw. persistente Outputreaktionen zu erzeugen, oder mit anderen Worten endogene Persistenz aufzuweisen, so wäre dies ein starkes Argument gegen die Interpretation von Konjunkturzyklen als Folge von monetären Schocks bei Preisrigiditäten.[50] Aus diesem Grund wird die Sensitivitätsanalyse dieses Abschnitts unter der Leitfrage der Persistenz der Outputreaktion bei verschiedenen Parameterkonstellationen vorgenommen.

In der älteren, statischen Literatur zu Preisridigidäten wurde diese Frage für gelöst gehalten; so lautete etwa der Titel von Mankiws (1985) vielzitiertem Aufsatz 'Small menu cost and large business cycles' (wobei unter menu costs hier Anpassungskosten zu verstehen sind, die zu temporär starren nominalen Preisen führen). Das in Mankiw (1985) und der anschliessenden Literatur (vgl. den Überblick in Benassi et al., 1994) genannte Argument, wegen des Vorliegens unvollständiger Konkurrenz auf dem Gütermarkt und der daraus resultierenden Tatsache, dass der Absatzpreis des typischen Unternehmens generell höher, als seine Grenzkosten ist, folge automatisch, dass bei kleineren Schwankungen der Nachfrage der Anreiz zur Anpassung von Preisen gering sei, hat sich in der Folge allerdings als unhaltbar erwiesen. Der

[50] Die Unterscheidung zwischen exogener und endogener Rigidität wird auch von Kiley (1997) hervorgehoben.

Grund ist, dass dies ein Partialargument ist: zwar hat das einzelne Unternehmen einen Anreiz, zum bestehenden Preis seine Produktion auszudehnen, wenn die Nachfrage dies zulässt, weil der Preis grösser ist als die Grenzkosten und deshalb an der marginalen Outputerhöhung Gewinne gemacht werden könnten. Dieses Partialargument ist aber unvollständig, wenn die Rückwirkungen eines solchen Handelns aller Unternehmen im allgemeinen Gleichgewicht beachtet werden: dann nämlich wird die aggregierte Faktornachfrage steigen und die Faktorpreise in die Höhe treiben, so dass die Grenzkosten nicht mehr konstant sind, und stattdessen ein starker Anreiz zur Erhöhung der Preise besteht.

Die anschliessende Literatur betrachtete daher explizit ausformulierte allgemeine Gleichgewichtsmodelle mit Preisrigiditäten, um die Frage nach der Höhe der Persistenzwirkung von kleinen nominalen Starrheiten nachzugehen. Jeanne (1998) benutzt ein Modell mit Preisrigiditäten wie in Calvo (1983), das dem hier vorgestellten Modell ähnlich ist bis auf die Tatsache, dass keine Kapitalakkumulation berücksichtigt wird (und keine intermediäre Produktion). Bergin und Feenstra (1998) benutzen ein Modell überlappender Kontrakte wie in Taylor (1980) mit einer komplizierteren Nutzenfunktion und berücksichtigen die Möglichkeit intermediärer Produktion, aber ihr Modell weist ebenfalls keine Kapitalakkumulation auf. Beide Autoren behaupten, ein gewisses Mass an Persistenz als Folge relativ kleiner nominaler Starrheiten erklären zu können.

Nun zeigen aber Chari et al. (1999) für verschiedene Varianten ihres Modells, dass vielfach in einer reduzierten Version ohne Kapitalakkumulation die Outputreaktion persistent ist, während in einer umfassenderen Modellspezifikation mit Kapitalakkumulation keine Persistenz generiert werden kann. Daher erscheinen Resultate wie diejenigen von Jeanne (1998) oder Bergin und Feenstra (1998), die jeweils eine gewisse Persistenz in Modellen ohne Kapitalakkumulation berichten, von vorneherein als zweifelhaft. Der Grund ist, dass Kapitakkumulation eine alternative Verwendungsmöglichkeit für Einkommen ausser Konsum und Geldhaltung eröffnet, nämlich Ersparnis. Geldangebotsschocks werden in allen genannten Modellen, wie auch hier, als ungebundener Transfer von Nominalkasse an den Haushaltssektor modelliert. Da aufgrund der konkaven Nutzenfunktion ein Anreiz zur Konsumglättung besteht, wird in einem Modell ohne Kapital die Geldhaltung als einziges intertemporales Verbindungsglied relativ stark ansteigen. In einem Modell mit Kapital werden die Haushalte kurzfristig stattdessen ihre Ersparnis stark erhöhen, was zu einer momentan drastisch ansteigenden Investitionsnachfrage führt (hier wird die unten betonte Rolle von Anpassungskosten bezüglich des Kapitalstocks bereits deutlich). Dadurch wiederum steigen schon in der Schockperiode selbst Faktornachfrage und Faktorpreise und damit die Grenzkosten stark an, was wiederum einen starken Anreiz zur Preiserhöhung liefert, bzw. diejenigen Firmen, die in einer gegebenen Periode frei in ihrer Preisgestaltung sind, zu stärkeren Preiserhöhungen veranlassen wird. Die Folge ist, dass in einem Modell mit Kapitalakkumulation ein Persistenzresultat aufgrund relativ kleiner nominaler Rigiditäten schwerer zu erzielen ist, als in einem Modell ohne diese Möglichkeit. Mit anderen Worten ist jedes Argument über die Folgen von Preisstarrheiten, dass den Effekt der Kapitalakkumulation nicht berücksichtigt, ein Partialargument, und die Frage, wieviel Persistenz Theorien, die auf Preisrigidität aufbauen, erklären können, ist damit noch vollständig unbeantwortet.

Das hier entwickelte Modell berücksichtigt Kapitalakkumulation sehr wohl, ist also grundsätzlich als Rahmen geeignet, um die anstehende Frage zu diskutieren. Chari et al. (1999) benutzen ein Modell, in der Preisstarrheiten durch überlappende nominale Kontrakte in der Art von Taylor (1980) eingeführt werden. Hier dagegen wird die Calvo (1983)-Spezifikation temporärer Preisrigidität gewählt. Eine Frage ist folglich, inwiefern die Ergebnisse jener Autoren auch in dem anderen Modellrahmen gelten; diese Frage wird positiv beantwortet. Gleichwohl gelingt es hier, endogene Persistenz beträchtlichen Ausmasses zu erzeugen, wie im folgenden demonstriert werden wird.

Nach der Diskussion der qualitativen Modelleigenschaften im vorigen Abschnitt ist klar, dass vier Modellbausteine von zentraler Bedeutung für die Höhe der Outputpersistenz im Gefolge eines monetären Schocks sind: die An- oder Abwesenheit intermediärer Produktion, das Ausmass exogener Preisrigidität, parametrisiert durch α, die Höhe der Anpassungskosten für den Kapitalstock, gegeben durch ϕ, und die intertemporale Substitutionselastizität der Freizeit, bzw. in der nicht-kompetitiven Interpretation, also in L3, das Ausmass der Reallohnrigidität. Im folgenden werden diese Parameter jeweils variiert, und der Effekt auf die Persistenz der Outputreaktion, gemessen durch die Halbwertzeit der Impuls-Antwort des Outputs, wird graphisch präsentiert.[51]

Preisrigidität und Anpassungskosten

Die Rolle der exogenen Preisrigidität, also der Höhe von α, ist unmittelbar klar: je weniger Unternehmen ihre Preise sofort anheben dürfen (je höher α), nachdem das Geldangebot erhöht wurde, desto verzögerter und damit zeitlich ausgedehnter wird die Reaktion der realen Variablen sein. Die Anpassungskosten für den Kapitalstock sind a priori weniger eindeutig zu interpretieren: zum einen erhöhen sie die

[51] Die Persistenz des Markups ähnelt derjenigen des Outputs in jedem Falle so stark, dass sich eine gesonderte Darstellung erübrigt.

Grenzkosten in jedem Augenblick, was zu einer stärkeren Preisanpassung der nichtrestringierten Unternehmen und damit zu einem stärkeren Preisniveauanstieg, ergo ceteris paribus zu einer rascheren Anpassung und weniger Persistenz führen muss. Andererseits verhindern Anpassungskosten, dass die Geldmengenerhöhung, die ja den Haushalten als ungebundener Transfer in die Hände fällt, von diesen sofort in der Höhe, die nicht für den Konsum gewünscht wird, in Realkapital investiert wird. Vielmehr sorgen die Anpassungskosten für eine langsame und zeitlich gestreckte Erhöhung der Investitionen, so dass auch die realen Outputeffekte hierdurch Persistenz gewinnen.

Für die Sensitivitätsanalyse wird hier das Modell jeweils ohne und mit intermediärer Produktion in der Spezifikation L1 verwendet. Die Wirkung differentieller Modelle des Arbeitsangebotes wird im folgenden Unterabschnitt separat erörtert werden. Die folgende Abbildung 3.5 zeigt die Halbwertzeit des Outputs in Reaktion auf eine einprozentige unkorrelierte positive Erhöhung der Wachstumsrate des Geldangebotes als Funktion der Parameter α und ϕ zunächst im Modell ohne intermediäre Produktion. Dabei wurde $\alpha \in \{0.1, 0.2, \ldots, 0.9\}$ variiert und $\phi \in \{0, 50, 100, \ldots, 400\}$.

Unmittelbar deutlich wird die entscheidende Rolle der Anpassungskosten bezüglich des Kapitalstocks. Ohne diese, d.h. bei $\phi = 0$, ist die Outputreaktion überhaupt nicht persistent, und zwar fast unabhängig von dem Ausmass exogener Preisrigidität. Dies gilt selbst für extreme Werte der letzteren, so etwa für den hier verwendeten Maximalwert $\alpha = 0.9$, der immerhin unterstellt, die durchschnittliche Dauer der Preisrigidität sei viereinhalb Jahre. Selbst mit so hohen Graden exogener Rigidität lässt sich keine endogene Persistenz erzeugen, d.h. der Output steigt zwar kurz an als Folge des Geldmengenschocks, um aber unmittelbar zum Ausgangswert zurückzukehren. Dies ist der wesentliche Kritikpunkt von Chari et al. (1999) an Konjunkturmodellen mit nominaler Rigidität als Propagationsmechanismus.

Wie die Abbildung 3.5 nun aber zeigt, führt nominale exogene Preisrigidität dann zu etwas persistenteren Outputreaktionen, wenn sie von Anpassungskosten begleitet ist, d.h. für höhere Werte von ϕ steigt die gemessene Persistenz an, und der inkrementale Effekt einer marginalen Erhöhung von α nimmt zu. Die Interaktion beider ist offensichtlich ein Schlüssel für das Persistenzproblem. Chari et al. (1999) notieren selbst, dass in ihrem Modell Anpassungskosten Persistenz generieren können. Allerdings gelingt ihnen dies nur zu dem Preis, dass die Reaktion der Investitionen unrealistisch gering relativ zur Outputreaktion wird. Für westdeutsche Daten ist es realistisch anzunehmen, dass die Investitionen etwa zweieinhalb mal so stark um ihren Trend schwanken, wie der reale Output. Wie schon im vorigen Abschnitt vermerkt, ist ein Wert von $\phi \approx 300$ über die einzelnen Modellspezifikationen hinweg geeignet, dieses Verhältnis der relativen Schwankungsbreiten approximativ nachzubilden. Diejenige Persistenz, die bei einem Maximalwert von $\phi = 300$ in den hier entwickelten Modellen generiert wird, ist daher nicht von unrealistischen Nebeneffekten begleitet. Insofern ist Charis et al. (1999) Schlussfolgerung, Anpassungskosten lieferten keine Lösung des Persistenzproblems, in dem hier präsentierten (von demjenigen der Autoren abweichenden) Modell nicht von vorneherein richtig.

Abbildung 3.5: Persistenz der Outputreaktion auf einen unkorrelierten einprozentigen positiven Schock der Wachstumsrate des Geldangebots, Modell ohne intermediäre Produktion, L1

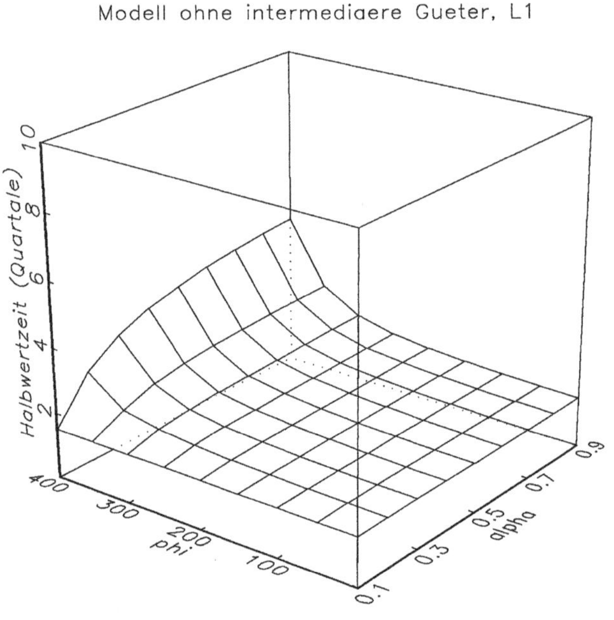

Allerdings ist zu betonen, dass für die Parametrisierung, die hier für die plausibelste gehalten wird, also $\alpha = 0.75$ und $\phi = 300$, die erreichbare Outputpersistenz immer noch viel zu gering ist. Bei diesen Parameterwerten ist die Halbwertzeit im Modell ohne intermediäre Güter nämlich immer noch lediglich 2.36 Quartale, also weniger, als die durchschnittliche Dauer der exogenen Preisrigidität, die ja $\tau = 3$ Quartale beträgt. Insofern kann von endogener, d.h. über das Ausmass exogen angenommener Anpassungsverzögerung hier noch in keiner Weise die Rede sein. Anpassungskosten scheinen eher eine notwendige, aber keinesfalls hinreichende Bedingung zu sein, um persistente Schwankungen aus kleinen nominalen Rigditität en heraus zu erklären.

Zum Vergleich betrachte man nun Abbildung 3.6, in der dieselbe Sensitivitätsanalyse für das Modell mit intermediären Gütern abgebildet ist.

Abbildung 3.6: Persistenz der Outputreaktion auf einen unkorrelierten einprozentigen positiven Schock der Wachstumsrate des Geldangebots, Modell mit intermediärer Produktion, L1

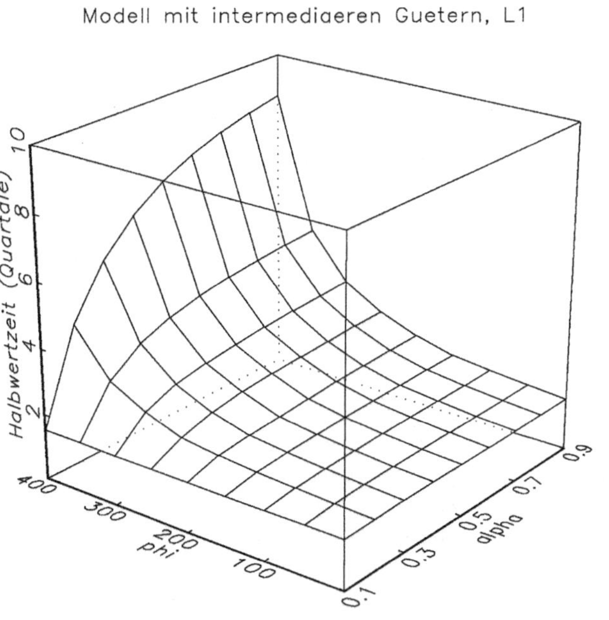

Offensichtlich sind die Halbwertzeiten hier beträchtlich höher, und für die benchmark-Werte von $\alpha = 0.75$ und $\phi = 300$ liegt sie bei 3.73. Daraus folgt, dass die Berücksichtigung intermediärer Produktion in der Lage ist, die Outputpersistenz des Modells bei dieser Parameterkonstellation *relativ* zu dem Modell ohne intermediäre Produktion stark zu erhöhen, nämlich um mehr als die Hälfte (was allerdings absolut noch nicht sehr hoch ist, siehe sogleich unten). Die Ursache hierfür liegt in der Tatsache, dass intermediäre Güter eine reale Rigidität im Sinne von Ball und Romer (1990) sind.[52] Da ihr realer Preis notwendig gleich eins ist, ist ein grosser Teil der realen Grenzkosten konstant; dies bedeutet, dass diejenigen Firmen, die ihren Preis in einer gegebenen Periode anpassen dürfen, ihn in einem relativ geringeren Ausmass anheben werden, da die Richtschnur für ihre Preispolitik die Entwicklung der Grenzkosten ist. Folglich wird das aggregierte Preisniveau sich um so langsamer an sein neues Gleichgewichtsniveau nach dem Schock annähern, je höher der Anteil intermediärer Güter im steady state ist. Auf diese Weise ist intermediäre Produktion, wie schon von Basu (1995) in seinem statischen Modell antizipiert, eine reale Rigidität. Je schwächer die realen Grenzkosten reagieren, je weniger also der Markup sinkt, desto verzögerter ist der Anpassungsprozess. Heuristisch ausgedrückt führt intermediäre Reaktion zu einer 'flachen' Grenzkostenkurve, d.h. der im allgemeinen Gleichgewicht mit einer Outputerhöhung aufgrund der induzierten Faktorpreissteigerung bei vermehrter Beschäftigung aller Produktionsfaktoren einhergehende Grenzkostenanstieg ist geringer, als er es in einem Modell ohne intermediäre Produktion wäre.

Gleichwohl ist die erzielbare Persistenz auch im Modell mit intermediären Gütern zwar relativ grösser als ohne diese Modelleigenschaft, absolut gesehen aber immer noch recht gering. Hierbei ist aber zu berücksichtigen, dass die bisherigen Ausführungen die Modellvariante L1 zugrundegelegt haben, also ein kompetitives Arbeitsangebot mit geringer intertemporaler Substitutionselastizität. Der folgende Unterabschnitt betrachtet demgegenüber den Einfluss von Reallohnrigidität.

Reallohnrigidität

Die Ausgaben für intermediäre Güter sind, für die hier aufgrund empirischer Argumente für realistisch gehaltene Parametrisierung, der grösste Teil der Gesamtkosten eines typischen Unternehmens. Der zweitgrösste Teil sind die Lohnausgaben. Wenn, wie oben argumentiert wurde, Persistenz der Outputreaktion auf einen monetären Schock eine Folge von anfänglich schwachen Grenzkostenerhöhungen ist, dann sollte jeder Mechanismus, der die mit zunehmender Beschäftigung notwendig werdenden Reallohnerhöhungen abschwächt, zusätzliche Persistenz generieren. Die oben als Modellvariante L3 in Übernahme der Spezifikation von Jeanne (1998) ins Spiel gebrachte Reallohnrigidität ist natürlich ein solcher Mechanismus, eine 'reale Rigidität' im oben beschriebenen Sinne. Jeanne (1998) behauptet, dass diese Spezifikation das Persistenzproblem monetärer Konjunkturmodelle weitgehend löst. Allerdings

[52] Vgl. auch Basu (1995), Kiley (1997).

enthält sein Modell keine Kapitalakkumulation, was, wie von Chari et al. (1999) gezeigt, die Ergebnisse präjudiziert. Das Ausmass der Persistenz, das eine wie in Jeanne (1998) modellierte Reallohnrigidität in dem hier vorgestellten vollständigen Modell mit Kapitalakkumulation zu generieren imstande ist, soll in diesem Unterabschnitt untersucht werden. Die folgenden Aussagen beziehen sich daher auf die Spezifikation L3. In der Basisspezifikation, d.h. mit den Werten $\alpha = 0.75$ und $\phi = 300$, liefert das Modell L3 mit einer Reallohnrigidität von $\vartheta = 10$ (dies ist der von Jeanne, 1998, für realistisch gehaltene Wert) eine Halbwertzeit der Outputreaktion von 4.26 Quartalen im Falle ohne und 9.14 Quartalen im Falle mit intermediärer Produktion. Diese Werte liegen erheblich über denjenigen, die mit dem relativ unelastischen kompetitiven Arbeitsangebot L1 im vorigen Unterabschnitt erzielt wurden. Insbesondere im Fall mit intermediärer Produktion ist die Persistenz nunmehr ausgesprochen hoch, so dass sich die oben ausgesprochene Intuition bestätigt, dass der zusätzliche Effekt einer realen Rigidität auf dem Arbeitsmarkt um so stärker wirkt, wenn schon auf dem Gütermarkt durch intermediäre Inputs eine reale Rigidität vorliegt.

Abbildung 3.7: Persistenz der Outputreaktion als Konsequenz eines unkorrelierten einprozentigen positiven Schocks der Wachstumsrate des Geldangebots bei Reallohnrigidität (L3)

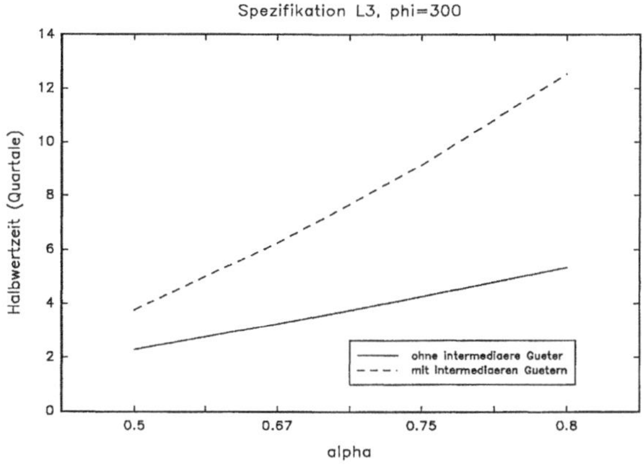

Dies kann genauer an Abbildung 3.7 gesehen werden, welche die Halbwertzeit der Outputreaktion jeweils im Modell L3 mit und ohne intermediäre Güter als Funktion des Parameters α zeigt. Wie deutlich wird, ist die Persistenz im Falle intermediärer Produktion nicht nur höher, sondern die Linie steigt auch stärker nach rechts an, d.h. der marginale Effekt exogener nominaler Preisrigdität übersetzt sich in diesem Modell in stärkere Outputpersistenz, macht das Modell damit in dieser Hinsicht realistischer.

Hierbei wurde der Parameter der Reallohnrigidität bisher auf dem aus der Literatur übernommenen Wert $\vartheta = 10$ belassen. Die naheliegende Frage ist nun, welches der Effekt von Variationen dieses Wertes ist. Deshalb vergleicht Abbildung 3.8 die Outputpersistenz für Werte im Intervall $\vartheta \in \{2, 3, \ldots, 12\}$ bei der benchmark-Parametrisierung von $\alpha = 0.75$ und $\phi = 300$.

Abbildung 3.8: Persistenz der Outputreaktion als Konsequenz eines unkorrelierten einprozentigen positiven Schocks der Wachstumsrate des Geldangebots bei verschiedenen Graden von Reallohnrigidität (L3), $\alpha = 0.75$, $\phi = 300$.

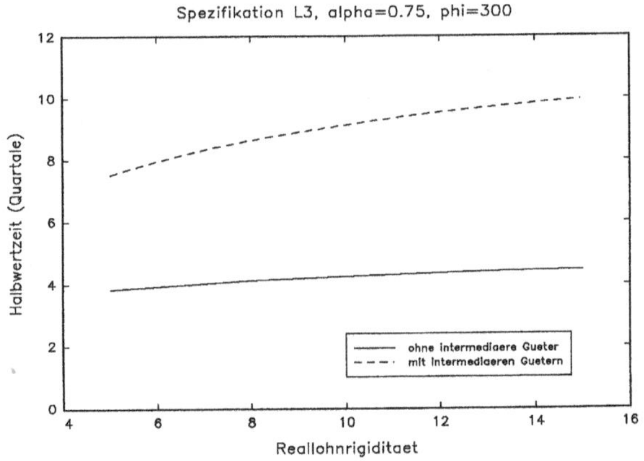

Zweierlei fällt bei der Betrachtung dieser Graphik unmittelbar auf: zum einen liegen die beiden Linien weit auseinander, und sie sind relativ flach. Das bedeutet, dass der Einfluss der Reallohnrigidität zwar natürlich vorhanden ist in dem Sinne, dass eine schwächere Reaktion des Reallohnes auf Outputsteigerungen dazu beiträgt, den Output relativ lange oberhalb seines Trendwertes zu halten. Einen nennenswerten quantitativen Einfluss hat dieser Parameter aber nur in einem Modell mit intermediären Gütern, wo er zu der ohnehin vorhandenen realen Rigidität des Gütermarktes hinzutritt. Der Behauptung Jeannes (1998), Reallohnrigidität sei der Schlüssel zur Erklärung des Persistenz-Phänomens, kann also nicht zugestimmt werden: offensichtlich muss, in einem allgemeineren Modell, das realistischerweise auch Kapitalakkumulation zulässt, vor allem die intermediäre Produktion berücksichtigt werden, um im Bereich des realistischen liegende Werte zu erhalten.

3.7 Fazit

In diesem Kapitel wurde ein dynamisches allgemeines Gleichgewichtsmodell vorgestellt, in dem Schwankungen des nominalen Geldangebotes reale Wirkungen haben, da nicht alle Preise vollständig flexibel sind. Die Grundstruktur des Modells ist von dem Typ, den Goodfriend und King (1997) als 'Neue Neoklassische Synthese' bezeichnen, worunter solche Modelle zu verstehen sind, in denen alle Akteure explizit dynamische Optimierungsprobleme lösen, während aber die Existenz von Friktionen und Rigiditäten dazu führt, dass trotz des an sich neoklassischen Grundgerüstes Schwankungen der aggregierten Nachfrage eine bedeutende Rolle für die Erklärung von Zyklen zukommt.

Ein solches Modell ist in der Lage, antizyklische Bewegungen des Markups zu erzeugen, da bei partieller Preisrigidität die bei Outputexpansionen unweigerlichen Grenzkostenerhöhungen wegen mit zunehmender Beschäftigung der Produktionsfaktoren steigender Faktorentlohnungen dazu führen, dass die nominalen Grenzkosten stärker steigen als die Preise, so dass die realen Grenzkosten ansteigen und, äquivalent dazu, der durchschnittliche Markup sinkt. Wie King und Wolman (1996), Goodfriend und King (1997) und Rotemberg und Woodford (1999) betonen, hat Geld in solchen Modellen nur dann reale Wirkungen, wenn ein Geldmengenschock in der Lage ist, den Markup zu senken. Dies ist bei Preisrigidität aber regelmässig der Fall, so dass sich die vor allem von Goodfriend und King (1997) favorisierte Interpretation des Markups als Bindeglied zwischen nominaler und realer Sphäre des Modells anbietet.

Der Beitrag dieses Kapitels war die Integration von intermediärer Produktion in ein dynamisches Modell mit Preisrigiditäten. Hierzu wurde die statische Produktionsstruktur von Basu (1995), der unterstellt, dass jedes differenzierte, unter Bedingungen monopolistischer Konkurrenz hergestellte Outputgut sowohl für die Endnachfrage als auch als intermediärer Input verwendet wird, in ein dynamisches allgemeines Gleichgewichtsmodell eingebunden, das durch eine Form von partieller Preisrigidität in der Weise des Modells von Calvo (1983) gekennzeichnet ist. Die Resultate, die dieses Modell zustandebringt, sind zweifach. Zum einen wurde gezeigt, dass monetäre Schocks bei Berücksichtigung intermediärer Produktion in der Lage sind, das Grenzprodukt der Arbeit und damit auch die Durchschnittsproduktivität zu erhöhen, was, im Gegensatz zu der von Basu (1995) im Rahmen seines statischen Modells geäusserten Vermutung, allerdings nur für bestimmte, im übrigen aber aufgrund empirischer Beobachtung für realistisch gehaltene Parameterkonstellationen zutrifft. Damit bietet das Modell eine Erklärung der konjunkturellen Beobachtungstatsachen prozyklischer Beschäftigung, Reallöhne, Produktivität und antizyklischer Markups als Folge rein monetärer Störungen bei partieller Preisrigidität.

Dieselben Fakten werden traditionell von Real Business Cycle-Modellen als Folge von technologischen Schocks bei vollständiger Preisflexibilität erachtet. Es wurde daher ein weiteres Kriterium herangezogen, um die relative Plausibilität dieser zwei unterschiedlichen Erklärungen von Konjunkturzyklen abzuschätzen, nämlich die Persistenz der Outputreaktion auf einen Schock, definiert als die Dauer, während derer der Output nach einer Störung braucht, um seinen Trendwert wiederzuerlangen. Dass RBC-Modelle mit flexiblen Preisen kaum in der Lage sind, persistente Outputreaktionen durch nicht selbst persistente Schocks zu erzeugen, ist in der Literatur seit längerem bekannt (vgl. Cogley und Nason, 1995). Jüngst haben Chari et al. (1999) auch die Fähigkeit von monetären Modellen mit Preisstarrheiten, nennenswerte Persistenz zu erzeugen, angezweifelt, indem sie zeigten, dass die in der Literatur für solche Modelle berichteten Persistenzresultate ein Artefakt der Vernachlässigung von Kapitalakkumulation zu sein scheinen.

Hier wurde (in einem anderen Modellrahmen als dem von Chari et al., 1999, verwendeten) gezeigt, dass dieser Einwand insofern richtig ist, als in einem Modell mit Kapitalakkumulation Anpassungskosten des Kapitalstocks berücksichtigt werden müssen, um persistente Outputreaktionen möglich zu machen. Diese Anpassungskosten implizieren allerdings keinerlei unrealistische Nebeneffekte, und besitzen überdies den Vorzug empirischer Plausibilität (vgl. z.B. Chirinko, 1993). Allerdings reichen sie allein nicht aus; vielmehr konnte hier gezeigt werden, dass die Präsenz intermediärer Produktion einen entscheidenden Beitrag zur Erklärung des Persistenzphänomens leistet. Der Grund dafür liegt in der 'realen Rigidität' (Ball und Romer, 1990), die durch intermediäre Produktion impliziert wird. Hierunter wird in der Neu-Keynesianischen Literatur ein Mechanismus verstanden, der dazu führt, dass Outputerhöhungen mit geringen Erhöhungen der nominalen Grenzkosten verbunden sind, so dass der Anreiz zu Preiserhöhungen gering bleibt, wodurch dem

Anpassungsmechanismus im Gefolge eines Schocks Dauerhaftigkeit verliehen wird.[53]

Intermediäre Güter sind nun eine reale Rigidität deshalb, weil sie mit den Outputgütern identisch sind, und keine Preisdiskriminierung zugelassen ist, so dass der Faktorpreis der intermediären Güter im Gleichgewicht gleich dem Outputpreisniveau ist. Eine nominale Preisrigidität übersetzt sich so unmittelbar in nominale Starrheit eines grossen Teils der Grenzkosten, mit der Folge, dass der Anreiz zu weiteren Preisanpassungen klein bleibt. So kann mittels relativ geringer exogener Preisstarrheit ein relativ hohes Mass an endogener schleppender Preisanpassung, daraus folgend dann auch Outputpersistenz, erklärt werden. Dieser Effekt kann realistische Masse an Persistenz hervorbringen, wenn, wie gezeigt wurde, er mit einer für sich und separat betrachtet quantitativ irrelevanten Reallohnrigidität kombiniert wird.

Zwei Punkte müssen allerdings als kritisch bezüglich des hier vorgeschlagenen Modells betrachtet werden. Zum einen beruht der gesamte Mechanismus hier darauf, dass der Markup ausschliesslich aufgrund von Preisrigidität antizyklisch ist. Die implizierte prozyklische Inflationsrate, die hierdurch notwendig wird, um monetäre Schwankungen als Zyklusverursacher glaubhaft zu machen, gehört zu denjenigen stilisierten Fakten des Konjunkturzyklus, über die derzeit keine Einigkeit in der Literatur zu bestehen scheint (vgl. Ravn und Sola, 1995). Nimmt man sie aber als generelles Faktum für gegeben, bleibt noch die Folge des Modells zu überprüfen, dass Markup und Inflationsrate stark kontemporär negativ korreliert sein müssten, wenn Preisrigidität tatsächlich die alleinige Ursache für Markupschwankungen wäre. Wie oben in Abschnitt 3.2.2 demonstriert wurde, müsste zudem die zukünftig erwartete Inflationsrate positiv mit dem Markup assoziiert sein.

Die folgende Tabelle zeigt für den aggregierten Datensatz die Kreuzkorrelationen zweier Masse für den Markup, die in Abschnitt 2.4 berechnet wurden, einmal ohne Verwendung von Daten über den realen Vorleistungspreis (dort $\hat{\mu}_t^{(1)}$ genannt, siehe Gleichung (2.32)) und einmal mit dessen Verwendung (dort $\hat{\mu}_t^{(2)}$ genannt, von Gleichung (2.35)).[54] Die Korrelationen in der Tabelle beruhen wieder auf der bevorzugten Parameterkonstellation $\mu = \rho = 1.2$, $\sigma = 0.4$, $\sigma_B = 1$.

---

[53] Vgl. Romer (1996) oder Kiley (1997) für eine ausführliche Darstellung.

[54] Für empirische Zwecke kann, anders als im Modell, der reale Vorleistungspreis nicht als identisch eins angenommen werden, da empirisch durch die Offenheit der Volkswirtschaft nicht alle intermediären Inputs auch Outputgüter heimischer Firmen sind, so dass die Preisindizes für die Vorleistungen und für den Bruttooutput nicht identisch sind.

Tabelle 3.2: Kreuzkorrelationen von $\widehat{\mu}_t^{(j)}$, $j = 1, 2$, mit $\widehat{\pi}_{t+h}$, $h = -3, \ldots, 3$

	Markup läuft Inflation voraus				Inflation läuft Markup voraus		
	$\widehat{\pi}_{t+3}$	$\widehat{\pi}_{t+2}$	$\widehat{\pi}_{t+1}$	$\widehat{\pi}_t$	$\widehat{\pi}_{t-1}$	$\widehat{\pi}_{t-2}$	$\widehat{\pi}_{t-3}$
$\widehat{\mu}_t^{(1)}$	−0.2277	−0.5542	−0.5917	−0.1604	0.1558	0.2995	0.2243
$\widehat{\mu}_t^{(2)}$	0.0605	−0.1892	−0.5382	−0.6507	−0.3090	0.0318	0.1712

Offensichtlich ist die kontemporäre Korrelation nur für das zweite Mass, $\mu^{(2)}$, stark negativ, während sie für das andere sehr schwach ist. Für $\mu^{(1)}$ wird aber ein negativer Vorlauf des Markups vor der Inflationsrate ausgewiesen, und zwar um eine Periode (man beachte, dass für alle empirischen Aussagen eine Periode ein Jahr bedeutet, während das theoretische Modell für eine quartalsmässige Interpretation parametrisiert wurde). Ein vorlaufendes Verhalten des Markups wäre mit dem Modell nicht ohne weiteres in Einklang zu bringen. Andererseits sind natürlich die empirischen Markup-Masse als Approximationsgrössen für grundsätzlich unbeobachtbare Konstrukte zwangsläufig mit Messfehlern behaftet, so dass diese Betrachtung nicht notwendig aussagekräftig ist. Ausserdem wird tendenziell die Modellprognose, dass während die kontemporäre Korrelation negativ sein muss, die Korrelation des Markups mit der zukünftigen Inflation (strenggenommen der erwarteten Inflation, was aber hier gleichgesetzt wird) aber positiv sein muss, durch die Ergebnisse in der Tabelle bestätigt, wenn auch reichlich schwach. Die Schlussfolgerung lautet daher, dass das Modell zumindest nicht offensichtlich mit empirischer Evidenz in Konflikt steht.

Der zweite Kritikpunkt, der gegen das Modell vorgebracht werden könnte, besteht darin, dass einigermassen willkürlich der gewünschte Markup, der in Abwesenheit von Preisrigiditiät permanent von allen Unternehmen realisiert werden würde, als eine exogene Konstante betrachtet wurde. Wenn aber infolgedessen Preisrigidität der einzige zugelassene Mechanismus ist, der zu einem antizyklisch schwankenden Markup führen kann, ist klar, dass ein solches Modell nur für nominale Schocks als plausibel wirkende Ursachen von Konjunkturschwankungen Raum lässt. Die Frage, ob Produktivitätsschocks mit dem empirisch beobachteten Markup-Verhalten in Einklang gebracht werden können, ist damit noch keineswegs beantwortet. Das folgende Kapitel präsentiert daher ein Modell, in dem nicht nur der durchschnittliche Markup aufgrund von Preisrigiditäten antizyklisch ist, sondern der gewünschte Markup des typischen Unternehmens selbst in einem zyklischen Aufschwung abnimmt.

3.8 Anhang

3.8.1 Gleichgewichtsbedingungen

Ausgedrückt in den transformierten Variablen besteht das Modell dieses Kapitels aus den folgenden Beziehungen:

$$\nu'(L_t) = \frac{\gamma w_t}{c_t} \tag{3.53}$$

$$1 = \frac{\beta c_t}{g_A \gamma} \mathcal{E}_t \left\{ \frac{1}{\pi_{t+1}} \left[\frac{(1-\gamma) g_A \pi_{t+1}}{m_t} + \frac{\gamma}{c_{t+1}} \right] \right\} \tag{3.54}$$

$$1 = \frac{\beta c_t}{g_A \gamma H_t} \mathcal{E}_t \left\{ \frac{\gamma}{c_{t+1}} \left[r_{t+1} + (1-\delta) H_{t+1} + \phi \left(\frac{i_{t+1}}{k_t} \right)^3 \right] \right\} \tag{3.55}$$

$$H_t := \left[1 + \frac{3\phi}{2} \left(\frac{i_t}{k_{t-1}} \right)^2 \right] \tag{3.56}$$

$$\psi_t := i_t \left[1 + \frac{\phi}{2} \left(\frac{i_t}{k_{t-1}} \right)^2 \right] \tag{3.57}$$

$$k_t = (1-\delta)/g_A k_{t-1} + (1/g_A) i_t \tag{3.58}$$

$$y_t = c_t + \psi_t + e_t \tag{3.59}$$

$$\tag{3.60}$$

$$y_t = Z_t F(B(L_t, k_{t-1}), e_t) - N\omega_0 / A_0 \tag{3.61}$$

$$w_t = m c_t Z_t F_1 B_1 \tag{3.62}$$

$$r_t = m c_t Z_t F_1 B_2 \tag{3.63}$$

$$1 = m c_t Z_t F_2 \tag{3.64}$$

$$X_t = \frac{\varphi}{\varphi - 1} \frac{\mathcal{E}_t \sum_{h=0}^{\infty} \alpha^h \pi^{-h\varphi} \beta^h [U'(C_{t+h})/U'(C_t)] P_{t+h}^{\varphi-1} Y_{t+h} / N M C_{t+h}}{\mathcal{E}_t \sum_{h=0}^{\infty} \alpha^h \pi^{-h(\varphi-1)} \beta^h [U'(C_{t+h})/U'(C_t)] P_{t+h}^{\varphi-1} Y_{t+h} / N} \tag{3.65}$$

$$P_t = \left[(1-\alpha) X_t^{1-\varphi} + \alpha (\pi P_{t-1})^{1-\varphi} \right]^{\frac{1}{1-\varphi}} \tag{3.66}$$

$$\tag{3.67}$$

$$m_t = \frac{g_t}{g_A \pi_t} m_{t-1} \tag{3.68}$$

$$\ln g_t = \rho_M \ln g_{t-1} + (1-\rho_M) \ln g + \eta_t \tag{3.69}$$

$$\ln Z_t = \rho_Z \ln Z_{t-1} + \epsilon_t \tag{3.70}$$

$$A_{t+1}/A_t = g_A \tag{3.71}$$

$$\omega_{t+1}/\omega_t = g_A \tag{3.72}$$

3.8.2 Das linearisierte System

Das nichtlineare Differenzengleichungssystem wird mittels einer Taylor-Approximation erster Ordnung an der Stelle des steady state, in dem alle transformierten Variablen konstant sind, linearisiert. Ein Zirkumflex über einer Variablen bedeutet im folgenden ihre prozentuale Abweichung vom steady state-Wert, und Symbole, die nicht mit einem Zeitindex versehen sind, bezeichnen wie üblich konstante Werte, hier also die konstanten Werte der transformierten Variablen im steady state des Modells. Es wird angenommen, dass im steady state keine reinen Gewinne der Unternehmen auftreten. Aus diesem Grund muss der Preis-Grenzkosten-Markup im steady state, $\mu = \varphi/(\varphi - 1)$, gleich sein der Skalenelastizität im steady state, ρ. Im folgenden dient die Setzung $\theta \equiv g_A - (1 - \delta)$ der Abkürzung der Notation, und die Konstanten s_L, s_K und s_E bezeichnen wiederum die Anteile der Produktionsfaktoren Arbeit, Kapital und Vorleistungen am gesamten nominalen Bruttooutput im steady state. Wegen der Restriktion $\mu = \rho$, d.h. der Abwesenheit reiner Gewinne im steady state, müssen sich diese drei konstanten Anteile zu eins addieren.

$$0 = -\widehat{\nu'(L_t)} + \widehat{w}_t - \widehat{c}_t \tag{3.73}$$

$$0 = \widehat{c}_t - \mathcal{E}_t(\beta/g_A)\widehat{\pi}_{t+1} - (1 - \beta/(g_A\pi)))\mathcal{E}_t\widehat{m}_t - (\beta/(g_A\pi))\mathcal{E}_t\widehat{c}_{t+1} \tag{3.74}$$

$$0 = \widehat{c}_t - \widehat{H}_t - \mathcal{E}_t\widehat{c}_{t+1} + [(r\beta)/(g_A H)]\mathcal{E}_t\widehat{r}_{t+1} + [(\beta/g_A)(1-\delta)]\mathcal{E}_t\widehat{H}_{t+1} \tag{3.75}$$

$$+[(3\phi\beta\theta^3)/(g_A H)]\mathcal{E}_t(\widehat{i}_{t+1} - \widehat{k}_t) \tag{3.76}$$

$$0 = -\widehat{H}_t + \frac{3\phi\theta^2}{1 + 1.5\phi\theta^2}[\widehat{i}_t - \widehat{k}_{t-1}] \tag{3.77}$$

$$0 = -\widehat{\psi}_t + \frac{1 + 1.5\phi\theta^2}{1 + 0.5\phi\theta^2}\widehat{i}_t - \frac{\phi\theta^2}{1 + 0.5\phi\theta^2}\widehat{k}_{t-1} \tag{3.78}$$

$$0 = -\widehat{k}_t + [(1-\delta)/g_A]\widehat{k}_{t-1} + \theta/g_A\widehat{i}_t \tag{3.79}$$

$$0 = -\widehat{y}_t + \frac{c}{y}\widehat{c}_t + \frac{\psi}{y}\widehat{\psi}_t + \frac{e}{y}\widehat{e}_t \tag{3.80}$$

$$0 = -\widehat{y}_t + \mu\widehat{Z}_t + \mu s_L\widehat{L}_t + \mu s_K\widehat{k}_{t-1} + \mu s_E\widehat{e}_t \tag{3.81}$$

$$0 = -\widehat{w}_t + \widehat{Z}_t + \widehat{mc}_t + \frac{s_E}{\sigma}(\widehat{e}_t - \widehat{b}_t) + \frac{s_K}{\sigma_B(s_L + s_K)}(\widehat{k}_{t-1} - \widehat{L}_t) \tag{3.82}$$

$$0 = -\widehat{r}_t + \widehat{Z}_t + \widehat{mc}_t + \frac{s_E}{\sigma}(\widehat{e}_t - \widehat{b}_t) + \frac{s_L}{\sigma_B(s_L + s_K)}(\widehat{L}_t - \widehat{k}_{t-1}) \tag{3.83}$$

$$0 = \widehat{mc}_t + \widehat{Z}_t + \frac{1 - s_E}{\sigma}(\widehat{b}_t - \widehat{e}_t) \tag{3.84}$$

$$0 = -\widehat{b}_t + \frac{s_L}{s_L + s_K}\widehat{L}_t + \frac{s_K}{s_L + s_K}\widehat{k}_{t-1} \tag{3.85}$$

$$0 = -\widehat{\pi}_t + \frac{(1-\alpha)(1-\alpha\beta g_A)}{\alpha}\widehat{mc}_t + \beta g_A\mathcal{E}_t\widehat{\pi}_{t+1} \tag{3.86}$$

$$0 = -\widehat{m}_t + \widehat{g}_t + \widehat{m}_{t-1} - \widehat{\pi}_t \tag{3.87}$$

$$0 = -\widehat{g}_t + \rho_M\widehat{g}_{t-1} + \eta_t \tag{3.88}$$

$$0 = -\widehat{Z}_t + \rho_Z\widehat{Z}_{t-1} + \epsilon_t \tag{3.89}$$

4 Endogener Markteintritt

In den Modellen des vorigen Abschnittes war eine unterstellte nominale Preisrigidität die entscheidende Eigenschaft, die es ermöglichte, qualitativ realistische Reaktionen des Markups als Folge von Schwankungen des Geldangebotes zu erklären. Demgegenüber zeigte sich, dass exogene Schwankungen der totalen Faktorproduktivität, die eine zentrale Rolle für die Konjunkturerklärung durch die Real Business Cycle-Theorie spielen, nicht in der Lage waren, eine mit dem Output negativ korrelierte Reaktion des Markups zu erzeugen, denn im Falle einer vorliegenden Preisrigidität wäre die Wirkung eines solchen technologischen Schocks eine positive Korrelation zwischen Output und Markup, und im Falle vollständig flexibler Preise wäre der Markup konstruktionsbedingt konstant. Durch die Einführung intermediärer Produktion in das Modell mit Preisrigiditäten konnte zudem, für eine realistische Parametrisierung, das prozyklische Verhalten der durchschnittlichen Arbeitsproduktivität, das für gewöhnlich als starkes Indiz zugunsten der RBC-Hypothese gewertet wird, ausschliesslich als Folge von monetären Schocks erklärt werden.

Allerdings wäre die naheliegende Schlussfolgerung, dass aufgrund des empirisch antizyklischen Verhaltens des Markups technologische Schocks als dominante Zyklusverursachung ausscheiden, verfrüht, da sie nur gilt, wenn das Markupverhalten ausschliesslich durch Preisrigidität bestimmt wird. Mit anderen Worten stand im vorigen Kapitel die Reaktion des tatsächlichen durchschnittlichen Markups im Mittelpunkt, während der von den Firmen gewünschte Markup als konstant unterstellt wurde. Der gewünschte Markup ist aber derjenige, der bei vollständig flexiblen Preisen permanent realisiert würde, während Preisrigidität zu einem Auseinanderfallen des gewünschten und des tatsächlichen durchschnittlichen Markups führt. Eine alternative Erklärung des empirisch antizyklischen Markupverhaltens könnte also sein, dass bei flexiblen Preisen der gewünschte Markup in einem konjunkturellen Aufschwung fällt. Da der gewünschte Markup ein Index der Intensität der Konkurrenz ist, müsste für eine solche Theorie ein zyklischer Aufschwung endogen mit kompetitiverem Verhalten der Unternehmen bzw. einer zu geringeren Preissetzungsspielräumen führenden Marktstruktur einhergehen. Falls ein solcher Zusammenhang gegeben wäre, könnten die hier im Mittelpunkt stehenden zyklischen Fakten, nämlich ein antizyklischer Markup in Verbindung mit prozyklischer Beschäftigung, Reallohn und Arbeitsproduktivität auch von einem Modell mit vollständig flexiblen Preisen und technologischen Schocks als Zyklusverursacher erklärt werden.

In diesem Abschnitt wird daher ein Modell präsentiert, in dem der von den Firmen gewünschte Markup bei einem Anstieg der zyklischen Aktivität unter bestimmten Umständen endogen sinkt. Ziel dieser Übung ist es, wie schon im vorigen Kapitel, die qualitative Plausibilität der implizierten Modellreaktionen auf stochastische Störungen zu beurteilen, um daraus eine Einschätzung abzuleiten, wie das stilisierte Faktum antizyklischer Markups theoretisch erklärbar ist. Der spezifische Mechanismus, der im Modell dieses Kapitels verwendet wird, basiert auf dem endogenen Markteintritt von Firmen: wenn eine expansive Störung dazu führt, dass die durchschnittliche Firma positive reine Gewinne macht, treten weitere Firmen in den Markt ein. Wenn nun die erhöhte Firmenanzahl dazu führt, dass die typische Firma es für optimal hält, den Abstand zwischen ihrem Absatzpreis und ihren Grenzkosten zu reduzieren, folgt ein endogen antizyklischer Markup.

Es muss für einen solchen Mechanismus also ein Zusammenhang zwischen der Firmenanzahl und dem Markup konstruiert werden. Ein solcher Zusammenhang ist fraglos gegeben in einem Cournot-Modell oligopolistischer Konkurrenz, und wurde von Portier (1995) in einem Konjunkturmodell und von D'Aspremont et al. (1995) in einem Wachstumsmodell benutzt. In Modellen monopolistischer Konkurrenz tritt ein solcher Effekt dann auf, wenn durch Markteintritt der Preissetzungsspielraum einer einzelnen Firma sinkt, wie es in dem Produktraummodell von Salop (1979) oder in dem von Solow (1986) der Fall ist; dieser Modelltyp wurde von Pagano (1990) genutzt, um Fiskalpolitik in einem Modell überlappender Generationen zu untersuchen.

In dem im vorigen Kapitel verwendeten Modell monopolistischer Konkurrenz in der Tradition von Dixit und Stiglitz (1977) ist der Markup eine Konstante, und hängt daher auch nicht von der Firmenzahl ab. Allerdings lässt sich ein solcher Zusammenhang plausiblerweise unterstellen, wenn man berücksichtigt, dass eine zunehmende Anzahl von Firmen, von denen ja jede genau eine Variante des differenzierten Outputgutes herstellt, automatisch eine zunehmende Anzahl differenzierter Gütervarianten bedeutet. Es ist daher plausibel, anzunehmen, dass bei einer zunehmenden Produktvielfalt die Substituierbarkeit der Gütervarianten untereinander in der Sicht des typischen Konsumenten zunimmt. Ist dies gegeben, führt eine erhöhte Firmenzahl zu einem sinkenden von der einzelnen Firma gewünschten Markup, da letzterer negativ vom Betrag der Preiselastizität der Nachfrage abhängt, die Preiselastizität aber gleich der Substitutionselastizität zwischen je zwei Gütervarianten ist. Eine solche Spezifikation, die eine Verallgemeinerung des ursprünglichen Dixit und Stiglitz (1977) Modells darstellt, wurde von Galí (1995) in einem Wachstumsmodell benutzt, um als 'Entwicklungsfallen' interpretierte multiple gleichgewichtige Wachstumspfade zu erklären. Hier verwende ich Galís (1995) Spezifikation in dem

Konjunkturmodell, das im vorigen Kapitel vorgestellt worden ist, um die Reaktion von durchschnittlichem und gewünschten Markup als Folge unterschiedlicher konjunktureller Schocks untersuchen zu können.[55]

Die Vorgehensweise in diesem Kapitel ist wie folgt: Abschnitt 4.1 stellt die Haushaltsseite des Modells vor und erläutert die gegenüber dem vorigen Kapitel unterschiedlichen Annahmen. Abschnitt 4.2 zeigt die Auswirkungen dieser Annahmen auf die Unternehmensseite. Beide Abschnitte können relativ kurz gehalten werden, da grosse Teile des Modells aus Kapitel 3 übernommen werden können. Dasselbe gilt für die Beschreibung des Staatssektors 4.3, des Gleichgewichts 4.4 und für die Parameterwahl in Abschnitt 4.5, in denen jeweils nur gegebenenfalls auftauchende Abweichungen gegenüber der Behandlung in Kapitel 3 dargestellt werden. Abschnitt 4.6 präsentiert die Ergebnisse, und Abschnitt 4.7 zieht eine Schlussfolgerung.

4.1 Haushalte

Das Modell wird vom vorigen Kapitel übernommen, indem lediglich die entscheidende Annahme hinzugefügt wird, die Substitutionselastizität φ zwischen je zwei differenzierten Gütern sei eine steigende Funktion der Anzahl verfügbarer Güter, N_t. Da N_t hier eine Variable ist, während es im vorigen Kapitel eine Konstante war, wird nunmehr ein Zeitindex an dem Symbol hinzugefügt. Diese, in anderem Zusammenhang von Galí (1995) verwendete Annahme, lässt sich dadurch rechtfertigen, dass eine zunehmende Zahl von differenzierten Varianten eines Outputgutes plausiblerweise dazu führen kann, dass diese Gütervarianten in den Augen des repräsentativen Konsumenten immer ähnlicher werden.

Die Spezifikation lautet also

$$\varphi_t = \varphi(N_t), \qquad \varphi' > 0, \tag{4.2}$$

so dass der CES-Aggregator, der für die Definition des aggregierten Konsums und der aggregierten Investition benutzt wird, nunmehr von N_t, der Firmenanzahl bzw. gleichbedeutend der Anzahl der verfügbaren differenzierten Güter abhängig ist und

[55] Andere Modelle, in denen der gewünschte Markup endogen schwankt wurden von Rotemberg und Woodford (1992), Phelps (1994), und Chevalier und Scharfstein (1996) vorgelegt. Keines dieser Modelle beachtet allerdings die mögliche Interaktion mit den Effekten nominaler Preisrigidität.

daher

$$
\begin{aligned}
C_t &= N_t^{\frac{1}{1-\varphi(N_t)}} \left[\sum_{i=1}^{N_t} C_{it}^{\frac{\varphi(N_t)-1}{\varphi(N_t)}} \right]^{\frac{\varphi(N_t)}{\varphi(N_t)-1}} \\
\Psi_t &= N_t^{\frac{1}{1-\varphi(N_t)}} \left[\sum_{i=1}^{N_t} \Psi_{it}^{\frac{\varphi(N_t)-1}{\varphi(N_t)}} \right]^{\frac{\varphi(N_t)}{\varphi(N_t)-1}}
\end{aligned}
\tag{4.3}
$$

lautet. Da φ_t ausser der Substitutionselastizität zwischen je zwei differenzierten Güter zugleich die Preiselastizität der Nachfrage ist, muss für die Existenz eines Gleichgewichts die notwendige Restriktion $\varphi(N_t) > 1, \quad \forall N_t$ angenommen werden. Die genaue Gestalt der Funktion $\varphi(N_t)$ braucht nicht spezifiziert zu werden, da das Modell unten ohnehin nur in einer linearen Approximation gelöst werden kann. Für eine lineare Approximation muss aber nur die Elastizität der Funktion $\varphi(N_t)$ bezüglich kleiner Änderungen der Güteranzahl an der Stelle eines steady states mit konstanter Firmenzahl und daher konstantem φ bestimmt werden. Diese Elastizität sei

$$
\epsilon_{\varphi,N} := \frac{\partial \varphi}{\partial N_t} \frac{N_t}{\varphi_t} > 0. \tag{4.4}
$$

Diese Elastizität ist der einzige neue Parameter, der in der in diesem Abschnitt vorgestellten Modellvariante gegenüber dem Modell des vorigen Abschnitts spezifiziert werden muss.

Da N_t aus der Sicht des Haushalts zu jedem Zeitpunkt eine gegebene Grösse darstellt, ist die weitere Ableitung der optimalen Entscheidungsregeln zu derjenigen in dem Modell des vorigen Abschnitts identisch, wenn jeweils $\varphi_t = \varphi(N_t)$ substituiert wird. Es kann daher für alles weitere auf die ausführliche Darstellung in Kapitel 3 verwiesen werden.

4.2 Unternehmen

Zu einem gegebenen Zeitpunkt t sind N_t Firmen im Markt aktiv, von denen jede eine differenzierte Variante des Outputgutes anbietet. Das intratemporale Optimierungsproblem des typischen Unternehmens ist dasselbe, wie im Kapitel 3. Was sich allerdings ändert, ist das dynamische Preissetzungsproblem der typischen, z.B. der i-ten Firma. Wiederum darf nur ein Bruchteil $1-\alpha$ aller Firmen den Preis in einer gegebenen Periode frei wählen, während der Rest aller Firmen den Preis nur mechanisch um die durchschnittliche steady state-Inflationsrate π erhöhen darf. Folgt man den Schritten, die im Abschnitt 3.2.2 des vorigen Kapitels ausgeführt sind, wobei jeweils der dort auftauchende Parameter N durch die Variable N_t ersetzt wird, so erhält man als die dynamische Bedingung erster Ordnung für die Wahl des gewinnmaximierenden Preises X_t eines Unternehmens, das den Preis in Periode t frei wählen darf

$$X_t = \frac{\mathcal{E}_t \sum_{h=0}^{\infty} \alpha^h f_{t,t+h}[-\varphi(N_{t+h})] Y_{i,t+h}^d MC_{t+h}/P_{t+h}}{\mathcal{E}_t \sum_{h=0}^{\infty} \alpha^h f_{t,t+h}[1-\varphi(N_{t+h})] Y_{i,t+h}^d / P_{t+h}}. \tag{4.5}$$

In Abwesenheit von Preisrigidität würde die i-te Firma den Preis so wählen, dass an der Stelle des Optimums der Quotient aus optimalem Preis und Grenzkosten, also der gewünschte Markup

$$\mu_t = \frac{\varphi(N_t)}{\varphi(N_t)-1} = \mu(N_t), \tag{4.6}$$

betragen würde. Linearisiert man diesen Ausdruck an der Stelle eines konstanten steady state-Markups in Höhe von μ, so ergibt sich

$$\widehat{\mu}_t = -(\mu - 1)\epsilon_{\varphi,N}\widehat{N}_t, \tag{4.7}$$

worin $\epsilon_{\varphi,N}$ oben in (4.4) definiert wurde. Man beachte, dass aufgrund der Annahmen an die Produktionsfunktion N_t eine stationäre Variable ist: die im Trendwachstum gleichbleibende Bedeutung der gesamten Fixkosten wird hier nicht dadurch gesichert, dass die Firmenzahl trendmässig wüchse, sondern dadurch, dass die Fixkosten ω_t mit der konstanten Wachstumsrate des arbeitsvermehrenden technischen Fortschritts, g_A, zunehmen. Da N_t eine stationär schwankende Variable ist, die nach einem Schock (bei Stabilität des Modells) zu ihrem Ausgangswert zurückkehrt, gilt dasselbe vermittels (4.6) auch für den gewünschten Markup. Obwohl der gewünschte Markup also endogen von der Firmenanzahl abhängt und im Konjunkturzyklus schwanken kann, ist er langfristig, d.h. wenn kein Schock aufgetreten ist und auftritt, ebenfalls eine Konstante, weil langfristig die Firmenzahl eine Konstante ist.

An (4.7) kann man sich die Grössenordnung der implizierten Markup-Variation deutlich machen: eine einprozentige Erhöhung der Firmenzahl führt approximativ zu einem $(\mu - 1) \cdot \epsilon_{\varphi,N}$-prozentigen Sinken des Markups. Wird wieder ein steady state-Markup von $\mu = 1.2$ zugrundegelegt, so führt ein Wert von $\epsilon_{\varphi,N} = 5$ zu einer Elastizität des Markups bezüglich der Firmenzahl von eins. Dieser Wert wird unten als mittlerer Wert für die Parametrisierung des Modells genutzt, obwohl er in

Abwesenheit empirischer Überprüfungsmöglichkeit ebenso arbiträr wie jeder andere ist und daher zusätzlich die Abschätzung des Einflusses anderer Werte erforderlich macht.

Linearisierung der dynamischen Preissetzungsregel (4.5) ergibt:

$$\begin{aligned}\widehat{X}_t &= (1-\alpha\beta g_A)\mathcal{E}_t \sum_{h=0}^{\infty}(\alpha\beta g_A)^h \left\{\widehat{MC}_{t+h} + [\varphi(N_{t+h})/(\widehat{\varphi(N_{t+h})}-1)]\right\} \\ &= (1-\alpha\beta g_A)\mathcal{E}_t \sum_{h=0}^{\infty}(\alpha\beta g_A)^h \left\{\widehat{MC}_{t+h} + \widehat{\mu}_{t+h}\right\}\end{aligned} \tag{4.8}$$

worin μ_t hier, wie oben gesagt, der gewünschte Markup ist. Da dieser hier keine Konstante mehr, wie im vorigen Kapitel, sondern variabel ist, gilt auch nicht mehr die frühere Gleichsetzung des Markups mit der Inverse der realen Grenzkosten. Vielmehr sind erstere und letztere nunmehr grundsätzlich verschieden, $\mu_t \neq mc_t^{-1} = MC_t/P_t$, wenn Preisrigidität vorliegt, d.h. wenn $\alpha \neq 0$ ist. Nur im Spezialfall vollständiger Preisflexibilität gilt die Identität zwischen dem gewünschten Markup und den durchschnittlichen inversen realen Grenzkosten wieder. Der Grund dafür ist, dass der gewünschte Markup ein Mikroparameter einer individuellen Firma ist, während die realen Grenzkosten ein durchschnittlicher, also aggregierter Makroparameter sind. Zwar sind die nominalen Grenzkosten, also der Zähler von $mc_t = MC_t/P_t$, nach wie vor für alle Firmen identisch, aber in den Nenner geht das aggregierte Preisniveau ein, das – bei Preisrigidität im Calvo (1983)-Modell – ein Durchschnitt über die Preise von Unternehmen, die sich anpassen dürfen, und von solchen, die sich nicht anpassen dürfen ist.

Die weitere Umformung der linearisierten Bedingung erster Ordnung ist analog zu derjenigen, die ausführlich im vorigen Kapitel dargestellt wurde. Für die Trendabweichung der Inflationsrate ergibt sich

$$\begin{aligned}\widehat{\pi}_t &= \beta g_A \mathcal{E}_t \widehat{\pi}_{t+1} + \frac{(1-\alpha)(1-\alpha\beta g_A)}{\alpha}\{\widehat{mc}_t + \widehat{\mu}_t\} \\ &= \beta g_A \mathcal{E}_t \widehat{\pi}_{t+1} + \frac{(1-\alpha)(1-\alpha\beta g_A)}{\alpha}\left\{\widehat{mc}_t - (\mu-1)\epsilon_{\varphi,N}\widehat{N}_t\right\},\end{aligned} \tag{4.9}$$

wobei die letzte Gleichsetzung durch Einsetzen von (4.7) folgt. Aus der ersten Gleichung wird der Effekt des variablen gewünschten Markups deutlich: Wie im vorigen Kapitel 3 hat ein Anstieg der realen Grenzkosten mc_t ceteris paribus einen temporären Inflationsanstieg zur Folge. Hier tritt mit der Variation des gewünschten Markups aber ein zweiter Effekt hinzu, nämlich ein zusätzlich preissteigernder

Einfluss eines möglichen Anstiegs des gewünschten Markups μ_t. Die zweite Gleichung zeigt, indem die Änderung des letzteren auf ihre Determinante, die Änderung der Firmenanzahl N_t zurückgeführt wird, dass im Ergebnis die Inflationsrate mit den realen Grenzkosten steigt und mit der Firmenanzahl sinkt. Damit ist klar, dass endogener Markteintritt, sofern er prozyklisch ist und daher in Zeiten auftritt, in denen die realen Grenzkosten wegen des von den Faktormärkten stammenden Kostendrucks ansteigen, denselben Effekt hat, wie eine kostenbremsende 'reale Rigidität' in der Definition, wie der Term im vorigen Kapitel eingeführt wurde. Die Tatsache, dass endogen antiyklische gewünschte Markups eine Form von realer Rigidität sind, ist in der mit statischen Modellen operierenden Neu-Keynesianischen Literatur bereits bekannt, seit Ball und Romer (1990) den Begriff prägten. Der Mechanismus lässt sich analog zu der Diskussion von Persistenzeffekten im vorigen Kapitel erläutern: jede Outputerhöhung muss von einer höheren Faktornutzung begleitet sein, so dass von dorther die Faktorpreise steigen werden und daher die nominalen Grenzkosten sich generell erhöhen müssen. Wenn nun, zeitgleich mit der Outputerhöhung, die Unternehmen endogen zu der Auffassung kommen, dass sie ihre Preise nicht im gleichen Ausmass anheben sollten, wie die Grenzkostenerhöhung, wenn also ihr gewünschter Markup endogen sinkt, dann wird die Grenzkostenerhöhung nicht sofort in Inflation weitergegeben, was der ursprünglichen Outputerhöhung eine gewisse Dauerhaftigkeit verleiht. Äquivalent hierzu ist die Aussage, dass bei einem niedrigeren gewünschten Markup die Faktornachfrage der typischen Firma bei gegebenen realen Faktorpreisen höher ist, so dass für die Dauer, während der der Markup geringer ist, als sein Durchschnittsniveau, die Faktornachfrage und damit der Output höher ist. Man beachte, dass ein endogen sinkender gewünschter Markup eine Quelle von multiplen steady state-Gleichgewichten sein kann, wie in dem Modell von Pagano (1990) oder von 'sunspot'-Fluktuationen, also sich selbst erfüllenden rationalen Erwartungen, wie in Weder (1996). Diese Effekte treten für die hier gewählten Parametrisierungen aber nicht auf. Hier wird im weiteren untersucht, inwieweit der Zusammenhang als ein tragfähiger Propagationsmechanismus in einem voll ausformulierten Konjunkturmodell tauglich ist.

Es soll angenommen werden, dass Markteintritt zur Erfüllung einer Nullgewinnbedingung führe. Sofern Preisrigidität nach Art des Modells von Calvo (1983) vorliegt, ist diese Bedingung allerdings nicht ganz eindeutig, da Heterogenität zwischen den Firmen besteht: diejenigen, die ihren Preis anpassen dürfen, werden eine andere Höhe des Profits erwirtschaften, als diejenigen Firmen, die ihren Preis in einer gegebenen Periode nicht anpassen dürfen, sondern ihn aus der Vorperiode übernehmen müssen. Ich nehme hier an, dass der Markteintritt sich orientiere am realisierten

Durchschnittsgewinn einer Periode, also immer dann erfolgt, wenn der Quotient aus den aufsummierten Unternehmensprofiten der Gesamtwirtschaft zu der Firmenanzahl positiv ist. Das impliziert, dass die eintretenden Unternehmen ihren Preis in jedem Fall frei wählen können.

Die Eintrittsbedingung kann wie folgt gefunden werden. Die aggregierte Produktionsfunktion kann wie im vorigen Kapitel geschrieben werden, indem Output und Faktornutzung eines durchschnittlichen Unternehmens betrachtet werden, das mit $\bar{L} = L/N$ Einheiten Arbeit, $\bar{K} = K/N$ Einheiten Kapital und $\bar{E} = E/N$ Einheiten intermediärer Inputs den N-ten Teil des Outputs $\bar{Y} = Y/N$ produziert. Aufgrund der angenommenen Homogenitätseigenschaften der Produktionsfunktion folgt für den aggregierten Output

$$Y_t := \sum_{i=1}^{N_t} \frac{Y_{it}}{N_t} = \sum_{i=1}^{N_t} \bar{Y}_t = Z_t F(B(A_t L_t, K_{t-1}), E_t) - N_t \omega_0 / A_0. \tag{4.10}$$

Da das Modell in einer log-linearisierten Approximation gelöst wird, ist die Definitionsgleichung für den aggregierten Profit, $\Pi_t = P_t Y_t - MC_t(Y_t + N_t\omega_0/A_0$ nicht hilfreich, da im steady state, an dessen Stelle linearisiert werden soll, keine Profite existieren. Deshalb seien, äquivalent, die Durchschnittskosten betrachtet. Die realen Durchschnittskosten eines durchschnittlichen Unternehmens, genannt $ac_t := AC_t/P_t$, sind der Quotient aus realen Faktorausgaben zu realem Output, bewertet mit dem aggregierten Preisniveau,

$$ac_t = \frac{W_t \bar{L}_t + R_t \bar{K}_{t-1} + P_t \bar{E}_t}{P_t \bar{Y}_t} = \frac{W_t L_t + R_t K_{t-1} + P_t E_t}{P_t Y_t}. \tag{4.11}$$

Die Linearisierung dieses Ausdrucks an der Stelle eines steady states mit konstanten Faktoreinkommensanteilen liefert

$$\widehat{ac}_t = -\frac{\mu - 1}{\mu}(\widehat{Y}_t - \widehat{N}_t) - \widehat{Z}_t + (s_L \widehat{w}_t + s_K \widehat{r}_t), \tag{4.12}$$

wobei die Linearisierung der aggregierten Produktionsfunktion

$$\widehat{Y}_t = \mu \widehat{Z}_t + \mu s_L \widehat{L}_t + \mu s_K \widehat{K}_t + \mu s_E \widehat{E}_t - (\rho - 1)\widehat{N}_t \tag{4.13}$$

berücksichtigt ist; hierin ist ρ die Skalenelastizität im steady state. Für diese wird wiederum $\rho = \mu$ angenommen, also reine Profite im steady state auf null gesetzt; ferner sind w_t und r_t die in Kapitel 3 definierten Realentlohnungen von Arbeit und

Kapital. Das Auftauchen des letzten Terms in (4.13), der einen negativen Einfluss der Trendabweichung der Firmenanzahl auf die Trendabweichung des aggregierten Outputs konstatiert, liegt an der Tatsache, dass zusätzliche Firmen im Markt mit insgesamt höheren Fixkosten verbunden sind. Gleichung (4.12) zeigt die Dynamik der realen Durchschnittskosten an. Der Kehrwert von ac_t ist das Verhältnis des Preisniveaus zu den symmetrischen Durchschnittskosten, also eins plus der durchschnittliche Stückgewinn. Es wird angenommen, dass dieser durch Markteintritt auf null gebracht wird, also Markteintritt so erfolgt, dass $ac_t = 1$ und daher aus (4.12)

$$\widehat{N}_t = \widehat{Y}_t + \frac{\mu}{\mu - 1}\widehat{Z}_t - \frac{\mu}{\mu - 1}(s_L\widehat{w}_t + s_K\widehat{r}_t) \tag{4.14}$$

abgeleitet werden kann. Dies ist die Gleichung für die Änderung der Firmenzahl, die dazu führt, dass die durchschnittlichen Profite in jedem Zeitpunkt gleich null sind.

4.3 Staat

Der Staatssektor wird unverändert aus Kapitel 3 übernommen. Er dient wiederum nur dazu, die nominale Geldmenge als Transfer an den Haushaltssektor zu verteilen. Politikparameter ist wieder die Wachstumsrate dieses Geldangebotes, für die ein autoregressiver Prozess erster Ordnung unterstellt wird.

4.4 Gleichgewicht

Die Gleichgewichtsdefinition des Kapitels 3 kann übernommen werden mit der zusätzlichen Erfordernis, dass die Firmenanzahl in jeder Periode diejenige Höhe annimmt, die zur Realisierung eines aggregierten Durchschnittsgewinns in Höhe von null erforderlich ist. Die Nullgewinnbedingung ist die einzige zusätzliche Gleichung, die in dem Modell dieses Kapitels berücksichtigt werden muss.

Das Modell wird wieder linearisiert und mit der Methode unbestimmter Koeffizienten gelöst unter Anwendung des Algorithmus von Uhlig (1999). Die einzigen Änderungen gegenüber Kapitel 3 betreffen die neue Gleichung (4.14) für die Dynamik des Markteintritts, die im vorigen Kapitel identisch null war, die aggregierte Produktionsfunktion (4.13), in der nunmehr die Firmenanzahl mit einem negativen Vorzeichen auftaucht, welches die mit zunehmender Firmenanzahl einhergehende Erhöhung der aggregierten Fixkosten reflektiert, und die in (4.9) gezeigte unterschiedliche Inflationsgleichung, in der der Effekt eines variablen gewünschten Markups zu dem Effekt der durchschnittlichen realen Grenzkosten hinzutritt. Der Anhang zu diesem Kapitel enthält die nichtlinearen Gleichgewichtsbedingungen und ihre linearisierten Gegenstücke, soweit sie von den entsprechenden Gleichungen des in Kapitel 3 präsentierten Modells abweichen.

4.5 Parameterwahl

Im Mittelpunkt dieses Kapitels steht, im Gegensatz zu dem vorigen, die Frage, ob das beobachtbare Markup-Verhalten, zusammen mit anderen relevanten Eigenschaften empirischer Konjunkturzyklen, auch als Folge von aggregierten Angebotsschocks, die in der Tradition der Real Business Cycle-Hypothese als stochastische Schwankung der totalen Faktorproduktivität abgebildet werden, verstanden werden kann. Die Wirkung monetärer Schocks wird zwar ebenfalls kurz präsentiert, steht aber nicht im Mittelpunkt. Aus diesem Grund wird hier nur diejenige Spezifikation für den Disnutzen der Arbeitszeit verwendet, die oben als L2 bezeichnet worden war, also Hansens (1985) 'indivisible labor'-Modell mit einer unendlich hohen aggregierten intertemporalen Substitutionselastizität. Diese Spezifikation ist ein Standard der RBC-Literatur und wird hier für dieses Kapitel übernommen, um der RBC-Hypothese zum Zwecke des Argumentes weitestmöglich entgegenzukommen. Allerdings ist keine qualitative Schlussfolgerung dieses Kapitels von dieser Wahl abhängig.

Der einzige neue Parameter ist die Elastizität der Substitutionselastizität zwischen Gütern bezüglich Änderungen der verfügbaren Anzahl von Gütervarianten, $\epsilon_{\varphi,N}$. Da dieser Parameter nicht beobachtbar ist, werden die Ergebnisse für verschiedene Werte gezeigt, nämlich für $\epsilon_{\varphi,N} \in \{1, 5, 10\}$. Wie Gleichung (4.7) zeigt, ist damit, wenn der durchschnittliche Markup wieder auf 1.2 gesetzt wird, eine Elastizität des gewünschten Markups μ_t bezüglich der Firmenanzahl N_t in Höhe von jeweils 0.2, 1, bzw. 2 impliziert. Die restlichen Parameter werden von Kapitel 3 übernommen.

4.6 Ergebnisse

Der folgende Unterabschnitt stellt die wesentlichen qualitativen Modelleigenschaften anhand von Impuls-Antwort-Funktionen vor. Obwohl, der Zielsetzung in diesem Kapitel entsprechend, das Modellverhalten bei vollständig flexiblen Preisen und einem Produktivitätsschock als Zyklusverursacher im Zentrum des Interesses steht, werden hier, der Vorgehensweise im vorigen Kapitel folgend, zunächst auch die Modelleigenschaften der anderen Konstellationen kurz dargestellt.

Monetärer Schock bei Preisrigidität

Die folgende Abbildung 4.1 zeigt zunächst die Impuls-Antworten des Modells auf einen einprozentigen unkorrelierten Schock auf die Wachstumsrate des Geldangebotes bei Preisrigidität, die hier wieder mit $\alpha = 0.75$, also einer durchschnittlichen Dauer einmal fixierter Preise von drei Quartalen parametrisiert ist.

Abbildung 4.1: Impuls-Antworten auf einen unkorrelierten Geldangebotsschock bei Preisrigidität und endogenem Markteintritt (Ordinatenwerte in Prozent), Modell ohne intermediäre Produktion, L2, $\alpha = 0.75$, $\phi = 300$, $\epsilon_{\varphi,N} \in \{1, 5, 10\}$.

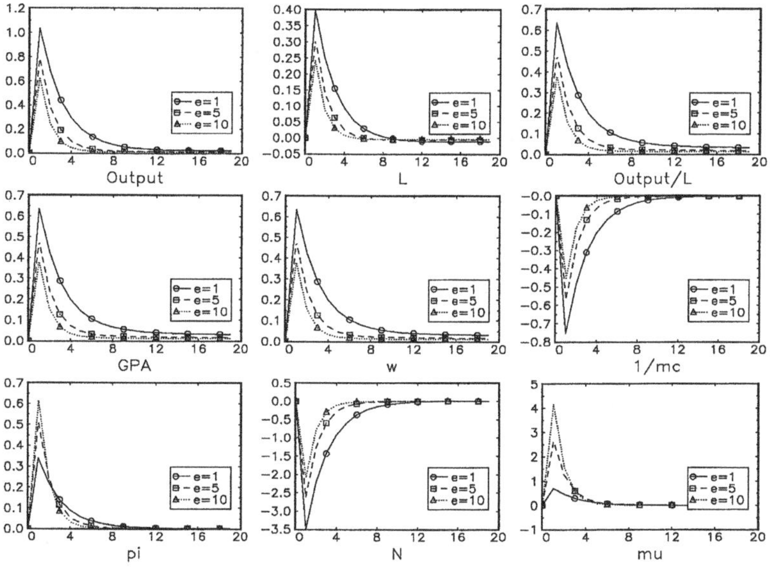

Man beachte, dass hier eine andere Auswahl von Variablen präsentiert wird, als im vorigen Kapitel, weil zwei neue Variablen zu zeigen sind, nämlich N_t, die Zahl der Unternehmen, und der gewünschte Markup μ_t eines Unternehmens, das in der Wahl seines Absatzpreises keinerlei Starrheiten unterliegt. Hiervon abweichen kann, wie oben erläutert, der durchschnittliche Markup mc_t^{-1}, dessen Impulsantwort ebenfalls abgebildet ist.

Die Modellreaktionen sehen denjenigen des entsprechenden Modells ohne Markteintritt in Kapitel 3 auf den ersten Blick nicht unähnlich. Das entscheidende Problem offenbart sich jedoch durch Betrachtung der untersten Zeile von Impuls-Antworten in der Graphik, aus der ersichtlich wird, dass im Gefolge eines expansiven monetären Schocks die Firmenzahl in diesem Modell *sinkt*, so dass der gewünschte Markup μ_t temporär steigen muss, während gleichwohl der durchschnittliche Markup mc_t^{-1} weiterhin wegen der Preisrigidität sinkt.

Die Firmenanzahl sinkt, weil im steady state, also im Ausgangszustand keine reinen Gewinne gemacht werden; ein monetärer Schock führt wegen der Preisrigidität zu erhöhter Aktivität, wodurch die Faktorpreise und damit die Kosten steigen. Diejenigen Firmen, die ihren Preis vorübergehend nicht anpassen können, erleiden folglich Verluste. Hier wird der Effekt etwas abgemildert, da der Marktaustritt zu einem Anstieg des optimalen Markups führt, was die Gewinnkontraktion früher zum Stillstand kommen lässt, als ohne einen solchen Effekt der Fall wäre; aus diesem Grund sinkt die Firmenzahl in Abbildung 4.1 desto mehr, je geringer die Elastizität des Markups bezüglich der Firmenzahl vermittels des Parameters $\epsilon_{\varphi,N}$ ist. Zwar sind im Ausgangszustand die Preise höher als die Grenzkosten, aber nicht höher als die Durchschnittskosten (wegen der Absenz reiner Profite im steady state), so dass eine durch Faktorpreise herbeigebrachte Kostenerhöhung, die ja sowohl Grenz- als auch Durchschnittskosten steigen lässt, zu negativen Gewinnen führen kann. Allerdings ist diese Folge nicht zwingend, sondern hängt von Parametern ab, worauf sogleich einzugehen sein wird.

Das Resultat, dass Profite oder, falls Markteintritt zugelassen wird, die Firmenzahl, infolge eines expansiven monetären Schocks in einem Modell mit unvollständig flexiblen Preisen sinken wurde von Christiano et al. (1997) (im Rahmen eines anders aufgebauten Modells) hervorgehoben und kritisiert. Die Autoren sehen in dieser Eigenschaft einen wesentlichen Einwand gegen die Plausibilität von Preisrigiditäten als wesentlicher Ursache der realen Wirkung von Geld. Die Grundlage für dieses Urteil ist natürlich die empirische Beobachtung prozyklischer gemessener Unternehmensgewinne. Allerdings ist zu beachten, dass buchhalterische Profite, für die empirische Daten vorliegen, nicht gleich den hier diskutierten ökonomischen Profiten sind, sondern zumindest teilweise aus Faktoreinkommen des Faktors Kapital bestehen. Dies wird auch von Christiano et al. (1997) anerkannt, die aber dann zeigen, dass in ihrem

Modell auch die Summe aus ökonomischen reinen Gewinnen und dem Kapitaleinkommen infolge eines expansiven Geldangebotsschocks sinken muss. Dieses Resultat wird aber in dem hier vorgelegten Modell nicht bestätigt, denn die Summe aus Kapitaleinkommen und Profiten steigt in allen Spezifikationen jeweils an, wenn auch die Komponente der reinen Profite sinkt. Der Grund für diese Unterschiede in den Ergebnissen könnte darin liegen, dass Christiano et al. (1997) ein Modell betrachten, in dem der Kapitalstock konstant ist. Selbst abgesehen von der Schwierigkeit der empirischen Messung von Gewinnen bleibt aber die Tatsache, dass endogener Markteintritt, der sich plausiblerweise an ökonomischen Gewinnen orientiert, in dem hier vorgelegten Modell bei Preisrigidität nur zu der empirisch unplausiblen Konsequenz einer negativ mit dem Zyklus variierenden Firmenanzahl führen kann, sofern der Zyklus durch einen monetären Impuls ausgelöst worden ist. Da Markteintritt generell als empirisch prozyklisch angesehen wird (vgl. Portier, 1995, Devereux et al., 1996, Weder, 1996), offenbart sich hier in der Tat eine Schwäche von monetären Modellen mit Preisrigidität.[56]

Die Bedeutung der Parameterwahl für dieses Resultat kann gesehen werden anhand der log-linearisierten Definition für das Verhältnis von Preisniveau P_t zu Durchschnittskosten AC_t, (vgl. oben (4.12)), also dem durchschnittlichen Stückprofit, für den gilt (bei momentan als gegeben unterstellter Firmenanzahl)

$$\widehat{P}_t - \widehat{AC}_t = \frac{\mu - 1}{\mu}\widehat{Y}_t + \widehat{Z}_t - (s_L\widehat{w}_t + s_K\widehat{r}_t). \tag{4.15}$$

Der aggregierte Durchschnittsprofit ist dann negativ, wenn dieser Ausdruck kleiner als null ist. Wir betrachten hier eine Situation ohne Technologieschock, d.h. $\widehat{Z}_t$ fällt momentan weg (bei Berücksichtigung eines Technologieschocks, siehe unten, ergeben sich in der Tat gänzlich andere Schlussfolgerungen). Die entscheidenden Parameter sind also der steady state-Markup μ und die Faktorquoten von Kapital und Arbeit s_L und s_K.

An dieser Stelle ist zu beachten, dass bisher nur das Modell ohne intermediäre Produktion betrachtet wurde. In diesem Modell müssen aber die Faktorquoten in (4.15) angepasst werden, indem $s'_L = s_L/(1 - s_E)$ und $s'_K = s_K/(1 - s_E)$ verwendet werden (siehe oben Abschnitt 3.6 für eine genauere Erläuterung). Da im steady state reine Gewinne annahmegemäss ausgeschossen sind, addieren sich die Faktorquoten jeweils zu eins. Im Modell ohne intermediäre Produktion bedeutet das, dass sich die Anteile von Kapital und Arbeit zu eins addieren müssen; im Modell mit intermediärer Produktion haben aber die Vorleistungen schon einen Anteil von zwei

[56] Diese Schwäche betrifft auch die Modelle mit fixer Firmenanzahl des letzten Kapitels.

Dritteln, so dass sich die Faktorquoten von Kapital und Arbeit nur zu einem Drittel addieren müssen. Wegen des im Gleichgewicht konstanten realen Preises der Vorleistungen spielen in (4.15) aber nur diese beiden Faktorquoten eine Rolle. Es folgt, dass der Ausdruck in (4.15) ceteris paribus um so eher negativ wird, je kleiner der Vorleistungsanteil ist.

Als Illustration sei für einen Moment angenommen, der reale Kapitalnutzungspreis sei konstant; dann sagt (4.15), dass die Reallohnsteigerung, die durch die erhöhte gesamtwirtschaftliche Aktivität im Gefolge eines Geldmengenschocks auftritt, kleiner als $(\mu - 1)/(\mu s_L)\widehat{y}_t$ sein muss, um positive Gewinne auszulösen; im Falle des Modells ohne intermediäre Produktion ist hierin s'_L zu verstehen. Für die hier benutzte Parametrisierung mit $\mu = 1.2$ und $s_L \doteq 0.23$ sowie $s'_L \doteq 0.70$ heisst das, dass die implizierte Reallohnsteigerung im Modell ohne intermediäre Produktion weniger als ein Viertel der Outputsteigerung betragen müsste, um mit nichtnegativen Gewinnen vereinbar zu sein. Im Modell mit intermediärer Produktion ist dieser kritische Wert für die Reallohnsteigerung etwa siebzig Prozent der Outputsteigerung, also eine erheblich weniger stringente Bedingung. Folglich ist im Modell mit intermediärer Produktion bei jeder Höhe des durchschnittlichen Markups die Bedingung für nichtnegative Gewinne leichter zu erfüllen.

Die folgende Abbildung 4.2 zeigt die Impulsantwortfunktionen des durchschnittlichen Unternehmensgewinns im Sinne von Gleichung (4.15) im Modell ohne und mit intermediäre Produktion für ein Beispiel. Offensichtlich ist der kontraktive Effekt auf den Durchschnittsgewinn durch die Berücksichtigung der intermediären Produktion etwas abgemildert, bleibt aber für die hier gewählten Parameter negativ. Dies gilt auch, wenn der zweite diesbezüglich wichtige Parameter, der steady state-Markup leicht erhöht wird. Als Schlussfolgerung muss das Modell mit Preisrigidität und monetären Impulsen in dieser Hinsicht als gescheitert angesehen werden. Ob dies ein Argument gegen Modelle mit Preisrigiditäten ist, wie Christiano et al. (1997) meinen, oder gegen Modelle mit monetären Schocks als dominanter Zyklusursache, soll hier dahingestellt bleiben.

Abbildung 4.2: Impuls-Antworten auf einen unkorrelierten Geldangebotsschock bei Preisrigidität und endogenem Markteintritt (Ordinatenwerte in Prozent), L2, $\alpha = 0.75$, $\phi = 300$, $\epsilon_{\varphi,N} = 5$.

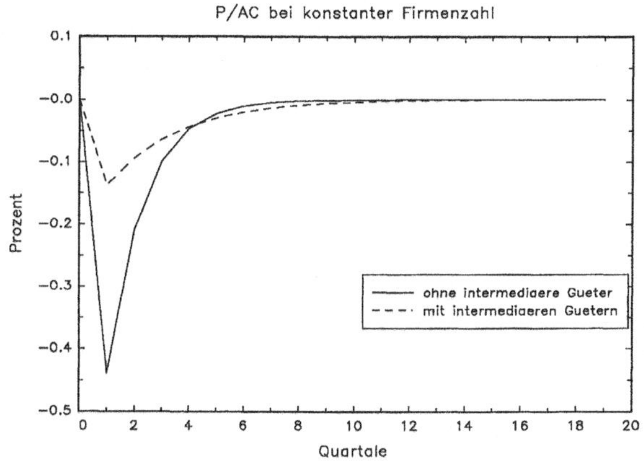

Technologischer Schock bei Preisrigidität

Das Modell mit endogenem Markteintritt war allerdings auch in erster Linie entwickelt worden, um die Effekte von angebotsseitigen Schocks, die traditionell als in dem aggregierten transitorischen technologischen Index Z_t zusammengefasste Schwankungen modelliert werden, zu untersuchen, denn im Kapitel 3 wurde deutlich, dass ein Modell mit rein technologischen Schocks nicht in der Lage ist, antizyklische Markups zu erzeugen, sofern Abweichungen des Markups von seinem konstanten Durchschnittswert nur aufgrund von Preisrigidität vorkommen können. Hier stellt sich nun die Frage, inwieweit das Phänomen durch technologische, oder allgemeiner angebotsseitige Schocks in dem allgemeineren Modell dieses Kapitels erklärt werden kann.

Abbildung 4.3 zeigt die Impuls-Antworten des Modells mit Preisrigidität ohne intermediäre Produktion auf einen positiven unkorrelierten einprozentigen Schock auf das transitorische technologische Niveau Z_t. Intermediäre Produktion braucht hier, wie auch schon in Kapitel 3, nicht berücksichtigt zu werden, da diese Modelleigenschaft unter technologischen Schocks – anders als im Falle monetärer Schocks, wie soeben gesehen – keine qualitative Änderung gegenüber denen in einem Modell ohne diese Eigenschaft hervorbringt, sondern lediglich die Skalierung der Modellreaktionen betrifft.

Abbildung 4.3: Impuls-Antworten auf einen unkorrelierten Technologieschock bei Preisrigidität und endogenem Markteintritt (Ordinatenwerte in Prozent), Modell ohne intermediäre Produktion, L2, $\alpha = 0.75$, $\phi = 300$, $\epsilon_{\varphi,N} \in \{1, 5, 10\}$.

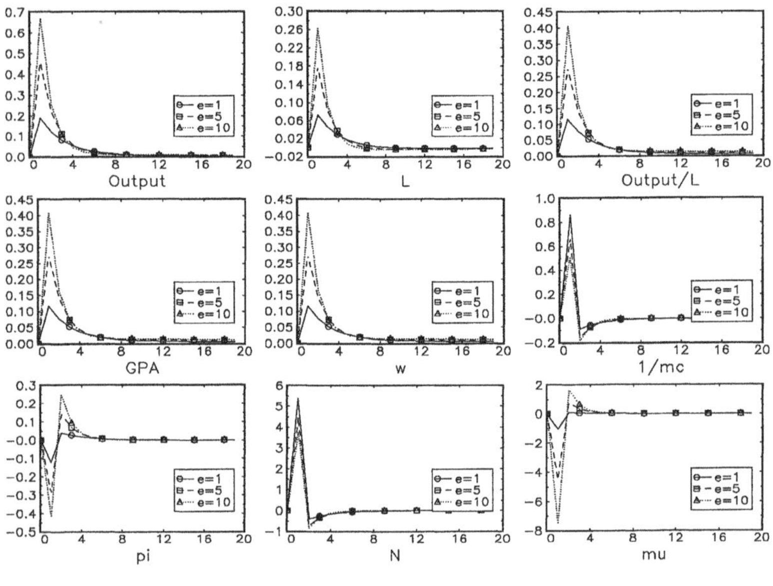

In Kapitel 3 führte die Kombination von Preisrigidität und Technologieschocks zu einer negativen Reaktion der Beschäftigung bei steigendem Output. Wie Abbildung 4.3 zeigt, ist diese Implikation hier nicht mehr vorhanden. Der Grund ist, dass die temporär exogen höhere Produktivität hier zu Markteintritt von neuen Unternehmen führt. Aufgrund der gestiegenen Firmenanzahl steigt die Verfügbarkeit leicht substitutierbarer Güter für die Haushalte, deren Preiselastizität der Nachfrage daher zunimmt, so dass der gewünschte Markup μ_t für alle Firmen sinkt. Für diejenigen Firmen, die ihren Preis anpassen können, bedeutet dies, dass sie ihn stärker senken, als sie es ohne den zusätzlichen Markteintritt getan hätten. Deswegen sinkt die Inflationsrate hier wesentlich stärker, als im Modell ohne endogenen Markteintritt in Kapitel 3. Durch das dadurch relativ stark sinkende Niveau der Preise kann die zusätzliche Produktion, die durch die erhöhte Produktivität möglich geworden ist, abgesetzt werden, und die Faktornachfrage steigt entsprechend an. Im Modell ohne endogenen Markteintritt musste die Arbeitsnachfrage dagegen sinken, weil die Preisrigidität einen Teil der Unternehmen an Preissenkungen hinderte, was hier ebenso der Fall ist, während die anderen Unternehmen, die sich frei anpassen durften, aufgrund ihres unverändert konstanten gewünschten Markups den Preis weniger stark senkten, als sie es hier tun. Auf dieses Weise wirkt der endogene Markteintritt für das Aggregate aller Unternehmen wie eine teilweise Aufhebung oder jedenfalls Abmilderung der durch die angenommene Preisrigidität auferlegten Einschränkungen.

Wie oben in Kapitel 3 schon bemerkt wurde, ist die Beurteilung der Beschäftigungsreaktion des Modells unter Einfluss von aggregierten Produktivitätsschocks aber nicht ganz eindeutig. Traditionell ist die Auffassung im Rahmen der Real Business Cycle-Theorie, dass aggregierte Technologieschocks fraglos in der Lage sein sollten, die Beschäftigung temporär zu erhöhen. Diese Aussage wird aber regelmässig in Modellen mit vollständiger Preisflexibilität gemacht, wo sie auch zutrifft (vgl. den nächsten Unterabschnitt). Andererseits haben jüngst Basu et al. (1998) gefunden, dass korrekt gemessene Technologieschocks, im Sinne einer temporär überdurchschnittlichen Wachstumsrate der totalen Faktorproduktivität, mit empirisch mit rezessiven Phasen zusammenfallen. Die Schlussfolgerung der Autoren, dass Technologieschocks kurzfristig kontraktiv seien, wäre damit ein Argument für die Relevanz von Preisrigidität. Wie allerdings an dem hier präsentierten Modell deutlich wird, muss für eine solche Interpretation endogener Markteintritt ausgeschlossen werden, oder zumindest, falls er berücksichtigt wird, dürfte der endogene Markteintritt keine Auswirkungen auf den gewünschten Markup haben, da in diesem Falle, wie gezeigt, die kontraktive Wirkung von Produktivitätsschocks verschwindet.

Ein weiterer Punkt ist von Wichtigkeit. Wie aus Abbildung 4.3 zu sehen ist, sinkt zwar durch den Technologieschock der gewünschte Markup μ_t ab, und zwar eher drastisch je nach Parameterwahl bis zu sechs Prozent, wohingegen der durchschnittliche Markup $1/mc_t$ die entgegengesetzte Tendenz aufweist, indem er nämlich ansteigt. Der Grund dafür ist wieder in der Preisrigidität zu suchen: die Produktivitätsverbesserung durch den technologischen Schock würde, in Abwesenheit von Preisrigidität, zu einem Sinken der Produktpreise führen; die Grenzkosten sinken aufgrund des Produktivitätsschocks ohnehin. Da nicht alle Unternehmen ihren Preis nach unten anpassen können, steigt das Preis-Grenzkostenverhältnis der Nichtanpasser gegen deren Willen an. Im Aggregat betrachtet steigt der Durchschnitts-Markup, obwohl der Markup derjenigen Firmen, die sich optimal anpassen konnten, hier deutlich aufgrund des Markteintritts gesunken ist.

Nun ist aber der durchschnittliche Markup $1/mc_t$ derjenige, der empirischer Beobachtung überhaupt zugänglich ist, so dass trotz des antizyklischen gewünschten Markups in diesem Modell ein prozyklischer realisierter, oder eben durchschnittlicher Markup als empirisches Ergebnis gemessen würde, wenn das Modell die exakte Beschreibung der Wirklichkeit wäre. Natürlich ist dieses Ergebnis von der Parameterwahl abhängig: die Abbildung 4.3 zeigt den abmildernden Einfluss einer höheren Elastizität von μ_t auf die Reaktion von $1/mc_t$, so dass naheliegenderweise ein Wert für den Parameter $\epsilon_{\varphi,N}$ gefunden werden könnte, der bei gegebener Preisrigidität, also gegebenem α auch den durchschnittlichen Markup im Gefolge eines technologischen Schocks sinken lassen würde. Allerdings müsste dann der gewünschte Markup extrem elastisch sein, d.h. schon auf kleine Änderungen der Firmenzahl stark reagieren, was im Rahmen eines Modells monopolistischer Konkurrenz, wo jede einzelne Firma als klein relativ zum Gesamtmarkt betrachtet wird, vielleicht unplausibel erscheint.

Der andere relevante Parameter ist das Ausmass der nominalen Preisrigidität, α. Da oben argumentiert wurde, dass die Preisrigdität und die durch endogenen Markteintritt bewirkte Flexibilität des gewünschten Markups entgegengerichtete Wirkungen haben, liegt es nahe zu vermuten, dass es zu jedem Niveau von $\epsilon_{\phi,N}$ ein α geben sollte, durch das auch der durchschnittliche Markup im Gefolge des Produktivitätsschocks sinkt. Für den oben als mittleren Wert gewählten Parameter $\epsilon_{\varphi,N} = 5$, also einer Elastizität des gewünschten Markups bezüglich der Firmenzahl von minus eins, resultiert ein sinkender Durchschnittsmarkup für Werte von α unter etwa 0.4. Der nächste Unterabschnitt untersucht diesen Fall anhand einer extremen Parametrisierung, indem vollständige Preisflexibilität zugelassen wird.

Technologischer Schock bei Preisflexibilität

Verfechter der Real Business Cycle-Hypothese, derzufolge exogene Produktivitätsschocks eine plausible Ursache für Konjunkturzyklen sind, argumentieren allerdings typischerweise im Rahmen von Modellen mit vollständiger Preisflexibilität. Abbildung 4.4 zeigt die Modellreaktionen (wieder, aus genannten Gründen, ohne intermediäre Produktion) auf einen einprozentigen positiven unkorrelierten transitorischen Technologieschock in diesem Fall, d.h. für $\alpha = 0$.

Abbildung 4.4: Impuls-Antworten auf einen unkorrelierten Technologieschock bei vollständiger Preisflexibilität und endogenem Markteintritt (Ordinatenwerte in Prozent), Modell ohne intermediäre Produktion, L2, $\phi = 300$, $\epsilon_{\varphi,N} \in \{1, 5, 10\}$.

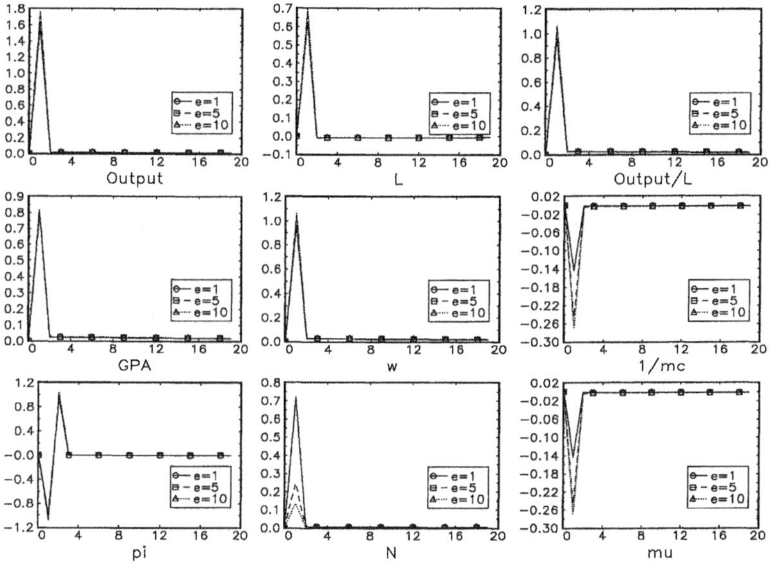

Wie bereits oben argumentiert worden war, ist im Falle vollständiger Preisflexibilität der durchschnittliche Markup zwangsläufig identisch mit dem gewünschten, so dass die Impuls-Antworten für $1/mc_t$ und für μ_t gleich sind. Da hier derselbe Mechanismus am Werk ist, wie im vorigen Unterabschnitt, der aber hier nicht durch starre Preise aufgehalten wird, folgt, dass in dieser Modellvariante der durch zunehmenden Markteintritt gesunkene gewünschte Markup sich identisch in einen sinkenden durchschnittlichen Markup übersetzt. Daher ist in diesem Modell, anders als in dem des vorigen Kapitels, offensichtlich die Kombination flexibler Preise und technologischer Schocks in der Lage, das antizyklische Markup-Verhalten nachzubilden. Alle anderen Ergebnisse (natürlich mit Ausnahme der Firmenanzahl) sind qualitativ, wenn auch nicht quantitativ, identisch mit denjenigen des Modells mit einem konstanten gewünschten Markup.

Dabei üben Unterschiede in dem Grad der Reagibilität des gewünschten Markups bezüglich der Firmenzahl hier offensichtlich nur einen sehr begrenzten Einfluss auf die Ergebnisse aus, der quantitativ deutlich lediglich in bezug auf den Markup und die Firmenzahl ausfällt, und auch hier für höhere Werte des Parameters $\epsilon_{\varphi,N}$ immer geringer wird. Der Grund dafür ist, dass die Variation des Markups hier von dem Produkt aus $\epsilon_{\varphi,N}$ und der Änderung der Firmenanzahl N_t abhängt (vgl. oben, Gleichung (4.7)). Ein höheres $\epsilon_{\varphi,N}$ bedeutet, dass die Preiselastizität der Nachfrage bei Markteintritt einer weiteren Firma stärker steigt. Zwar würde hierdurch ceteris paribus der Markup, der ja negativ von der Preiselastizität abhängt, stärker sinken (dies sei der 'Elastizitätseffekt' genannt), jedoch fällt der Markteintritt bei höherer Preiselastizität geringer aus, da die Nullprofitbedingung schon bei geringerer Firmenanzahl erreicht wird (dies sei der 'Markteintrittseffekt' genannt).

Die resultierende Variation des Markups hängt von der Interaktion dieser beiden entgegengerichteten Effekte ab. Je höher $\epsilon_{\varphi,N}$ wird, desto mehr dominiert offenbar der Markteintrittseffekt: in der Graphik ist sichtbar, dass für die Erhöhung von $\epsilon_{\varphi,N} = 5$ auf $\epsilon_{\varphi,N} = 10$ der Markup kaum noch stärker sinkt, obwohl die Preiselastizität in letzterem Fall doppelt so stark sinkt, weil der Markteintritt sich erheblich reduziert, wie der mittleren Graphik der untersten Reihe in Abbildung 4.4 zu entnehmen ist.

Aus demselben Grund hat die Reagibilität der Preiselastizität und auch des Markups in diesem Modell auch nur äusserst geringe (und in der Graphik kaum erkennbare) Auswirkungen auf die anderen realen Variablen des Modells. Zwar führt ein stärker sinkender Markup wegen eines höheren $\epsilon_{\varphi,N}$-Parameters zu einer höheren Outputreaktion; gleichwohl ist der Unterschied in den Outputreaktionen über verschiedene Werte von $\epsilon_{\varphi,N}$ deswegen so überaus gering (und in der Graphik gar nicht erkennbar), weil der Effekt des Markteintritts zweifach wirkt: wie oben gesehen, führt ein höheres $\epsilon_{\varphi,N}$ zu einem stärker sinkenden Markup, aber zu geringerem Markteintritt. Der geringere Markup wirkt outputerhöhend, da er die Faktornachfrage und damit die Produktion stärker steigen lässt. Andererseits wirkt dieser Effekt zunächst nur erhöhend auf den Output *pro Firma*, d.h. auf Y_t/N_t. Da im Falle des stärker sinkenden Markups der Markteintritt schwächer ist, geht in diesem Fall ein erheblich höherer Output pro Firma mit einem annähernd gleichen bzw. nur wenig höheren aggregierten Output einher.

Im Ergebnis ist diese Modellvariante in der Lage, die in dieser Arbeit hervorgehobenen qualitativen Eigenschaften von Konjunkturzyklen, nämlich ein prozyklisches Verhalten von Beschäftigung, Reallohn und durchschnittlicher Arbeitsproduktivität und ein antizyklisches Verhalten des Markups zu erklären, nämlich durch das Zusammenwirken aggregierter Technologieschocks mit einem endogen den Markup senkenden Effekt des Markteintritts zusätzlicher Unternehmen im Falle vollständiger (oder jedenfalls sehr weitgehender) Preisflexibilität. Die im vorigen Kapitel aufgeworfene Frage, inwiefern die empirische Beobachtung antizyklischer Markups, da sie leicht durch das Zusammenwirken von Preisrigidität und monetären Schocks erklärt werden kann, ein Argument zugunsten der Sichtweise ist, das Schwankungen der nominalen Nachfrage die dominante Ursache für Konjunkturzyklen sind, muss daher verneint werden. Eine eindeutige Beurteilung der qualitativen Plausibilität der unterschiedlichen Theorien lässt sich aus der Konfrontation der jeweiligen Modelleigenschaften mit empirischer Beobachtung nicht ableiten.

Allerdings weist das Modell mit Preisflexibilität und aggregierten Produktivitätsschocks nach wie vor den Mangel auf, dass eine persistente Reaktion des Outputs, im Sinne einer Dauerhaftigkeit von konjunkturellen Auf- oder Abschwüngen über jeweils weit mehr als nur eine oder zwei Quartale hinweg, mit diesem Modell nicht endogen erzeugt werden kann. Persistente Schwankungen können sich nur dann ergeben, wenn der zyklusauslösende Schockprozess selber autokorreliert, also persistent, ist. Diese Eigenschaft teilt das hier präsentierte Modell mit den meisten anderen Real Business Cycle-Modellen. Hier kommt dazu, dass auch endogener Markteintritt mit Wirkung auf den gewünschten Markup keine Persistenz der Modellreaktionen erzeugen kann. Zwar wirkt ein endogen im Aufschwung sinkender Markup wie ein Verstärkungsmechanismus, wenn die Firmenanzahl wegen zunehmender Unternehmensgewinne im Aufschwung ebenfalls steigt, was unter technologischen Schocks unabhängig von den sonstigen Modellcharakteristika regelmässig der Fall ist. Dieser endogene Verstärkungsmechanismus wirkt allerdings nur auf die Höhe der unmittelbaren Impuls-Antworten, betrifft im wesentlichen also nur die Skalierung der Effekte, ohne eine zeitliche Streckung der Anpassungsprozesse bewirken zu können. Dies gilt trotz der in diesem Kapitel durchgehenden Berücksichtigung von Anpassungskosten bezüglich des Kapitalstocks, die, wie in Kapitel 3 gezeigt, für die Konsequenzen monetärer Impulse eine überaus wichtige Rolle spielen, hier aber offensichtlich irrelevant sind. Es gilt auch, wenn intermediäre Produktion berücksichtigt wird, die im vorigen Kapitel als ein weiterer Schlüssel für Persistenz in monetären Modellen identifiziert worden war.[57] Als eine weitere Kontrolle, die der Kürze halber nicht ausführlich gezeigt ist, wurde auch statt einer in jeder Periode geltenden Nullgewinnbedingung

[57] Der dritte der im vorigen Kapitel als bedeutsam erkannten Effekte, nämlich Reallohnrigidität, scheint ebenfalls hier keine Rolle zu spielen, wie einige Kontrollsimulationen zeigten; allerdings muss hier eingeschränkt werden, dass für viele Parameterkonstellationen das Modell mit Reallohnrigidität unter endogenem Markteintritt nicht mehr sattelpunktstabil ist, so dass multiple steady states und sunspot-Fluktuationen möglich werden; vgl. Weder (1996).

die Variante untersucht, dass ein exogen auferlegter partieller Anpassungsprozess die Firmenzahl nur verzögert an die mit der Nullgewinnbedingung zu vereinbarende Zahl heranführt. Auch in diesem Fall resultiert keine endogene Persistenz.

4.7 Fazit

In diesem Kapitel wurde das dynamische allgemeine Gleichgewichtsmodell des vorigen Kapitels um eine Eigenschaft erweitert: war dort der von der typischen Firma bei freier, durch keine unterstellte Rigidität beeinträchtigter Wahl ihres Absatzpreises gewünschte optimale Preis-Grenzkosten-Markup als eine exogenen Konstante gegeben, so wurde hier eine Modifikation vorgestellt, in der der in diesem Sinne gewünschte optimale Markup nur noch langfristig, in Abwesenheit von Schocks, eine Konstante ist, während er kurzfristig unter Einfluss von Schocks eine endogene Variable ist.

Der Grund für die Endogenisierung des gewünschten Markups war die Tatsache, dass, wie im vorigen Kapitel demonstriert, ein Modell, in dem nur der durchschnittliche Markup von seinem langfristigen Mittelwert abweichen kann, während der gewünschte Markup konstant ist, nur unter der Kombination von monetären Schocks in Verbindung mit Preisrigidität in der Lage ist, das empirisch antizyklische Schwankungsverhalten des durchschnittlichen Markups zu reproduzieren. Die Frage, die sich zum Ende des vorangegangenen Kapitels daher stellte, war, ob diese Schlussfolgerung als Argument für die Relevanz monetärer und gegen diejenige technologischer Schocks angesehen werden konnte, da letztere, die in Real Business Cycle-Modellen die dominante Zyklusursache sind, wie gezeigt nicht mit antizyklischen Markups vereinbar schienen.

Da die im vorigen Kapitel getroffene Annahme eines konstanten gewünschten Markups allerdings arbiträr ist, wurde hier der Versuch unternommen, durch Zulassung eines potentiell antizyklischen gewünschten Markups der Real Business Cycle-Hypothese insoweit entgegenzukommen, als nunmehr in dem verallgemeinerten Modell dieses Kapitels auch transitorsiche technologische Schocks grundsätzlich in der Lage sind, den Markup zu senken. Der spezifische Mechanismus, der hierfür gewählt wird, besteht in der Endogenisierung der Preiselastizität der Nachfrage, die in der auf Dixit und Stiglitz (1979) zurückgehenden Mikrofundierung durch die Substitutionselastizität im Konsum zwischen je zwei verschiedenen differenzierten Gütervarianten gegeben ist, als Funktion der Anzahl der verfügbaren Gütervarianten, was annahmegemäss gleichbedeutend ist mit der Anzahl aktiver Firmen im Markt. Durch diesen

Mechanismus, der aus dem Wachstumsmodell von Galí (1995) übernommen und in das hier verwendete Konjunkturmodell übertragen wurde, ist der optimale Markup bei flexiblen Preisen eine fallende Funktion der im Markt befindlichen Firmen, so dass jeder Schock, der zu Markteintritt führt, endogen den Markup senkt. Der Markteintritt selbst wurde mittels einer Nullgewinnbedingung modelliert.

Grundsätzlich sollte endogener Markteintritt, der den Markup senkt, ein schockverstärkender Mechanismus sein, da ein geringerer Markup generell eine höhere Faktornachfrage bei jedem Niveau der Realentlohnung impliziert. Im Modell mit Preisrigidität tritt jedoch der gegenteilige Effekt auf, da diejenigen Firmen, die ihren Preis nicht anpassen können, als Konsequenz eines expansiven monetären Schocks wegen der sich anschliessenden Faktorpreiserhöhung Verluste machen; auch der aggregierte Durchschnittsgewinn wird hierdurch in realistischen Parametrisierungen negativ. Diese bereits von Christiano et al. (1997) bemängelte Eigenschaft ist klarerweise ein Argument gegen die Plausibilität von Modellen mit Preisstarrheiten insgesamt. Allerdings weist die Tatsache, dass das Ergebnis letztlich eine Frage der Parameterkonstellation ist, darauf hin, dass dieses Problem möglicherweise durch kleinere Umformulierungen behoben werden könnte; die Berücksichtigung von intermediärer Produktion z.B. führt zu einer deutlich abgeschwächten, aber immer noch negativen Gewinnreaktion im Gefolge eines monetären Impulses. Die Schlussfolgerung von Christiano et al. (1997), dass dieses Problem eine fundamentale Eigenschaft von Modellen mit Preisrigiditäten ist, muss daher nicht zwangsläufig richtig sein; allerdings weisen die hier präsentierten Modelle für alle realistisch anmutenden Parametrisierungen das Problem auf, so dass hier unbestreitbar keine Lösung gefunden werden kann. Aufgrund ihrer praktischen Bedeutung für die Konjunkturtheorie wird diese Frage sicherlich in kommenden Forschungsarbeiten mit Vorrang behandelt werden.

Das Hauptaugenmerk lag in diesem Kapitel allerdings auf der Wirkungsweise aggregierter Produktivitätsschocks bei flexiblen Preisen. Für diese wirkt endogener Markteintritt nun in der Tat als ein Verstärkungsmechanismus, und die implizierte Reaktion des Markups auf einen expansiven Schock ist negativ, da positive Profite zu Markteintritt zusätzlicher Unternehmen und damit temporär sinkenden Markups führen. Damit können transitorische technologische Schocks die hier im Mittelpunkt stehenden empirischen Regelmässigkeiten prozyklischer Produktivität und antizyklischer Markups qualitativ erklären.

Insofern ist die Tatsache, dass der durchschnittliche Markup sich antizyklisch verhält, oder äquivalent, dass Güterpreise in Aufschwungphasen langsamer ansteigen als die nominalen Grenzkosten, durchaus nicht notwendig ein Beleg für die Dominanz nachfrageseitiger, oder monetärer, Schocks als hauptsächliche Zyklusursache. Daher ist im Grundsatz die Real Business Cycle-Hypothese durchaus mit dem empirischen Faktum antizyklischer Markups vereinbar. Eine Einschränkung ergibt sich allerdings in zweierlei Hinsicht. Zum einen gilt dieses Resultat, für das hier verwendete Modell und die untersuchten Parameterkonstellationen, nur im Falle von vollständiger Preisflexibilität, während schon ein relativ geringes Ausmass von Preisrigidität dafür sorgt, dass zwar der gewünschte Markup eines seinen Preis frei optimierenden Unternehmens, nicht aber der durchschnittliche Markup als Quotient aus aggregiertem Preisniveau und durchschnittlichen nominalen Grenzkosten sich antizyklisch verhält. Da letzterer aber der allein empirisch beobachtbare ist, muss eine Erklärung von Konjunkturschwankungen über transitorische Produktivitätsschocks offenbar weitgehende Preisflexibilität unterstellen. Inwieweit dies zutrifft, ist eine empirische Frage, die allerdings weit davon entfernt ist, beantwortet zu sein (vgl. den Überblick in Taylor, 1999). Zum zweiten ist das Modell auch mit endogenem gewünschten Markup nicht in der Lage, aus einem seriell unkorrelierten Schock eine seriell korrelierte Outputreaktion zu erzeugen, oder in den Begriffen des vorausgegangenen Kapitels: Technologieschocks sind, hier wie dort, nicht in der Lage, endogene Persistenz zu erzeugen. Verfechter der RBC-Hypothese lösen dieses Problem durch die Annahme, die unterstellten Technologieschocks seien selbst hochgradig autokorreliert, wobei regelmässig auf die hohe Autokorrelation des gemessenen Solow-Residuums (nach Solow, 1957; vgl. etwa Prescott, 1986) verwiesen wird. Da letzteres bei unvollständiger Konkurrenz und möglicher Preisrigidität allerdings kein geeignetes Mass für technologische Schwankungen ist (vgl. Hall, 1990), ist die empirische Rechtfertigung hierfür zweifelhaft. In jedem Fall weist das Modell auch mit endogenem gewünschten Markup einen zu schwachen internen Propagationsmechanismus auf, um plausibel persistente Outputschwankungen erzeugen zu können.

4.8 Anhang

Es gelten die Gleichgewichtsbedingungen des Kapitels 3, bis auf die Produktionsfunktion und die dynamische Preissetzungsregel, die hier eine leicht abweichende Form aufweisen, und bis auf die hinzutretende Gleichung für den endogenen Markteintritt, die in den transformierten Variablen lauten:

$$
\begin{aligned}
y_t &= Z_t F(B(L_t, k_{t-1}), e_t) - N_t \omega_0 / A_0 \\
X_t &= \frac{\mathcal{E}_t \sum_{h=0}^{\infty} \alpha^h f_{t,t+h}[-\varphi(N_{t+h})] Y_{i,t+h}^d MC_{t+h}/P_{t+h}}{\mathcal{E}_t \sum_{h=0}^{\infty} \alpha^h f_{t,t+h}[1-\varphi(N_{t+h})] Y_{i,t+h}^d / P_{t+h}} \\
1 &= AC_t/P_t = [w_t L_t + r_t k_{t-1} + e_t]/y_t
\end{aligned}
\tag{4.16}
$$

Linearisiert um einen steady state mit konstantem Markup in Höhe der Skalenelastizität und konstanten Faktoreinkommensquoten ergeben sich die folgenden neuen bzw. modifizierten Modellgleichungen:

$$
\begin{aligned}
0 &= -\widehat{y}_t + Z_t + \mu s_L \widehat{L}_t + \mu s_K \widehat{k}_{t-1} + \mu s_E \widehat{e}_t - (\mu - 1)\widehat{N}_t \\
0 &= -\widehat{\pi}_t + \beta g_A \mathcal{E}_t \widehat{\pi}_{t+1} + \frac{(1-\alpha)(1-\alpha\beta g_A)}{\alpha} \left\{ \widehat{mc}_t - (\mu - 1)\epsilon_{\varphi,N} \widehat{N}_t \right\} \\
0 &= -\widehat{N}_t + \widehat{y}_t + \frac{\mu}{\mu - 1} \widehat{Z}_t - \frac{\mu}{\mu - 1}(s_L \widehat{w}_t + s_K \widehat{r}_t)
\end{aligned}
\tag{4.17}
$$

5 Fazit

Eine Möglichkeit, Aufschluss über die Ursachen von Konjunkturschwankungen zu gewinnen, besteht in der Konstruktion totalanalytischer gesamtwirtschaftlicher Modelle, und der Konfrontation ihrer Implikationen für das dynamische Verhalten zentraler Variablen mit empirischen Charakteristika beobachteter Konjunkturzyklen. Das Verhalten eines Modells ist aber immer eine Kombination aus den Eigenschaften der Impulse, also der jeweils angenommenen exogenen letzten Ursache von Zyklen, und den Eigenschaften der im Modell abgebildeten Propagationsmechanismen. Daraus kann sich die Situation ergeben, dass ein und derselbe Katalog von Resultaten aus völlig verschiedenen Ursachen heraus erklärt werden kann, sofern die Verarbeitungsmechanismen hinreichend verschieden sind. Das Thema der Beobachtungsäquivalenz einander widersprechender Theorien durchzieht die Geschichte der Makroökonomik als ein Leitmotiv. Wissenschaftlicher Fortschritt vollzieht sich unter diesen Bedingungen als ein Zusammenspiel der Formulierung von Kriterien zur Evaluierung von Theorien und der Gewinnung neuer empirischer Erkenntnisse, anhand derer Erfolg oder Misserfolg von Theorien definiert werden kann.

In dieser Arbeit wurde argumentiert, dass zur Einschätzung der Plausibilität von verschiedenen Konjunkturtheorien das Verhältnis von Grenzkosten und den von unvollständig kompetitiven Unternehmen gesetzten Preisen eine grössere Beachtung verdient, als ihm bisher zuteil geworden ist. Speziell sollte eine akzeptable Konjunkturtheorie in der Lage sein, zu erklären, warum in einem Aufschwung die Preise regelmässig schwächer ansteigen, als die Grenzkosten. Nominale Preisrigidität ist eine Möglichkeit für eine solche Erklärung, die sofort auf die Relevanz nominaler, also monetärer, Impulse als Ursache von Zyklen verweist. Das Modell in Kapitel 3 zeigt ein Beispiel, in dem es durch die Integration intermediärer Produktion ausserdem gelingt, andere qualitative Eigenschaften beobachtbarer Zyklen nachzubilden, die traditionell eher als durch aggregierte exogene Produktivitätsschwankungen erklärbar angesehen werden.

Gleichwohl kann auch ein rein reales Modell, in dem nur Produktivitätsschocks den Zyklus antreiben und Preise jederzeit vollständig flexibel sind, den empirisch negativen Zusammenhang zwischen Preis-Grenzkosten-Markups und der aggregierten Produktion erklären, wenn die Marktstruktur in einem Aufschwung kompetitiver ist, als in einer Rezession. Das Modell in Kapitel 4 stellte ein Beispiel dar, in dem endogener Markteintritt über die Auswirkung der Firmenanzahl auf die Preiselastizität der Nachfrage genau diesen Effekt hervorbringt. Diese Erklärung ist allerdings mit einigen Schwierigkeiten behaftet, denn zum einen trifft sie nur zu, wenn Preise in der Tat so gut wie vollständig flexibel sind, wogegen manche empirische Evidenz, zugegebenermassen allerdings etwas unklar, spricht; zum anderen folgt die typische persistente Gestalt beobachtbarer Zyklen unter dieser Interpretation nur, wenn exogene Produktivitätsschocks selbst hochgradig autokorreliert sind, was wiederum mit empirischen Zweifeln bedacht werden kann.

Wenngleich die Evidenz nicht eindeutig ist, wurde hier die Erklärung durch monetäre Schocks in Verbindung mit Preisrigiditäten, gleich welcher mikroökonomischen Ursache, als die plausibelste Erklärung erachtet. Dynamische monetäre allgemeine Gleichgewichtsmodelle mit nominalen Starrheiten sind, wie das in Kapitel 3 präsentierte Beispiel zeigt, im Grundsatz in der Lage, zahlreiche empirische Eigenschaften von Konjunkturzyklen nachzubilden, und liefern unter geeigneten Annahmen auch persistente Schwankungen als Folge unkorrelierter Impulse, was den Erklärungsgehalt des damit abgebildeten Verarbeitungsmechanismus stark erhöht.

Drei Punkte sind bei dem derzeitigen Stand der Diskussion als offen zu bezeichnen: einmal sind existierende Modelle mit Preisrigiditäten nicht in der Lage, prozyklische reine Unternehmensgewinne zu erzeugen; das hier favorisierte Modell stellt dabei keine Ausnahme dar, wenngleich das gesamte Kapitaleinkommen durchaus positiv mit der Produktion schwankt. Ob dies lediglich eine Folge von Vereinfachungen bei der Formulierung der Modellbeziehungen ist, oder ob sich darin eine fundamentalere Schwäche dieser Theorie insgesamt offenbart, muss zum gegenwärtigen Zeitpunkt unbeantwortet bleiben. Zweitens scheint, wie einige wenn auch höchst unvollkommene Versuche in Kapitel 3 andeuten, die Interaktion von nominalen Starrheiten auf den Gütermärkten und realen Starrheiten auf dem Arbeitsmarkt eine wichtige Rolle für die Modelldynamik zu spielen. Drittens impliziert jede Theorie der Preisrigidität notwendig bestimmte Restriktionen bezüglich des Verhaltens von Preisen und Inflationsraten, die in dieser Arbeit nur höchst indirekt und qualitativ untersucht worden sind, die sich aber grundsätzlich rigorosen ökonometrischen Tests unterziehen lassen sollten, wodurch präzisere Evidenz über die unterstellten Modellzusammenhänge zu erhoffen wäre. Es ist zu erwarten, dass kommende Studien in nicht zu ferner Zukunft diese Fragen aufgreifen werden.

6 Literaturverzeichnis

Ball, Laurence, und David Romer (1990), Real rigidities and the non-neutrality of money, *Review of Economic Studies*, 57, S. 183–203.

Basu, Susanto (1995), Intermediate goods and business cycles: implications for productivity and welfare, *American Economic Review*, 85, S. 512–531.

Basu, Susanto, und John G. Fernald (1995), Are apparent productive spillovers a figment of specification error?, *Journal of Monetary Economics*, 36, S. 165–188.

Basu, Susanto, und John G. Fernald (1997), Returns to scale in U.S. Production: Estimates and Implications, *Journal of Political Economy*, 105, S. 249–283.

Basu, Susanto, John Fernald und Miles Kimball (1998), Are technology improvements contractionary? *Board of Governors of the Federal Reserve System*, International Finance Discussion Papers No. 625.

Bénabou, Roland (1992), Inflation and markups. Theories and evidence from the retail trade sector, *European Economic Review*, 36, S. 566–574.

Benassi, Corrado, Alessandro Chirco und Caterina Colombo (1994), *The New Keynesian Economics*, Oxford etc.: Basil Blackwell.

Bénassy, Jean-Pascal (1996), Taste for variety and optimum production patterns in monopolistic competition, *Economics Letters*, 52, S. 41–47.

Bergin, Paul R., und Robert C. Feenstra (1998) , Staggered price setting and endogenous persistence, *National Bureau of Economic Research, Cambridge (Ma.)*, NBER Working Paper Series No. 6492.

Bils, Mark, (1987), The cyclical behavior of price and marginal cost, *American Economic Review*, 77, S. 838–855.

Bils, Mark, und Yongsung Chang, (1999), Understanding how price responds to costs and production, *National Bureau of Economic Research, Cambridge (Ma.)*, NBER Working Paper Series No. 7311.

Blanchard, Olivier Jean, und Nobuhiro Kiyotaki (1987), Monopolistic competition and the effects of aggregate demand, *American Economic Review*, 77, S. 647–666.

Blanchard, Olivier J., und Stanley Fischer (1989), *Lectures on macroeconomics*, Cambridge, Ma. und London: MIT Press.

Brandner, P., und K. Neusser, (1992), Business cycles in open economies: stylized facts for Austria and Germany, *Weltwirtschaftliches Archiv*, 128, S. 67–87.

Bruno, Michael, und Jeffrey D. Sachs (1985), *Economics of worldwide stagflation*, Oxford: Basil Blackwell.

Burnside, Craig, Martin Eichenbaum und Sergio Rebelo (1993), Labor hoarding and the business cycle, *Journal of Political Economy*, 101, S. 245–273.

Calvo, Guillermo A. (1983), Staggered contracts in a utility-maximizing framework, *Journal of Monetary Economics*, 12, S. 383–98.

Chari, V.V., Patrick J. Kehoe, und Ellen R. McGrattan (1999), Sticky price models of the business cycle: can the contract multiplier solve the persistence problem?, *Federal Reserve Bank of Minneapolis*, Manuskript.

Chevalier, Judith A., und David S. Scharfstein (1996), Capital-Market Imperfections and Countercyclical Markups: Theory and Evidence, *American Economic Review*, 86, S. 703–725.

Chirinko, Robert S. (1993), Business fixed investment spending: a critical survey of modeling strategies, empirical results, and policy implications, *Journal of Economic Literature*, XXXI, S. 1875–1911.

Christiano, Lawrence J., Martin Eichenbaum, und Charles L. Evans (1997), Sticky price and limited participation models of money: A comparison, *European Economic Review*, 41, S. 1201–1249.

Cogley, Timothy, und James M. Nason (1995), Output dynamics in Real-Business-Cycle models, *American Economic Review*, 85, S. 492–511.

D'Aspremont, Claude, Rodolphe Dos Santos Ferreira und Louis-André Gérard-Varet (1995), Market power, coordination failures, and endogenous fluctuations, in: Dixon und Rankin (1995a), S. 94–138.

Devereux, Michael B., Allen C. Head und Beverly J. Lapham (1996), Monopolistic competition, increasing returns, and the effects of government spending, *Journal of Money, Credit, and Banking*, 28, S. 233–254.

Dixit, Avinash K., und Joseph E. Stiglitz (1977), Monopolistic competition and optimum product diversity, *American Economic Review*, 67, S. 297–308.

Dixon, Huw David, und Neil Rankin (1992), Macroeconomics and imperfect competition: a survey, *Centre for Economic Policy Research, London*, CEPR Discussion Paper No. 636.

Dixon, Huw David, und Neil Rankin (1995a), (Hrsg.), *The new macroeconomics. Imperfect markets and policy effectiveness*, Cambridge: Cambridge University Press.

Dixon, Huw David, und Neil Rankin (1995b), Imperfect competition and macroeconomics: a survey, in: Dixon und Rankin (1995a), S. 34–62.

Fatás, Antonio (1997), Multipliers: imperfect competition or increasing returns to scale?, *Economics Letters*, 57, S. 197–201.

Fiorito, R., und T. Kollintzas, (1994), Stylized facts of business cycles in the G7 from a Real Business Cycle perspective, *European Economic Review*, 38, S. 235–269.

Galí, Jordi (1994), Monopolistic competition, business cycles, and the composition of aggregate demand, *Journal of Economic Theory*, 63, S. 73–96.

Galí, Jordi (1995), Product diversity, endogenous markups, and development traps, *Journal of Monetary Economics*, 36, S. 39–63.

Galí, Jordi, und Mark Gertler, (1999), Inflation dynamics: a structural econometric analysis, *Journal of Monetary Economics*, 44, S. 195–222.

Goodfriend, Marvin, und Robert G. King (1997), The new neoclassical synthesis and the role of monetary policy, *NBER Macroeconomics Annual*, S. 231–283.

Greene, William H. (1993), *Econometric Analysis*, 2nd edition, Englewood Cliffs: Prentice Hall.

Hahn, Frank und Robert Solow (1995), *A critical essay on modern macroeconomic theory*, Oxford: Blackwell.

Hairault, Jean-Olivier, und Franck Portier (1993), Money, New-Keynesian macroeconomics, and the business cycle, *European Economic Review*, 37, S. 1533–1568.

Hall, Robert E. (1986), Market structure and macroeconomic fluctuations, *Brookings Papers on Economic Activity*, S. 285–338.

Hall, Robert E. (1988), The relation between price and marginal cost in U.S. industry, *Journal of Political Economy*, 96, S. 921–947.

Hall, Robert E. (1990), Invariance Properties of Solow's Productivity Residual, in: Peter Diamond (Hrsg.), *Growth, Productivity, Unemployment. Essays to celebrate Bob Solow's birthday*, Cambridge etc.: MIT Press, S. 71–112.

Hall, Robert E., und Dale W. Jorgensen (1969), Tax policy and investment behavior, *American Economic Review*, 57, S. 391–414.

Hansen, Gary D. (1985), Indivisible labor and the business cycle, *Journal of Monetary Economics*, 16, S. 309–327.

Heer, Burkhard, und Ludger Linnemann (1998), Procyclical productivity: sources and implications, *Zeitschrift für Wirtschafts- und Sozialwissenschaften*, 118, S. 221–247.

Heijdra, Ben J., und Frederick van der Ploeg (1996), Keynesian multipliers and the cost of public funds under monopolistic competition, *Economic Journal*, 106, S. 1284–1296.

Heijdra, Ben J., und Jenny E. Ligthart (1997), Keynesian multipliers, direct crowding out, and the optimal provision of public goods, *Journal of Macroeconomics*, 19, S. 803–826.

Heijdra, Ben J., Jenny E. Ligthart und Frederick van der Ploeg (1998), Fiscal policy, distortionary taxation, and direct crowding out under monopolistic competition, *Oxford Economic Papers*, N.S. 50 , S. 79–88.

Hornstein, Andreas (1993), Monopolistic competition, increasing returns to scale, and the importance of productivity shocks, *Journal of Monetary Economics*, 31, S. 299–316.

Jeanne, Olivier (1998), Generating real persistent effects of monetary shocks: How much nominal rigidity do we really need?, *European Economic Review*, 42, S. 1009–1032.

Kaskarelis, Ioannis A. (1993), Inflation and the mark-up in UK manufacturing industry, *Oxford Bulletin of Economics and Statistics*, 55, S. 391–407.

Kiley, Michael (1997), Staggered price setting and real rigidities, *Federal Reserve Board, Division of Research and Statistics*, working paper August 1997.

Kim, Jinill (1996), Monetary policy in a stochastic equilibrium model with real and nominal rigidities, *manuscript, Yale University.*

Kimball, Miles S. (1995), The quantitative analytics of the basic neomonetarist model, *Journal of Money, Credit, and Banking*, 27, S. 1241–1289.

King, Robert G., Charles I. Plosser, und Sergio T. Rebelo (1988), Production, growth, and business cycles I., *Journal of Monetary Economics*, 21, S. 196–232.

King, Robert G., und Alexander L. Wolman (1996), Inflation targeting in a St. Louis model of the 21st century, *Federal Reserve of St. Louis Review*, 78, S. 83–111.

King, Robert G., und Sergio T. Rebelo, (1999), Resuscitating real business cycles, in: John B. Taylor und Michael Woodford (Hrsg.), *Handbook of Macroeconomics*, Chapter 14, Vol. 1B, Amsterdam etc.: North-Holland), S. 927–1007.

Kydland, Finn, und Edward C. Prescott (1982), Time to Build and Aggregate Fluctuations, *Econometrica*, 50, S. 1345–70.

Layard, Richard, Stephen Nickell und Richard Jackman (1991), *Unemployment. Macroeconomic performance and the labour market*, Oxford: Oxford University Press.

Lindbeck, Assar (1992), Macroeconomic theory and the labor market, *European Economic Review*, 36, S. 209–235.

Lindbeck, Assar (1998), New Keynesianism and aggregate economic activity, *Economic Journal*, 108, S. 167–180.

Linnemann, Ludger (1999), Sectoral and aggregate estimates of the cyclical behavior of markups: evidence from Germany, *Weltwirtschaftliches Archiv*, 235, S. 480-500.

Long, John B., und Charles I. Plosser (1983), Real Business Cycles, *Journal of Political Economy*, 91, S. 39–69.

Lucas, Robert E. (1973), Some international evidence on output-inflation tradeoffs, *American Economic Review*, 63, S. 326–334.

Mankiw, N. Gregory (1985), Small menu costs and large business cycles: a macroeconomic model of monopoly, *Quarterly Journal of Economics*, 100, S. 529–537.

Mankiw, N. Gregory, und David Romer (1992), (Hrsg.), *New Keynesian Economics*, Volume 1 und 2, Cambridge, Ma. und London: MIT Press.

Mulligan, Casey B. (1998), Substitution over time: another look at life-cycle labor supply, *NBER Macroeconomics Annual*, S. 75–134.

Neumann, Manfred (1995), *Theoretische Volkswirtschaftslehre II. Produktion, Nachfrage und Allokation*, 4. Auflage, München: Vahlen.

Oliveira Martins, Joaquim, Stefano Scarpetta und Dirk Pilat (1996), Mark-up pricing, market structure and the business cycle, *OECD Economic Studies*, No. 27, S. 71–105.

Oliveira Martins, Joaquim, und Stefano Scarpetta (1998), Mark-ups and sectoral business cycles, Manuskript, OECD Paris (präsentiert auf der Jahrestagung der European Economic Association, 1998, in Berlin).

Pagano, Marco (1990), Imperfect competition, underemployment equilibria, and fiscal policy, *Economic Journal*, 100, S. 440–463.

Pencavel, J. (1986), Labor supply of men: a survey, in: Orley Ashenfelter und Richard Layard (Hrsg.), *Handbook of Labor Economics*, Amsterdam: North-Holland.

Phelps, Edmund S. (1994), *Structural Slumps. The modern equilibrium theory of unemployment, interest, and assets*, Cambridge, Ma. etc.: Harvard University Press.

Phillips, Alban W. (1958), The relation between unemployment and the rate of change of money wage rates in the United Kingdom 1861-1957, *Economica*, 22, S. 283–299.

Portier, Franck (1995), Business Formation and Cyclical Markups in the French Business Cycle, *Annales d'Economie et de Statistique*, No. 37/38, S. 411–440.

Prescott, Edward (1986), Theory ahead of business cycle measurement, *Carnegie Rochester Conference Series on Public Policy*, 25, S. 11–44.

Ravn, Morten O., und Martin Sola, (1995), Stylized facts and regime changes: Are prices procyclical?, *Journal of Monetary Economics*, 36, S. 497–526.

Roeger, Werner (1995), Can Imperfect Competition Explain the Difference between Primal and Dual Productivity Measures? Estimates for U.S. Manufacturing, *Journal of Political Economy*, 103, S. 316–330.

Roberts, John M. (1995), New Keynesian Economics and the Phillips Curve, *Journal of Money, Credit, and Banking*, 27, S. 975–984.

Romer, David (1996), *Advanced macroeconomics*, New York etc.: McGraw-Hill.

Rotemberg, Julio R., und Michael Woodford (1991), Markups and the business cycle, *NBER Macroeconomics Annual*, S. 63–129.

Rotemberg, Julio R., und Michael Woodford (1992), Oligopolistic Pricing and the Effects of Aggregate Demand on Economic Activity, *Journal of Political Economy*, 100, S. 1153–1207.

Rotemberg, Julio J. und Michael Woodford (1995), Dynamic General Equilibrium Models with Imperfectly Competitive Product Markets, in: Thomas F. Cooley (Hrsg.), *Frontiers of Business Cycle Research*, Princeton: Princeton University Press, S. 243–293.

Rotemberg, Julio R., und Michael Woodford (1996), Imperfect competition and the effects of energy price increases on economic activity, *Journal of Money, Credit, and Banking*, 28, S. 549–577.

Rotemberg, Julio J. und Michael Woodford (1999), The Cyclical Behavior of Prices and Costs, in: John B. Taylor und Michael Woodford (Hrsg.), *Handbook of Macroeconomics*, Chapter 16, Vol. 1B, Amsterdam etc.: North-Holland, S. 1052–1135.

Salop, S. C. (1979), Monopolistic competition with outside goods, *Bell Journal of Economics*, 10, S. 141–156.

Sidrauski, Miguel (1967), Rational choice and patterns of growth in a monetary economy, *American Economic Review*, 57, S. 534–544.

Silvestre, Joaquim (1993), The market power foundations of macroeconomic policy, *Journal of Economic Literature*, 31, S. 105–141.

Silvestre, Joaquim (1995), Market power in macroeconomic models: new developments, *Annales d'Economie et de statistique*, 37/38, S. 319–356.

Solon, Gary, Robert Barsky und Jonathan A. Parker (1994), Measuring the cyclicality of real wages: how important is composition bias?, *Quarterly Journal of Economics*, 109, S. 1–26.

Solow, Robert M. (1957), Technical change and the aggregate production function, *The Review of Economics and Statistics*, 39, S. 312–320.

Solow, Robert M. (1986), Monopolistic competition and the multiplier, in: Walter P. Heller, Ross M. Starr und David A. Starret (Hrsg.), *Equilibrium analysis: essays in honour of Kenneth J. Arrow*, Vol. 2, Cambridge: Cambridge University Press, S. 301–315.

Solow, Robert M. (1998), *Monopolistic competition and macroeconomic theory*, Cambrigde: Cambridge University Press.

Statistisches Bundesamt (1994a), *Input-Output-Tabellen 1986, 1988, 1990*, Fachserie 18, Reihe 2, Stuttgart: Metzler-Poeschl.

Statistisches Bundesamt (1994b), *Preise*, Fachserie 17, Reihe 2, S.2: Index der Erzeugerpreise gewerblicher Produkte – Lange Reihen auf Basis 1991 –, Stuttgart: Metzler-Poeschl.

Statistisches Bundesamt (1997), *Volkswirtschaftliche Gesamtrechnungen*, Fachserie 18, Reihe 1.3: Hauptbericht, Stuttgart: Metzler-Poeschl.

Stiglitz, Joseph E., und Andrew M. Weiss (1992), Asymmetric information in credit markets and its implications for macro-economics, *Oxford Economic Papers*, N.S. 44 , S. 162–192.

Taylor, John B. (1980), Aggregate dynamics and staggered contracts, *Journal of Political Economy*, 88, S. 1–23.

Taylor, John B. (1998), Staggered price and wage setting in macroeconomics, in: John B. Taylor und Michael Woodford (Hrsg.), *Handbook of Macroeconomics*, Chapter 15, Vol. 1B, Amsterdam etc.: North-Holland, S. 1010–1050.

Uhlig, Harald (1999), A toolkit for analysing nonlinear dynamic stochastic models easily, in: Ramon Marimon and Andrew Scott (Hrsg.), *Computational methods for the study of dynamic economies*, Oxford: Oxford University Press, S. 30–61.

Varian, Hal R. (1992), *Microeconomic analysis*, 3rd edition, New York und London: W.W. Norton.

Weder, Mark, (1998), *Business cycle models with indeterminacy*, Heidelberg: Physica.

Yun, Tack (1996), Nominal price rigidity, money supply endogeneity, and business cycles, *Journal of Monetary Economics*, 37, S. 345–370.

7 Anhang

7.1 Datenquellen und sektorale Klassifikation

Sofern nicht bezüglich einzelner Variablen ausdrücklich etwas anderes vermerkt ist, sind alle Daten aus der Volkswirtschaftlichen Gesamtrechnung des Statistischen Bundesamtes entnommen. Die verwendeten Daten werden auf verschiedenen sektoralen Ebenen gemessen. Die Sektoren bzw. Branchen sind grundsätzlich die vom Statistischen Bundesamt für die Zwecke der Volkswirtschaftlichen Gesamtrechnungen nach der Systematik der Wirtschaftszweige (Fassung für die VGR), Ausgabe 1979 - im folgenden als WZ79 abgekürzt - definierten und im Anhang von Statistisches Bundesamt (1997) aufgeführten Wirtschaftsbereiche. Alle Daten beziehen sich ausschließlich auf Westdeutschland (die alten Bundesländer).

Betrachtet werden im Haupttext der Arbeit drei Aggregationsebenen:

- Die nichtagrarischen privaten Unternehmen ohne Wohnungsvermietung, abkürzend auch als aggregierte Privatwirtschaft bzw. als Datensatz D1 bezeichnet;
- das Verarbeitend Gewerbe insgesamt, auch als Datensatz D2 bezeichnet;
- 27 zweistellige Branchen des Verarbeitenden Gewerbes, auch als Datensatz D3 bezeichnet.

Die Aggregationsebene D1 ist definiert als Gesamtwirtschaft (alte Bundesländer) – Staat (einschließlich privater Organisationen ohne Erwerbscharakter) = Unternehmenssektor – Landwirtschaft – Wohnungsvermietung = nichtagrarische private Unternehmen ohne Wohnungsvermietung (= aggregierte Privatwirtschaft = D1).

Das Verarbeitende Gewerbe (D2) wird weiter aufgeteilt in 27 zweistellige Unterabteilungen. In der WZ79 des Statistischen Bundesamtes werden innerhalb des VG 32 Branchen unterschieden (vgl. die Angaben im Anhang zu Statistisches Bundesamt (1997)). Diese Klassifikation kann hier nicht vollständig übernommen werden, da in einigen Bereichen Datenprobleme vorliegen, die durch die Verbindung der VGR-Daten mit den Daten aus der Preisstatistik entstehen (siehe hierzu unten). Die Abweichungen der hier verwendeten 27er-Klassifikation von der offiziellen 32er-Klassifikation sind im folgenden einzeln aufgeführt:

- Die Bereiche 'Schiffbau' und 'Luft- und Raumfahrzeugbau' mußten weggelassen werden, da für diese Industrien die ebenfalls benötigten, aber nicht in der VGR enthaltenen Produzentenpreisindizes (siehe unten) nicht über genügend lange Zeiträume verfügbar sind.
- Die Bereiche 'Mineralölverarbeitung' und 'Tabakverarbeitung' wurden nicht verwendet, weil die hier zu befürchtenden Verzerrungen aufgrund starker indirekter Besteuerung der Produkte als zu groß eingeschätzt wurden.
- Für die Sektoren 'Ernährungsgewerbe' und 'Getränkeherstellung', die in WZ79 separat dargestellt werden, liegt in der Preisstatistik nur ein einziger Preisindex vor; aus diesem Grund wurden auch die VGR-Daten beider Sektoren aggregiert und ein neuer Sektor 'Ernährungs- und Getränkegewerbe' geschaffen.

Von diesen Ausnahmen abgesehen, entspricht die Sektorklassifikation der WZ79. In der untenstehenden Tabelle wird in der ersten Spalte zunächst eine laufenden Nummer vergeben, die die weiter unten verwendete Ordnungsnummer eines Sektors definiert. Die zweite Spalte der Tabelle enthält die in Statistisches Bundesamt (1997) verwendete Kurzbezeichnung.

Nr.	Bezeichnung
1	Chemische Industrie, H.u.V. von Spalt-und Brutstoffen
2	H.v. Kunststoffwaren
3	Gummiverarbeitung
4	Gew.u. Verarbeitung von Steinen und Erden
5	Feinkeramik
6	H.u. Verarbeitung von Glas
7	Eisenschaffende Industrie
8	NE-Metallerzeugung, NE-Metallhalbzeugwerke
9	Gießerei
10	Ziehereien, Kaltwalzwerke, Stahlverformung, usw.
11	Stahl- u. Leichtmetall-, Schienenfahrzeugbau
12	Maschinenbau
13	H.v. Büromaschinen, ADV-Geräten u. -Einr.
14	Straßenfahrzeugbau, Reparatur v. Kfz. usw.
15	Elektrotechnik, Rep. von Haushaltsgeräten
16	Feinmechanik, Optik, H.v. Uhren
17	H.v. Eisen-, Blech- u. Metallwaren
18	H.v. Musikinstrumenten, Spielwaren, Füllhaltern usw.
19	Holzbearbeitung
20	Holzverarbeitung
21	Zellstoff-, Holzschliff-, Papier- u. Pappeerzeugung
22	Papier- u. Pappeverarbeitung
23	Druckerei, Vervielfältigung
24	Ledergewerbe
25	Textilgewerbe
26	Bekleidungsgewerbe
27	Ernährungs- u. Getränkegewerbe

7.2 Variablenkonstruktion

Für alle sektoralen Abgrenzungen stehen die meisten Variablen direkt als Originalreihen aus der VGR des Statistischen Bundesamtes zur Verfügung. Die folgende Aufstellung gibt jeweils den Namen der im Text verwendeten Variablen und sodann den in Statistisches Bundesamt (1997) verwendeten Namen für das jeweilige empirische Gegenstück der Variablen:

1. Brutto-Output, nominal:
   Produktionswert in jeweiligen Preisen,

2. Bruttowertschöpfung, nominal:
   Bruttowertschöpfung in jeweiligen Preisen,

3. Bruttowertschöpfung, real:
   Bruttowertschöpfung in Preisen von 1991,

4. Vorleistungsinput, nominal:
   Vorleistungen in jeweiligen Preisen,

5. Beschäftigte:
   Erwerbstätige im Inland,

6. Abhängig Beschäftigte:
   Beschäftigte Arbeitnehmer im Inland,

7. Kapitalstock:
   Bruttoanlagevermögen in Preisen von 1991, Bestand am Jahresanfang,

8. Lohnsumme:
   Bruttoeinkommen aus unselbständiger Arbeit,

Für die aggregierte Privatwirtschaft und die sechs aggregierten Sektoren stehen darüberhinaus die beiden folgenden Variablen zur Verfügung

9. Brutto-Output, real:
   Produktionswert in Preisen von 1991,

10. Vorleistungsinput, real:
    Vorleistungen in Preisen von 1991.

Für die 27 Einzelbranchen des Verarbeitenden Gewerbes stehen diese beiden Variablen nicht zur Verfügung. Stattdessen wird zu einer Approximation gegriffen, indem für jede dieser Branchen aus der Statistik der Erzeugerpreise gewerblicher Produkte derjenige Index als Deflator des Produktionswertes gewählt wurde, der die Preisentwicklung des von der betreffenden Branche schwerpunktmäßig hergestellten Produktes mißt. Die Quelle dieser Daten ist die Publikation Statistisches Bundesamt (1994). Diese Vorgehenesweise führt zu einem Approximationsfehler, weil die Branchen institutionell abgegrenzt sind, so daß in jeder Branche Unternehmen geführt werden, die zu einem kleineren Teil ihres Absatzes Produkte anderer Branchen herstellen, während die Preisstatistik gütermäßig abgegrenzt ist. Allerdings kann die gütermäßige Zusammensetzung der Produktion einer Branche für einzelne Jahre aus den bei der Erstellung von Input-Output-Tabellen als Hilfsmatrix aufgestellten Output-Tabellen des Statistischen Bundesamtes ersehen werden. Eine Überprüfung anhand der Output-Tabelle von 1990 ergab, daß der Approximationsfehler durch die Anwendung gütermäßiger Preisindizes als Deflatoren für institutionell abgegrenzte Branchen minimal zu sein scheint. Mittels des so gewonnenen Deflators wird der nominale Produktionswert in den 27 Industriebranchen preisbereinigt, so daß der reale Produktionswert erzeugt wird. Die Differenz zwischen diesem und der als Orignalreihe erhältlichen realen Bruttowertschöpfung ergibt dann die realen Vorleistungen für diese Branchen.

Darüberhinaus wird aus der vierteljährlichen Volkswirtschaftlichen Gesamtrechnung des Deutschen Instituts für Wirtschaftsforschung (DIW) eine Zeitreihe für die durchschnittlichen Arbeitsstunden pro Erwerbstätigen in der Gesamtwirtschaft, genannt HPC, ermittelt, indem die als Originalreihe verfügbare tägliche Arbeitszeit je Erwerbstätigen mit der Anzahl der Arbeitstage pro Quartal multipliziert wurde, und das Ergebnis von Quartals- auf Jahresdaten aggregiert wurde.

Mit diesen Originaldaten wurden auf allen sektoralen Ebenen noch die folgenden Variablen wie folgt errechnet:

11. Arbeitseinkommen:
    Nr. 8+(Nr. 5-Nr. 6)·(Nr. 8/Nr. 6)

12. Arbeitseinkommensquote (auch als Lohnquote bezeichnet) gemessen am Produktionswert:
    Nr. 11 dividiert durch Nr. 1

13. Arbeitseinkommensquote (auch als Lohnquote bezeichnet) gemessen an der Wertschöpfung:
    Nr. 11 dividiert durch Nr. 2

14. Vorleistungsquote:
    Nr. 4 dividiert durch Nr. 1

15. Beschäftigung (Erwerbstätigenstunden insgesamt):
    Nr. 5 multipliziert mit HPC

16. Nominallohnsatz:
    Nr. 8 dividiert durch Nr. 15

17. Reallohnsatz (Produzentenreallohn):
    Nr. 16 dividiert durch jeweiligen Deflator (je nach Verwendungszusammenhang Quotient aus nominalem zu realem Produktionswert bzw. Bruttowertschöpfung);

FSC
www.fsc.org
MIX
Papier | Fördert gute Waldnutzung
FSC® C083411

Kolibri 360 GmbH
Ferdinand-Jühlke-Straße 7
99095 Erfurt, Deutschland
produktsicherheit@kolibri360.de

Druck:
CPI Druckdienstleistungen GmbH
im Auftrag der
Kolibri 360 GmbH
Ferdinand-Jühlke-Str. 7
99095 Erfurt